本书编委会

主　任　丁俊杰

副主任　刘瑞武　张　翔

主　编　杨先顺

编　委　黄升民　倪　宁　乔　均

许正林　杨效宏　韩志强

黄玉波　胡　莹

INHERITANCE AND INNOVATION

传承与变革

智能时代的卓越广告人才培养

中国高等教育学会广告教育专业委员会2019年学术年会

暨第十届中国广告教育论坛论文集

杨先顺　主编

暨南大学出版社
JINAN UNIVERSITY PRESS

中国·广州

图书在版编目（CIP）数据

传承与变革：智能时代的卓越广告人才培养/杨先顺主编．—广州：暨南大学出版社，2020.10
ISBN 978-7-5668-3005-0

Ⅰ.①传…　Ⅱ.①杨…　Ⅲ.①广告学—人才培养—研究—中国　Ⅳ.①F713.80

中国版本图书馆CIP数据核字（2020）第202678号

传承与变革：智能时代的卓越广告人才培养
CHUANCHENG YU BIANGE：ZHINENG SHIDAI DE ZHUOYUE GUANGGAO RENCAI PEIYANG
主　编：杨先顺

出 版 人：张晋升
策划编辑：张仲玲　武艳飞
责任编辑：武艳飞　陈俞潼
责任校对：黄　球　苏　洁　陈皓琳
责任印制：汤慧君　周一丹

出版发行：暨南大学出版社（510630）
电　　话：总编室（8620）85221601
营销部（8620）85225284　85228291　85228292　85226712
传　　真：（8620）85221583（办公室）　85223774（营销部）
网　　址：http：//www.jnupress.com
排　　版：广州良弓广告有限公司
印　　刷：广州市快美印务有限公司
开　　本：787mm×1092mm　1/16
印　　张：15.75
字　　数：300千
版　　次：2020年10月第1版
印　　次：2020年10月第1次
定　　价：59.00元

在中国高等教育学会广告教育专业委员会2019年学术年会暨第十届中国广告教育论坛上的致辞

姜恩来*

尊敬的各位领导、老师：

大家上午好！

非常高兴与国内广告教育领域的专家学者齐聚羊城广州，参加“中国高等教育学会广告教育专业委员会2019年学术年会暨第十届中国广告教育论坛”。首先，我代表中国高等教育学会对大会的举办表示诚挚的祝贺！对各位专家学者的到来表示热烈的欢迎！对暨南大学、广告教育专业委员会的精心组织和通力合作表示衷心的感谢！

2019年11月4日，我在北京参加了教育部直属机关传达学习党的十九届四中全会精神大会。陈宝生部长在会议上强调，要把思想和行动统一到全会精神上，把学习贯彻全会精神贯穿于教育工作全过程、各方面，全力以赴推进教育改革发展、稳定各项工作，推动全会精神落到实处、取得实效。希望我们今天的大会办出特色、办出水平、办出成效，以实际行动贯彻落实四中全会精神。高等教育作为国家发展的先行者、受益者、助力者，为实现中华民族伟大复兴提供了坚实的智力支撑和人才保障。当前，我们正面临着世界百年未有之大变局，站在这样一个重要的历史节点，我们必须要坚持以立德树人为根本任务，努力构建德智体美劳全面培养的教育体系，着力提升专业建设水平、推进课程内容更新、推动课堂革命、建好质量文化，不断推动高等教育的思想创新、理念创新、技术创新和模式创新，建设高等教育新高地。

广告教育专业委员会自成立以来，很好地发挥了本专业领域组织者和引导者的作用，为推动广告学和相关专业的教学改革做了大量富有成效的工作，在广告教育理论和实践方面进行了有益探索，取得了可喜的成绩。已连续举办十届的全国广告教育论坛，汇聚了一大批来自全国广告学、新闻传播学、艺术设计学、市场营销学等专业的专家学者，聚焦广告教育领域的热点和难点问题，研讨广告教育新理念和新模式，交流面向未来的广告教育教学改革思路和举措，加快了广告教育教学改革和建设步伐，为破解高校“创新、创业、创意”的难题提供了有益经验。

---

* 姜恩来，中国高等教育学会副会长、秘书长，教授。

在新时代新形势下，我们更要提倡高等教育要主动为国家重大战略和经济社会发展服务。评价一所大学办得好还是不好，就是要看一所大学能否为国家重大战略的实施提供动能，能否培养出满足国家和社会所需要的合格人才，能否在突破关键技术方面起到不可替代的龙头作用。这既是办学的质量标准，也是服务宗旨的主要体现。广告学专业一直以创意、创新和创业实践为精神内核，在融媒体时代更要与时俱进、因势利导、顺势而为，直面新技术的快速发展所带来的挑战。俗话说："人心齐，泰山移""兄弟齐心，其利断金"。真诚期待各位专家学者围绕"广告教育教学改革发展"主题，集思广益、畅所欲言，积极交流工作经验，分享学术创新成果，探索实践教学新路，为我国广告教育事业的高质量发展出谋划策。

最后，衷心希望广告教育专业委员会坚持强化"围绕中心，服务大局"的意识，坚持"服务高等教育改革发展、服务政府部门宏观决策、服务高等学校办学实践、服务高等教育理论探索"的工作方针，锐意进取，奋发有为，为建设高等教育强国做出新的更大贡献。诚挚欢迎各位专家学者有机会到学会交流、指导和做客。

预祝大会取得圆满成功！

谢谢大家！

2020 年 7 月

序　言

丁俊杰*

最近几年，数字媒体和数字营销迅速发展，给整个传播生态带来了很大的冲击。广告业正在经历百年来未有之大变局，广告教育界也出现了诸多知识盲点与盲区。面对智能时代的诸多挑战，我们需要重新思考一个关乎本质的问题：到底高校的广告教育应该着重培养什么样的人才？在这样一个时刻，暨南大学组织承办了“传承与变革：智能时代的卓越广告人才培养”的学术年会，此次学界的聚集也有了特别的意义和价值。在此要特别感谢中国高等教育学会对会议的宏观指导和大力支持，特别感谢暨南大学和暨南大学新闻与传播学院的精心组织和周到安排，特别感谢暨南大学新闻与传播学院的师生们为会议的成功举办所付出的辛劳。

这本精挑细选出的论文集，与广告学界历来的多元化视角一脉相承。这本论文集既着眼于新文科与广告人才培养模式的创新，也从智能时代的特征出发，讨论广告变革与广告教育的改革，还有“大广赛”与广告人才培养，更有智能时代的营销传播与品牌战略，以及大数据营销和智能广告的发展与规范的研究。透过这些思考与研究，我们可以看到数字技术与智能传播冲击下的中国广告业、广告教育、品牌传播的多维现实图景。

读完这本论文集，我们还可以发现，其中某些板块或专题下的论文观点并不完全一致，这也正是学术应该有的一种状态。学术研究不是社会治理，也不是政治协商，它并不是要达成一种群体或行业共识，不同观点的碰撞与共存恰恰是在寻找并建构一种知识的完整与丰富。以广告人才培养这一主题为例，不同的学校有着不同的区域特色、经济水平等，也有着不同的课程资源，只有有效运用整体资源，思考独特的办学模式，并充分配合多元化社会，才能最终落实学生的期望与其个性发展。

此外，广告学和其他学科专业的不同点还在于，很多传统的学科专业领域中都有“通人”。所谓“通人”，往往出现在人文社会科学领域，他们并不拘泥于人为的学科与专业分割，而是全面继承与发展的“大师”。作为一门独立的专业学科，广告学界还没有“通人”，但此次学术年会构建了一个平台，来

---

* 丁俊杰，中国高等教育学会广告教育专业委员会理事长，中国传媒大学广告学院院长、教授、博士生导师。

自不同区域、不同视角、不同议题的广告教育从业者相聚在一起，不断探索，发挥集体智慧，其实就是一种“通人”。

在这样一个变化快得令人目不暇接的信息时代，眼见的是技术变革、产品迭代，耳闻的是新理论、新名词、新方法，学界应该明确自己的角色与价值。广告教育与研究和业界的实践与生产，是不同的社会分工在功能与资源优势上的协同与集成化。学界应该有自己的立场和态度，需要关起门来冷静思考，自觉地与追求变化的业界保持距离。当智能科技不断应用到广告与营销领域时，广告教育必须要担当其应有的使命，避免沉沦为奇技淫巧之流，以冷静的深思考把握不变的专业原理，避免成为单向度的商业服务工具，以更广阔、更长远的视角思考“科技向善”，最终，在变与不变中寻找平衡，既不落伍于时代，又避免了随波逐流。

2017 年 12 月，我作为专家组成员参加了教育部组织的暨南大学广告学专业的中俄联合国际认证，该专业的教学理念、人才培养模式改革及其成效给我留下了深刻印象。本科专业认证（含国际认证）是教育部近几年力推的提高专业质量的重要举措，《教育部 2018 年工作要点》明确指出要“高起点、高标准、高水平开展本科专业认证，推动实现教育质量评价的国际实质等效”。改革开放 40 多年来，中国广告业和中国广告教育取得了举世瞩目的发展成就，期望国内广告学专业积极推动专业认证，有条件的主动申请开展专业国际认证，从而进一步提高中国广告教育的国际化水平，让中国的广告学专业在全球广告教育界绽放绚丽的色彩，发出自信的强音！

2020 年 7 月

目　录

第三部分　“大广赛”与广告人才培养

第四部分　智能时代的营销传播与品牌战略

第五部分　大数据营销和智能广告的发展与规范

第一部分　新文科与广告人才培养模式的创新

新文科背景下广告学科的变革与发展
——以中国传媒大学广告学院的实践为例

赵新利*

摘　要： 新文科建设需要学科融合，需要人文社会科学领域内多个学科的交叉融合，也需要人文社会科学与自然科学的交叉融合。本文在考察国外部分院校新文科建设模式的基础上，梳理中国传媒大学广告学院新文科建设的尝试及其带来的启示。这些启示是：新文科建设要挖掘高校已有基础，突出自身特色；新文科建设要突出交叉融合，推动不同学科同步发展；新文科建设要突出需求导向，注重培养应用型人才。

关键词： 新文科　广告学科　人才培养

2018 年 9 月，习近平总书记在全国教育大会上指出："要培养创新思维，着重培养创新型、复合型、应用型人才。"2019 年 4 月，教育部、科技部等 13 个部门正式联合启动"六卓越一拔尖"计划 2.0，全面推进新工科、新医科、新农科、新文科建设。新文科建设受到广泛关注，许多高校迅速行动，纷纷召开新文科建设会议或出台新文科建设方案。新文科建设需要学科融合，需要人文社会科学领域内多个学科的交叉融合，也需要人文社会科学与自然科学的交叉融合。广告学是一门应用性很强的学科，需要对业界变化有很敏锐的感知。本文在考察国外部分院校新文科建设模式的基础上，梳理中国传媒大学广告学院新文科建设的尝试及其带来的启示。

一、新文科发展的三种模式

一些发达国家的高校在新文科建设方面已经进行了一些尝试，如日本高等教育领域通过"文理融合"等方式推动新文科的建设，美国的新闻传播高等教育领域在近几年则进行了跨学科改革。整体来看，新文科建设有如下三种模式。

1. 整合已有资源，自主推动新文科建设

实力较强的综合性高校，往往在多个领域都有较好的学科基础，整合已有

* 赵新利，中国传媒大学广告学院副院长、教授、博士生导师。

资源是常见的模式。“二战”结束后，不少日本高校在美国的影响下设立教养学部，通常前两年接受通识教育，后两年接受专业教育，通识教育阶段的课程包括自然、人文、社会等科目。后经多次改革，一些高校保留了教养学部，东京大学就是其中之一。东京大学是较早推动文理融合的日本高校。早在2011年，东京大学就在教养学部的基础上，将六个学科整合为教养学、统合自然科学、学际科学三个学系，推动文理融合，培养多元化、复合型人才。著名的东京大学文学部是典型的文科，有百余年的历史。文学部原有思想文化系、历史文化系、语言文化系、行动文化系四个学系，目前文学部已将四个学系整合为一个大的人文学系，推进不同文科专业之间的融合。美国斯坦福大学发挥自身已有基础和优势，于2011年开设计算广告学、数字营销课程，推动技术与广告的交叉融合发展。美国康涅狄格大学商学院则开设数字营销与分析专业，为学生提供实施数字营销策略的相关知识和技能。

2. 创办专门机构，推动新文科建设

有的高校专门新设相关机构，推动新文科建设。其中，有的高校是重新设立机构；有的则是在已有学部基础上整合资源，组建新机构。2018年，日本九州大学宣布新设共创学部，以全新体制推动文理融合，引发关注。该校认为，发现和解决社会问题时，需要理学、工学、法学、经济学等各个学科的知识和能力。共创学部打破了原有学科和专业的边界，推动以下四个领域的融合：人类与生命领域、人与社会领域、国家与区域领域、地球与环境领域。该学部每年招收105名本科生。其师资专业跨度很大，50名专任教师专业领域包括历史学、政治学、情报学、语言学、经济学、哲学、统计学、人类学、地质学、脑科学、医学、生物学、农学等，师资足以支撑上述四个领域的融合。与此相似，新潟大学于2017年成立创生学部，这是一个不区别文科和理科的学部，专任教师的研究领域同样横跨多个专业领域。新生入学后，第一年和第二年深入学习科学技术与社会、认识地域等五个领域，第三年开始学习自然环境科学、机械系统工学、社会区域文化学等其他学部的22个领域的课程。类似的模式还有滋贺大学数据科学学部、宫崎大学地域资源创生学部、山梨大学生命环境学部等，其中滋贺大学数据科学学部于2017年成立，在培养管理、市场人才时，注重培养他们的数据加工处理能力。

3. 跨机构的文理合作

跨机构的文理合作最常见的是同一高校不同学院、学科之间的合作。美国伊利诺伊大学对广告学科定位尤其强调了“跨学科合作”：“广告不仅仅是技能和理论，我们要教学生如何提出问题和解决问题，以准备迎接一个蓬勃发展的职业生涯和塑造领域。作为全国第一个广告项目，我们不断创新课程设置，我们的学生更是受益于学校的跨学科合作。”2018 年，美国伊利诺伊大学广告学系和计算机系联合创办了计算机科学与广告专业，并开设计算广告系列课程。

不同高校或科研机构之间的文理合作，也是常见的跨机构合作模式。2016 年，以商科等社会科学见长的日本一桥大学与产业技术综合研究所签订协议，推动文理融合。多年来，一桥大学在日本企业经营领域培养了大量优秀人才。在日本企业经营者中，有约七成是文科出身，在一定的阶段他们对技术的理解往往会遇到天花板，制约企业经营水平的提升。一桥大学认为，当今时代应该打破文理间的鸿沟，社会科学与自然科学的互相协作十分必要。在此背景下，一桥大学着力推动文理融合，推动新文科建设。在人才培养方面，两家机构合作培养既懂技术又懂经营管理的复合型、高层次经营管理人才，每年培养 5 ~ 10 名复合型博士人才，要求有理工科硕士学位，经过交叉培养授予商学博士学位。

二、中国传媒大学广告学院的新文科建设实践

新文科建设讲求不同学科之间的交叉，也注重产学合作。中国传媒大学广告学院多年来在这方面做了一些探索，并于 2019 年在全国率先开设广告学（数字营销方向），踏上新文科建设的新征程。

1. 与业界合作的传统

广告学是应用型学科，人才培养、学术研究、社会服务都需要与业界紧密合作。中国传媒大学广告学院一向注重与业界的合作，从业界获取资源，应用于人才培养并转换成知识和智慧反馈业界。当前，传播技术迅猛发展，广告行业瞬息万变，中国传媒大学广告学院正在进一步强化、深化与业界的合作。20 世纪 90 年代开始，该学院就与日本著名的电通公司开展了深入合作，通过举办讲座、学术研究、出版教材等方式，推动了广告学科的发展完善；该学院还与中国广告协会、中国商务广告协会、中国广告主协会等机构建立了紧密的合作关系；在技术迅猛发展的背景下，学院还与百度、科大讯飞、新浪、小米等技术类企业进行了不同层次的合作。最近几年，随着“大众创业、万众创新”的推进，广告学院何海明教授团队开设了“新媒体创业与创新”等课程，邀请业界著名企业领袖、创业新星前来分享经验，并通过平台进行直播，取得了很好的效果。

2. 多学科交叉融合体制的形成

1988 年 11 月，国家教委批准北京广播学院（中国传媒大学的前身）开办

广告学专业，逐步发展成广告系，并于2002年成立广告学院。目前，广告学院有广告学系、公共关系系、新媒体与传播系、艺术设计系。近几年，中国进入新时代，新技术对广告行业产生了深刻影响，新文科建设为广告学专业建设带了来东风。在这种背景下，广告学院于2019年在全国首先创办广告学（数字营销方向），并已于2019年9月开始招收第一届本科生，进行了广告学科新文科建设的初步尝试。在数字营销方向开设之前，原有的四个专业已经形成了多学科交叉融合的体制：广告学专业、网络与新媒体专业属于新闻与传播学，视觉传达设计属于设计类，公共关系学的一级学科则为公共管理学。四个专业在师资、课程、科研等方面有一定的交叉融合，院级选修课平台有四个专业提供的所有课程，共同开放给四个专业的所有学生，不同专业的学生在选课、听课、小组作业等环节进行跨专业合作。多学科交叉融合体制为新文科建设的探索打下了坚实基础。

3．新专业方向的交叉融合尝试

当前，广告学院有广告学、公共关系学、网络与新媒体（智能融媒体运营方向）、视觉传达设计、广告学（数字营销方向）五个专业方向。广告学院新开设的广告学（数字营销方向）是在原有四个专业方向的基础上设立的，比较充分挖掘了原有的基础和优势。在新专业的筹备阶段，学院就广泛吸纳社会力量参与办学，与中国商务广告协会数字营销委员会通过共建的方式进行合作，在课程设置、制订培养计划等方面进行了紧密沟通，打破校内校外的藩篱。在学生入学的第一年，通过讲座等形式让学生对数字营销有科学认知；第二年，通过学分制授课或定期系列讲座的形式夯实基础；第三年，通过“营销科技马拉松”等形式实现快速提升；第四年，进行前沿经验与业界动态的分享，实现与业界的真正对接。除此之外，新专业建设还引进了中国传媒大学计算机和技术等相关专业的优势资源，在课程建设、教材建设等方面开展合作。

三、思考与启示

新文科建设给我国高等教育带来新的机遇，已经引起各方高度重视。新文科建设应实事求是，科学推进。具体来说，新文科建设要挖掘高校已有基础，突出自身特色；新文科建设要突出交叉融合，推动不同学科同步发展；新文科建设要突出需求导向，注重培养应用型人才。

首先，新文科建设要挖掘高校已有基础，突出自身特色。新文科建设是一项复杂的系统工程，需要客观梳理自身已有基础，突出自身特色。中国传媒大学广告学院的新文科建设突出自身传媒特色，通过其在广告传播、传播技术等方面的积累，注重在已有基础和特色资源上进一步提升。全国性高校和地方性高校、综合性高校和行业特色高校应分别根据自身已有资源和特色学科建设不同类型的新文科，不同特点的学科专业也应开展不同类型的新文科建设尝试。

其次，新文科建设要突出交叉融合，推动不同学科同步发展。新文科建设需要不同学科之间的交叉与融合，既可以是不同文科之间的交叉融合，也可以是文科与理科、医科、工科的交叉融合。东京大学文学部采取的是学部内的四个文科专业进行交叉融合；美国伊利诺伊大学将广告学科与计算机学科进行了深度的交叉融合。我国高校在推动新文科建设时，同样应注重交叉与融合，既可以是学院内的专业融合，也可以是校内不同学院之间的交叉融合，甚至可以开展跨院校的交叉融合。“一枝独秀不是春”，新文科应与新工科、新医科、新农科融合发展、同步发展。

最后，新文科建设要突出需求导向，注重培养应用型人才。新文科建设，最终目的是应用。在2018年召开的新时代全国高等学校本科教育工作会议上，陈宝生部长强调，要教育引导学生夯实知识基础，了解学科前沿，接触社会实际，接受专业训练，练就独立工作能力，成为具有社会责任感、创新精神和实践能力的高级专门人才。我国新文科建设同样应注重需求导向，广告学等应用学科更应注重培养应用型人才，为新时代中国经济社会发展服务。

新文科建设背景下广告人才培养模式的重构

杨雪睿　杨怡情[*]

摘　要：随着社会发展、时代变迁，面对着一轮又一轮新媒体与新技术的浪潮，广告，无论是内涵还是形式，都在不断发生变化，广告行业也经历了一次又一次突破与转型。在国家倡导新文科建设的背景下，顺应数字时代广告行业的变化，高校广告人才培养模式也必然要重新建构。在课程体系建构上体现文理交叉；在课程内容中突出广告原理与新技术的融合。数字时代广告人才培养应夯实理论基础，聚焦学术前沿，时刻关注行业动态，以品牌建构、消费者洞察为根本，结合数字时代的新技术、新平台，培养学生既具有扎实的理论功底，又具有宽广的学术视野，同时兼具实践技能，以适应广告行业不断变化的人才需求，助力广告行业在创新与突破中持续发展。

关键词：新文科　广告行业　人才培养　文理交叉　实践教学

20 世纪 80 年代，厦门大学和北京广播学院（中国传媒大学的前身）先后开设了广告学专业，从而拉开中国广告专业高等教育的序幕。随着社会发展、时代变迁，面对着一轮又一轮新媒体与新技术的浪潮，广告，无论是内涵还是形式，都在不断发生变化，广告行业也经历了一次又一次的突破与转型。与此相适应，高校广告人才培养模式也必然要重新构建。

一、广告行业的“变”与“不变”

何为广告？20 世纪以来，被广泛接受的定义是：广告，是由可识别的出资人通过各种媒介进行的，有关商品（产品、服务和观念）的，通常是有偿的、有组织的、综合的和劝服性的非人员信息传播活动[①]。时至今日，广告的发布已经不限于组织和机构，社交媒体中，任何个人也都可以发布商品信息；商品的概念不断扩大，知识、信息等任何有价值的东西都可以进行交易；除了硬广、软文，诸如原生广告等更多新的广告形式不断涌现。

---

* 杨雪睿，博士，中国传媒大学广告学院广告学系系主任、副教授；杨怡情，中国传媒大学广告学院 2019 级新闻与传播专业硕士生。

① 威廉·阿伦斯. 当代广告学［M］. 丁俊杰，等译. 北京：人民邮电出版社，2005：8.

数字技术的发展愈发模糊了广告的边界，看到广告，拿起手机“扫一扫”，既可以了解更多商品信息，也可以方便快捷地完成购买。“链接化”似乎已经成为中国居民消费的常态。智能手机和即时通信类 App 共同改变了人们的沟通交流方式，人际沟通似乎正在被“人机沟通”所替代。数字化浪潮中信息同质化程度愈来愈严重，但仍不乏小个性的涌现，从而对消费者标签化起到重要的识别作用。

消费者的购物方式、沟通方式以及生活方式的不断转型，推动了广告行业的变化。然而，在变化的过程中，仍然有“不变”的内核，即建构品牌形象、持续提升品牌价值、始终坚持以消费者为中心。

（一）变化的传播模式与不变的品牌建构

网络化、数字化所带来的科技浪潮引发了传播模式的巨大变革。

首先，传播的主体发生变化。广告信息的发布者不再只是广告主或广告公司。有了互联网和社交媒体，每一位受众都可以分享商品信息，这一刻的信息接收者在下一刻就可以成为信息传播者，尤其是以 KOL（Key Opinion Leader）为介质的二次传播，其影响的力度和广度在很多时候甚至大于广告主或广告公司发布的信息。

其次，传统媒体与互联网媒体的边界正在消融。传统媒体在日渐式微中转型，逐步与互联网媒体融合发展。除了微博、微信公众号，电视与网络视频的联动成为日常，互联网广播、互联网音频迅速崛起，数字报刊、电子阅读、在线阅读备受青睐。

最后，受众的主动权得到前所未有的提升。在传统媒体为主要传播渠道的时代，受众就是信息的接受者。互联网媒体发展初期，受众有了表达自身意愿最直接的途径，搜索信息、在论坛中讨论信息是受众掌握主动权的最初表现。随着社交媒体日益普及，分享、评论，以及利用互联网的传播影响力维护自身权益都是受众进一步行使主动权的生动体现。

总体说来，纷繁复杂的信息流与令人眼花缭乱的技术流时刻冲击着受众的“眼球”。然而，流量堆积而成的网红商品大多是昙花一现，品牌才是商品立足的根本。建构品牌形象并非一朝一夕，提升品牌价值更是需要始终坚持。质量是实现品牌价值的基础；各种广告形式是提升品牌价值的途径；传播内容是让品牌走进消费者内心的关键。

（二）变化的生活方式与不变的消费者洞察

互联网影响着人们学习工作、沟通交流、出行购物、投资理财等方方面面，人们的衣食住行用都深深打上了数字化的烙印。便捷性的显著提升是生活方式转变的首要体现。伴随着移动互联网普及程度的提升，手机网购、移动支付、即时通信、看视频、听音乐、在线阅读……生活中的大部分事情似乎都可以利用手机 App 完成，真正是“一机在手，诸事不愁”。

生活方式转变的另一重要体现是社交群不断叠加。兴趣群、同学好友群、购物群、亲子育儿群、各类话题群……在手机上点选几下建立微信群，或者被拉入某个群是现如今再平常不过的事情，个体的身份在各个社交群中不停切换，并由此带来个体之间介于生人与熟人之间的“半熟”联结。

然而，无论生活方式如何变化，对于企业和商家来说，始终坚持以消费者为中心的原则没有变。互联网可以完整记录用户的上网踪迹，为消费者画像提供更为翔实的依据；用户对搜索引擎的利用可以映射出消费者的关注和需求；网上支付记录显示了消费者近乎真实的购买行为以及消费规律；用户利用社交媒体的行为则在很大程度上展现出消费者的个性与偏好。可以说，进入数字时代，消费者洞察的方式更为多样、内容更为丰富，勾勒出的消费者画像也更为立体。

总体来看，信息传播模式的革新和消费者生活方式的转型给广告以及广告行业带来了深远影响。广告不仅是信息、劝服，更是一种纽带，既联结了品牌与消费者，又联结了消费者所处的不同族群、圈层。广告活动中的市场调研、消费者洞察、策划、创意、媒介发布、效果评估等环节依然发挥着各自的功能，但在数字化的传播环境中，各个环节既可联动，也可独立进行，借助新技术、新平台绽放光彩。

顺应数字时代广告行业的转型与发展，广告教育必然要超越传统界限。在培养目标上，广告教育要适应行业实情，使得人才培养更为多元。同时，广告学专业的课程体系和课程内容要不断修订，以应对不断变化的传播环境和媒介技术。不仅如此，广告行业中的很多变化可能对教育工作者而言是相对陌生的领域，这就要求广告教育工作者转变思想，积极学习，加强与广告行业内部的沟通联结，将教学与实践的相辅相成落到实处。

二、广告人才培养模式重构的方向

2019 年 4 月 29 日，教育部召开新闻发布会，提出通过实施“六卓越一拔尖”计划 2.0，全面推进新工科、新医科、新农科、新文科建设。文科是“人文社会科学”（或称“哲学社会科学”）的简称，是人文科学和社会科学的统称。其中，人文科学主要研究人的观念、精神、情感和价值；社会科学主要研究各种社会现象及其发展规律。新文科是相对于传统文科而言的，是以全球新科技革命、新经济发展、中国特色社会主义进入新时代为背景，突破传统文科的思维模式，以继承与创新、交叉与融合、协同与共享为主要途径，促进多学科交叉与深度融合，推动传统文科的更新升级，从以学科为导向转向以需求为导向，从专业分割转向交叉融合，从适应服务转向支撑引领①。

在国家倡导新文科建设的背景下，结合数字时代广告行业的新变化，高校广告人才培养模式也必然要重新建构。

（一）培养目标的继承与创新

在以电视、广播、报纸、杂志等传统媒体为主要传播渠道的年代，广告活动运作流程以市场调研为起点，经过消费者洞察、策划、创意，至媒介发布，以效果评估为终点。这就要求高校广告教育培养的广告人才必须熟悉广告运作的各个环节，掌握市场研究中的各类方法，能够结合调研结果进行市场分析和消费者洞察，熟知品牌传播的要素，了解各类媒体特性，具备广告策划和媒体策划的能力。

进入数字时代，传播环境、传播技术、传播途径以及消费者生活方式都发生了深刻变化，品牌建构和消费者洞察在新技术、新平台的推动下不断突破藩篱。这就要求广告人才培养既要继承，又要创新。所谓继承，就是要求广告学专业的学生仍然要深刻理解品牌传播的基本要素和基本原则，深刻理解消费者洞察的本质；所谓创新，就是要求广告学专业的学生能够熟悉数字时代新的媒体形式，掌握新的技术手段与方法，围绕品牌建构和消费者洞察，进行适应时代潮流的内容生产与信息传播。

在广告学专业排名居于前列的美国伊利诺伊大学香槟分校（University of Illinois at Urbana-Champaign）于2018年秋季学期开设了全新的“计算机科学 + 广告”本科专业。作为该校“计算机科学 + X”项目下创设的最新学位，其旨在通过积极打破学科之间的界限，以培养适应不断发展的技术环境的专业人才，使学生更加灵活地应对当前广告行业中快速变化发展的数字媒体环境，既能够进行创造性的思考，又拥有数据思维和分析能力②。这可以为我国广告学专业培养目标的调整提供参考。

① 王铭玉，张涛. 高校“新文科”建设：概念与行动［EB/OL］.（2019 - 03 - 21）［2019 - 12 - 28］. http：//www. npopss - cn. gov. cn/n1/2019/0321/c219470 - 30987289. html.

② 广告学正在开发新课程，以帮助学生适应不断变化的行业［EB/OL］.（2019 - 03 - 04）［2019 - 12 - 28］. https：//media. illinois. edu/advertising - developing - new - curriculum - prepare - students - ever - changing - industry.

（二）课程体系体现文理交叉

通识课、专业基础课、专业核心课、特色选修课构成了一个专业的课程体系。人才培养目标的转变必然要有相应的课程体系与之相配套。“交叉”是课程体系升级的关键词。

传统观念中，广告学专业属于文科，课程设置上基本以营销类课程为基础课，以策划类、文案写作类等课程为核心课，而像数理统计、数据分析、数据挖掘等课程则较少设置，或者在某些高校几乎没有涉及。

在数字化浪潮的推动下，广告公司的业务内容和业务流程都在不断突破与转型。广告从业者越来越多以内容表达为传播的核心，融合多种媒体形式精准触达消费者，注重与消费者的多渠道沟通。“数据”成为数字时代广告从业者必须时刻面对的关键点。各种数据收集技术所带来的海量数据为广告从业者全景展现了消费者衣食住行用的生活轨迹、生活场景，并对消费者未来的消费行为进行前瞻性预测。这就要求广告学专业的学生了解数理统计的基本概念，掌握数据分析的基本方法和原则，能够利用数据挖掘技术进行分析和预测。

尽管在数字时代，数据的获取更为容易，数据的体量更为庞大，数据的形式更为多样，但仍然要谨防“唯数据论”。事实上，数据在很多时候具有“乱花渐欲迷人眼”的特性，如何在纷繁复杂的数据海洋中精准定位消费者、有效传递信息、与消费者进行有效沟通，这些仍需要结合品牌传播的基本要素、基本原则进行具体分析、合理判断。

例如，美国伊利诺伊大学香槟分校“计算机科学＋广告”专业包括一系列以技术、数据和策略传播为主的新选修课程，着重培养学生编程和数据分析的能力，同时提供了面向不同基础和能力水平的更广泛学生群体的多种选修课程。在必需的广告学专业课程之外，该专业打造了以计算机科学概率论与统计、软件设计开发、离散结构、数据结构、算法与计算模型导论、编程语言和编译器等计算机科学专业课程为主，数学、人类学、心理学、社会学、经济学、工商管理、传媒学等专业课程为辅的课程体系①。

又如，另一所广告学专业排名居于前列的美国得克萨斯大学奥斯汀分校（University of Texas at Austin），其广告学本科专业坚持理论与实践相结合的人才培养模式，以帮助学生应对在不断发展的行业环境中可能面临的挑战。该专业除了让学生掌握以艺术为导向的创作过程、媒体策划的具体内容和细节以及

---

① 美国伊利诺伊大学香槟分校官网，http：//catalog. illinois. edu/undergraduate/eng _ media/computer – science – advertising – bs/#degreerequirementstext.

客户管理的重要性，还将大数据、数字媒体和分析等相关内容的学习整合到核心课程体系中，并提供商业基础、计算机原理等特定研究项目供学生选择[①]。

再如，美国北卡罗来纳大学教堂山分校（University of North Carolina at Chapel Hill）的广告与公共关系本科专业旨在培养学生成为有效的沟通者、影响者和叙事者。学生通过学习掌握广告活动背后的原理，以及营销和品牌的相关理论。同时，专业的课程设置还旨在帮助学生了解行业趋势，尤其是数字营销和社交媒体领域的发展趋势，以及在线分析（Online Analytics）、搜索营销和品牌整合等领域的新方法[②]。

由此看来，面对数字潮流中广告行业的变革，“交叉”成为广告学专业人才培养的必然趋势、必经之路。在广告学专业课程体系改造与升级过程中，课程设置的“文理交叉”具体体现为两个支点和两种手段。两个支点：一是营销传播类基础课程，二是数理统计类基础课程。两种手段：一是掌握广告策划、文案写作的基本原则，二是熟练运用数据分析、数据挖掘的软件操作。这样的课程设置，目的是让学生能够在庞杂的数据中洞悉目标市场，洞察消费者，力求实现广告信息的精准传播。

（三）课程内容突出广告原理与新技术的融合

文理交叉的课程设置为数字时代广告学专业学生建构了相对完整的知识体系。在课程内容建设中，“融合”成为关键词。所谓融合，就是在专业课程讲授过程中，让学生了解和熟知如何将广告原理与数字时代的新技术相结合，以达到与受众有效的信息沟通。

为使课程内容能够适应行业发展，新媒体以及一些先进技术必须要走进广告课堂。它们不仅仅是教学工具，也是重要的教学内容。广告行业迫切需要能熟练运用社交媒体、社交平台以及相关设计软件的人才，这些技术成为广告学专业毕业生求职的必备技能。多样化新媒体的兴起，迫使媒体工作者重新思考媒体计划的具体操作，这就给从事媒体计划教学的教育工作者带来了重大挑战。有学者提出在参与理论下对广告媒体进行讨论，或者通过其他课程，如四步学习法（第一步连接顾客认知和品牌信息；第二步连接顾客认知和媒体工具；第三步连接媒体工具和品牌信息；第四步整合媒体工具、顾客认知和品牌

① 美国得克萨斯大学奥斯汀分校官网，https：//advertising. utexas. edu/undergraduate/major - advertising.

② 美国北卡罗来纳大学教堂山分校官网，http：//hussman. unc. edu/adpr.

信息）来补充课程①。

在课程内容设置上，美国伊利诺伊大学香槟分校的“计算机科学 + 广告”本科专业中的广告学研究方法课程，除了介绍定性和定量研究的原理、方法和技术之外，还会提出诸如“应在何种情境下开展研究”“如何分析数据集”“如何确立有价值意义的研究问题”“如何解决问题并以清晰的方式呈现解决方案”等问题，让学生进行思考和学习；内容创作课程除了让学生了解创意策略、创意概念与创意执行三者之间的关系之外，还让学生分别在传统和非传统媒体上进行内容创作的实践②。

美国佛罗里达大学（The University of Florida）广告学本科专业开设的广告学原理课程（Principles of Advertising）除了介绍现代广告的基础性概念和策略等内容，还探讨广告在社会、文化、经济环境以及行业中扮演的角色，并且会基于当前的新媒体环境，介绍创作、投放并评估传统广告和数字广告的具体做法③。

结合广告学专业的教学实际，我国高校广告学专业开设的广告学概论、广告调查、广告策划、广告文案、广告媒介、广告效果，都是最为基础的广告学专业核心课程。面对数字时代传播模式的变化，在广告学概论课程中，应更多加入广告行业、广告公司的数字化转型案例；在广告调查课程中，除了介绍定量研究、定性研究的基本原理外，应更多介绍基于新平台、新技术的新的调研方式及其适用情境；在广告策划课程中，应结合策划的基本原理，让学生更多了解内容营销、场景营销等更多新的营销手段；在广告文案课程中，应突出“内容”在数字时代信息传播中的核心地位，让学生具备在融媒体发展、技术手段迭代的进程中进行表达与创作的能力；在广告媒介、广告效果课程中，同样要关注广告基本原理与新技术的融合。

（四）实践教学要落到“实处”

实践教学并不是一个新鲜的提法，但能否落到“实处”是决定实践教学成效的关键。所谓落到“实处”是指广告学专业真正与广告行业相互沟通，具体体现在两方面：高校邀请广告行业的资深人士走入大学课堂，为学生带来

---

① 韩红星，徐婷婷．聚焦美国广告教育：基于美国《广告教育期刊》的探讨［J］．教育传媒研究，2017（4）：90 – 94.

② 美国伊利诺伊大学香槟分校官网，http：//catalog. illinois. edu/undergraduate/eng _ media/computer – science – advertising – bs/#degreerequirementstext.

③ 美国佛罗里达大学新闻与传播学院官网，https：//catalog. ufl. edu/UGRD/colleges – schools/UGJRC/ADV_BSAD/#academiclearningcompacttext.

最前沿的业界动态、最新锐的实践案例；同时，广告学专业教师带领学生走出大学课堂，来到广告、公关、咨询、创意、传播等机构，亲身感受行业的魅力。

国外高校中实践教学的案例不胜枚举。例如，美国麻省理工学院（Massachusetts Institute of Technology）的比较媒体研究专业开设有专门针对研究生的比较媒体研讨会课程（Colloquium in Comparative Media），通过每学期每周一次的学术研讨会形式，邀请知名学者、业界领袖等进入课堂，和学生分享交流针对媒体前沿问题的看法。

美国密苏里大学（University of Missouri）新闻学院在2018年启动全新的“杰出行业大使计划”（Distinguished Industry Ambassadors Program），旨在创造学界与业界的实时合作与交流机会，如共享与交换资源、合作实施和应用新技术，以及提高在多数字平台上的叙事能力。受任命的业内优秀新闻工作者担任“杰出行业大使”，亲身参与到学院内的专业新闻编辑室或编辑社的工作中，作为团队中的一员，和师生们一起探索针对各类问题的解决方案①。

美国伊利诺伊大学香槟分校的农业、消费者与环境科学学院和国家专业荣誉农业教育组织 Alpha Tau Alpha 合作开展的学术项目，定期组织学生前往芝加哥、印第安纳波利斯等城市进行实地调研，并与当地的高中生和专业人士合作，以使学生掌握更多农业教育领域的专业知识②。

墨尔本皇家理工大学（RMIT University，在2020年QS澳大利亚大学排名中位列第15名）商业与法律学院设立的行业参与部门（Industry Engagement Unit），旨在搭建学界与业界之间的桥梁，增强教育与行业之间的联系，为学者与行业合作进行教学和研究提供支持和帮助。该部门能够为各学院和教师提供业内的客座讲师、企业实习项目等实践教学活动，以帮助学生更好地将理论知识应用于实践中，了解行业最新动态，改善课堂学习的体验和效果③。

此外，实践教学还可以渗透到实际授课过程中。例如，美国北卡罗来纳大学教堂山分校媒体与新闻学院开设的社会营销策略（Social Marketing Campaigns）课程教学中，授课教师邀请四家公益机构的负责人分别阐述营销需求，学生被分成四个小组，每一个小组应对一家公益机构的需求进行实地调

---

① 美国密苏里大学新闻学院官网，https：//journalism. missouri. edu/2018/10/new - distinguished - industry - ambassadors - program - launches - at - missouri/.

② 美国伊利诺伊大学香槟分校农业、消费者与环境科学学院官网，https：//academics. aces. illinois. edu/enrichment/clubs.

③ 墨尔本皇家理工大学商业与法律学院“学习与教学中心”官网，https：//www. learningandteachinghub. com/blog/learning - and - teaching - toolbox/inviting - a - guest - lecturer - to - your - classroom/.

研，根据调研结果做出具体的营销策划方案并在课堂上展示，同时公益机构的负责人倾听整体方案并给出意见。符合实际需求的方案会被采纳。诸如此类的实践教学，一方面增强了学生利用所学理论解决实际问题的能力，另一方面也为行业内的实际应用提供了参考和借鉴，从而达到“双赢”。

三、对广告人才培养模式重构的建议——以中国传媒大学广告学专业为例

面对数字时代广告行业的“变”与“不变”，顺应广告人才培养模式中培养目标、课程体系、课程内容的转变，作者结合多年在中国传媒大学广告学院学习和教学的实践，提出以下对广告人才培养模式重构的建议：拓展专业基础课程、深耕专业核心课程、培养方式注重“实践教学”。

（一）拓展专业基础课程

广告其实是一门“杂学”，广告学专业具有多学科交叉的属性。要想广告学专业的学生具有更宽广的视野、更多元的思维方式，拓展专业基础课程就势在必行。如图 1 所示，中国传媒大学广告学专业在专业基础课程建设中突出以下三个方面：一是拓宽以社会学、经济学、管理学为代表的通识类知识领域；二是深化以传播学、心理学、市场营销学为代表的专业基础理论高度；三是加强学生在高等数学、统计学、大学计算机、大数据技术等数理统计方面的知识积累。

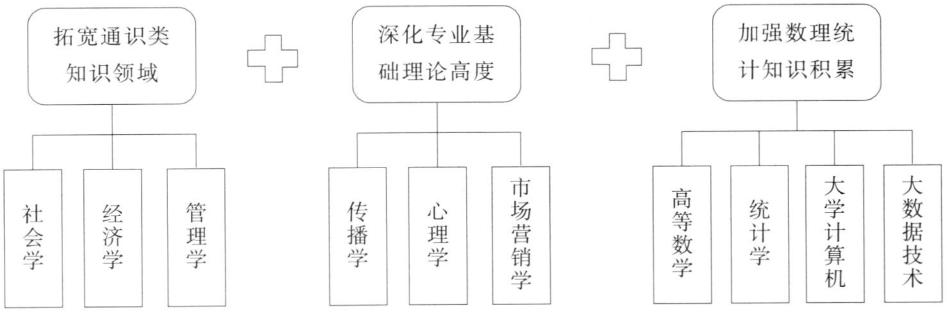

图 1　中国传媒大学广告学专业的基础课程建设

以社会学、经济学、管理学为代表的通识类知识和以传播学、心理学、市场营销学为代表的专业基础知识，是以往广告学专业学生的必修课程，为学生

提供了基本的理论范式，在广告学专业课程建设中起到基石的作用。近年来，随着大数据、信息技术、媒体技术的日新月异，整个社会都进入数字化进程的快车道。数字的作用在各个学科中都有体现，这也是国家倡导新文科建设的重要背景。加强学生在数理统计方面的知识积累为学生在后续学习中掌握数字化背景下的媒体表现形式、营销传播方式奠定了重要基础。

此外，广告是一个与时尚、与“美”紧密相连的行业，认识“美”、发现“美”、表达“美”、评论“美”在现代社会尤为重要。中国传媒大学广告学专业尤为注重对学生文学素养和艺术素养的培育，在基础课程建设中着重增加了写作类、美学类课程。

（二）深耕专业核心课程

中国传媒大学广告学专业在专业核心课程设置上注重对学生基础理论知识与新技术操作技能的双重培养。在新技术操作技能方面，要求学生既能够较为熟练地运用数据分析、统计软件，也能够适应新技术需求进行内容生产。广告学专业的核心课程设置分为专业先导模块、数据分析模块、营销策划模块和设计表现模块，具体内容如下：

（1）专业先导模块以广告学概论、数字营销概论、数字营销技术原理、广告心理学、消费行为学等课程内容为主体，旨在让学生对广告学专业的基本概念、行业现状有初步了解，从而导入后续的专业课程。

（2）数据分析模块以市场调查、SPSS 统计及数据分析基础、Python 基础与营销应用、数据可视化等课程内容为主体，旨在让学生熟悉并应用技术软件进行营销实战，以适应数字化传播环境的需求。

（3）营销策划模块以广告策划、品牌营销、内容运营策略、整合营销传播、数字营销战略等课程内容为主体，同时邀请业内资深人士走进课堂举办讲座，旨在让学生既有营销理论储备，又有营销实战认知。

（4）设计表现模块以设计概论、摄影基础、视频拍摄与制作、多媒体叙事、融媒体视听艺术与表达等课程内容为主体，旨在让学生既能进行融媒体内容生产，也能进行内容表现与创作。

此外，在课程内容上，中国传媒大学广告学专业紧跟数字时代广告行业的变化，对专业核心课程内容进行建设，如图 2 所示。

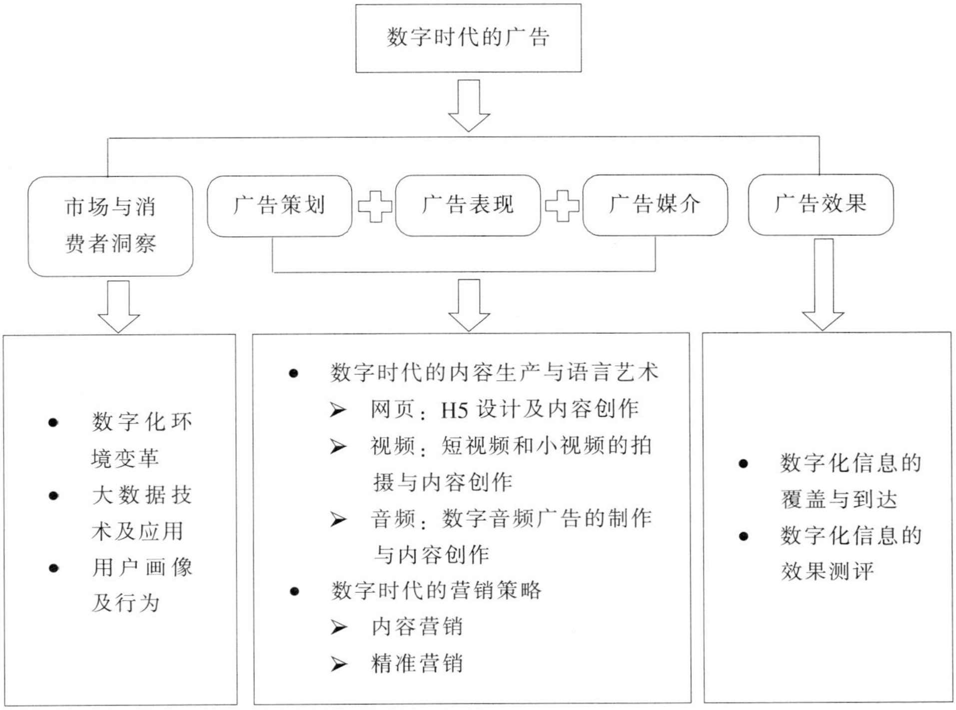

图 2　中国传媒大学广告学专业的专业核心课程内容建设方向

(三) 培养方式注重“实践教学”

广告教育的变革要紧随广告行业发展潮流。在广告人才培养过程中，“实践”成为不可或缺的一环。中国传媒大学广告学专业始终注重与业界的沟通，在实践教学方面积累了较多经验。

根据学生所处的年级，实践教学可以分为两个阶段：

第一阶段重在“输入”，也就是让学生多听、多看。在大学一、二年级，组织学生“走出去”，可带领学生去广告公司、创意公司、公关公司、媒体机构参观访问，了解广告行业工作的实际情况，听听业内资深人士的讲述。同时，可由专业老师带领学生去做一些社会调查，例如了解北京的风土人情、名胜古迹，去和生活在北京的普通居民聊聊天，去看看各种各样的展览、演出等。前面说过广告是“杂学”，那就需要积累各个方面的知识，因此这一阶段的“实践教学”在于涉猎广泛，让学生用“脚”丈量世界，用“心”感受世界，培养和提升学生沟通、交流的能力。

第二阶段重在“输出”，也就是让学生多做、多练。一方面，可以与业内的公司合作，在专业课的课堂中引入实际的案例。例如在“广告调查”的课程讲授过程中，授课教师所在课题组与业内相关机构达成合作协议，课题组接受机构委托进行某些事项的相关调研，教师就可带领正在学习“广告调查”课的同学进行实际的调研，所得结果对委托机构的下一步工作起到重要的参考作用，而对学生来说则是真正的“实战调研”。另一方面，鼓励学生参加具有实践意义的各类广告大赛。例如“全国大学生广告艺术大赛”就是由企业出具具体题目，学生组队，在专业教师的指导下合作完成。参赛的整个过程是对所学相关专业知识的综合运用，最后的制作成果也具有一定的实践意义。

四、结语

综上所述，新时期广告人才培养模式的重构应以新文科建设为指导方向，秉承交叉与融合的理念，夯实理论基础，聚焦学术前沿，时刻关注行业动态，以品牌建构、消费者洞察为根本，结合数字时代的新技术、新平台，培养学生既具有扎实的理论功底，又具有宽广的学术视野，同时兼具实践技能，以适应广告行业不断变化的人才需求，助力广告行业在创新与突破中持续发展。

广告学专业课程思政教学探析

——以“中外广告史”教学为例

孙　会*

摘　要：课程思政是教学改革的重要内容和方向，以“中外广告史”课程教学为例，探讨专业教学课程中的思政教学内容的挖掘、梳理，教学方法及原则上的探讨和总结，结合课程的具体内容、具体特点，将课程思政做真、做实、做好。

关键词：课程思政　中外广告史　教学

课程思政教学改革是全面落实高校思想教育工作精神，落实习总书记“要利用好课堂教学这个主渠道”[①] 的重要讲话精神的途径。广告学作为一门实践性强、与市场结合密切的专业学科，更需要注重培养学生的道德修养和人文情怀，更需要以社会主义核心价值观的理念渗入课堂，立德树人，为我国广告业培养“德能立得住、智能有创新”的高质量、高素质人才队伍。以此为信念，笔者对广告学专业的基础课、必修课“中外广告史”进行了思政教学的梳理和探讨。

一、“中外广告史”课程思政的内容

根据多年的教学经验及对课程内容的挖掘，概括地说，“中外广告史”的课程思政内容可以分为两大部分：一是社会主义核心价值观，二是专业素养。

（一）社会主义核心价值观

社会主义核心价值观是中国特色社会主义的主流意识形态核心思想，2013年12月中共中央办公厅就下发文件强调：“把社会主义核心价值观纳入国民教育总体规划，贯穿于基础教育、高等教育、职业技术教育、成人教育各领域，落实到教育教学和管理服务各环节，覆盖所有学校和受教育者，形成课堂教

* 孙会，河北师范大学新闻传播学院广告学系教授。

① 习近平总书记在全国高校思想政治工作会议上的讲话［EB/OL］.（2016－12－08）. http://www.xinhuanet.com//politics/2016－12/08/c_1120082577.htm.

学、社会实践、校园文化多位一体的育人平台。”习总书记也曾强调：“广告宣传也要讲导向。”[①] 而广告本身也是一种意识形态的载体，它所表达的意识形态主要来源于广告制作者自身的意识形态内容和方向。因此，从培育未来广告新人的目标上讲，就要强调广告人意识形态教育的重要性。在教学中要紧密结合社会主义核心价值观，找到本课程与之相契合的点，挖掘拓展，结合实际，让这些价值观真正被理解、被认同和被接受。

1. 爱国与敬业

增强民族自信心，强化爱国主义教育是课程思政重要的内容。在这门课程中，分为三个大的层面来渗入这一思想。

一是挖掘古代广告史，强调民族意识和爱国理念。源远流长的古代中国历史中，文明传播史、媒介技术史、贸易交流史、广告文化史等丰富的资料，就是我们强调民族自信心、自豪感最有力的课程内容。无论是四大发明的贡献，还是海上丝绸之路的形成，抑或是儒道文化的传播，都足以让我们感受到民族历史的厚重和强大。在这一点上给予学生最好的激励，使其对民族、对祖国充满自信和期望。

二是展现近代广告史，激发爱国强国的热情。中国近代史就是百年抗争、救国强国的历史。广告史也反映了这一特征。这部分内容可以“国货运动”为主题，如以南洋兄弟公司为实例，梳理和讲解它与当时最大的烟草垄断集团英美烟草公司的广告大战，让学生形象地感受到广告的战斗力，学习民族企业家的奋斗精神，激发其爱国强国的热情和志向。

三是阐述现代广告史，强化敢于探索、锐利进取的敬业精神。现代广告史主要是讲述1979年后中国广告40年猛进的历史中，广告人、广告主、媒体人等不懈探索、努力冲破各种困境，砥砺前行，走出一条有中国特色的广告发展之路，并在不断奋斗中创造了广告的历史和未来。以此来激励学生要树立勇于创新、不惧难险的敬业精神，为我国的广告业发展做出自己的贡献。

2. 诚信与友善

中国古代广告史的内容中，传统商业中的招牌、幌子就是商业经营的重要广告实物，也是商人们最为注重的信誉。同仁堂的招牌故事、胡庆余堂的童叟无欺、百年历史的品牌传奇等，都是最好的教学案例。而如冠生园的月饼馅事件，也是这样一个百年老字号大大失信的反面教材。因此，只有做到诚信，人与人之间才会存在友善的关系，而社会也不会充斥着互相欺骗和尔虞我诈的风气。

---

① 广告宣传也要讲导向正确［N］. 光明日报，2016-04-28.

3. 公正、平等与法治

广告竞争是市场竞争中的重要内容，因此公平竞争也是广告的重要原则，1995 年起《中华人民共和国广告法》正式实施，这是广告人必须学习和掌握的最重要、最基本的专业法律法规。在教学中，教师一方面通过讲解《中华人民共和国广告法》的内容，教育学生做人、做事要遵法、守法，时刻以法律、法规为原则，做有法制观念的广告人；另一方面，在讲述中外广告发展史过程中，提出历史上一些虚假、欺骗的广告案例，分析其危害，阐明没有法制约束的广告人不可能有自由的发展，以此告诫学生做广告要守住法律底线，不能唯利是图，否则就是自取灭亡。

4. 富强与民主

国家的富强与民主密切相关，又是广告发展的保障。仅以 1979 年后中国广告史的发展为例，它本身的迅猛发展就是国家整体发展强大的反映，广告本身的强弱与国民经济发展密切相关。因此，广告中也表现国家富强、百姓富裕、市场繁荣、民主进步等正能量的内容。在课程讲述过程中，教师应结合案例，让学生感受到国家的强大和繁荣，充分认识到富强与民主的关系，培养为国家富强、民主而奋斗的意志。

5. 文明与和谐

广告要体现文明与和谐的社会景象，同时要从文明与和谐的创意方向去构思。多利用广告这一阵地传播正能量，传播和谐、文明的声音和形象，对一些社会上出现的不文明、不和谐的问题要予以关注和批判。树立国家、民族、社会的正面形象。在课堂教学中，教师可利用公益广告发展史的内容，讲解一些公益广告中传播文明、和谐的案例，如“反腐倡廉系列”“讲文明、促和谐系列”“保护环境系列”等，教育学生运用广告的传播力量，为社会文明、和谐发展做贡献。

（二）专业素养

专业素养是指一个人在专业领域应该具备的基本素质和能力，广告学专业至少包含：专业兴趣、科学精神、职业道德和社会责任感四个方面。

1. 专业兴趣

广告学是一个很实用的专业，同时也是一个很讲究创意的专业。由于多种因素的影响，广告学专业在我国兴起的时间晚，很多学生以及家长，对这个专业多少有些误解，社会上也会有人觉得这个专业并不是科学。而“中外广告史”作为大学一年级新生的专业必修课，就更要注重对学生专业兴趣的培养。如在讲述课程内容时，教师应大力挖掘广告效果非凡的案例，让他们感受到广告的能量和效力。如在讲到美国广告史时，教师可列举可口可乐、吉列、力士等大品牌经营的历史，并强调广告的作用，如可口可乐挂历的风靡、吉列剃须刀在“二战”中的广泛传播、力士的大牌明星策略等，让学生懂得广告在一个品牌建构中的意义和价值。同时，利用我国在改革开放初期，“一个广告能救活一个厂子”的神话，展示广告的突出贡献。又如世纪之交的央视秦池“标王”事件，更是对“成也广告，败也广告”的最好佐证。运用以上案例，在引起学生好奇、激发其学习兴趣、培养其对专业的热爱等方面都有一定的意义。

2. 科学精神

“什么是科学精神呢？简单说科学精神就是：实事求是，勇于探索真理和捍卫真理。具体说来科学精神包括求实精神、创新精神、怀疑精神、宽容精神等几个方面。其中最主要的是求实与创新。不求实就不是科学，不创新科学就不会发展。”① 做广告，一样要遵循科学精神。由于各种原因，广告对许多人而言好像就是“王婆卖瓜”，创意则更是虚无缥缈的闲谈，很多时候一些广告人或广告主也会认为，广告创意就是“拍脑袋”，这是缺乏专业知识的表现，也是我国广告业发展水平低的原因之一。广告也是科学，它也需要严谨的调研、细致的分析和科学理论的支撑，仅靠凭空想象，肯定是无效的或无创意的。从产品定位、品牌建构到市场传播和消费者心理分析，离不开科学理论的指导和理性思维的把控，如在中国广告史发展中，秦池“标王”事件就是典型脱离了科学指导的失败营销案例。借用这样的案例史料，教师可以引导学生树立科学理念，认真学习专业理念，如传播学、广告学和营销学等，并且要不断拓展理论领域，如加强对社会学、心理学、管理学等相关理论的学习。

3. 职业道德

职业道德是指在一定职业活动中应遵循的、体现一定职业特征的、调整一定职业关系的职业行为准则和规范。② 作为未来的广告人才，也有自己行业的职业道德，总体的要求是：

一要守住道德底线。当今社会，功利意识让人们失去理性和道德底线，如到处做广告的名人、责任意识淡漠的传播媒体、不良广告主和缺少道德约束的广告人，他们的违法、违规操作都会导致恶性广告事件的频发，最终给社会、国家和百姓生活造成危害。如三鹿、蚁力神、霸王等广告，在讲广告史中的这些资料时，要时刻提醒学生，做未来的广告人，不论何时都要守住道德底线，

① 刘华杰. 科学真理与科学规范［J］. 科学与无神论，2000（3）：38.

② 百度百科，https：//baike. baidu. com/item/.

不能见利忘义，否则必成为广告学的反面教材。

二要有团队意识。虽然广告强调创意，但一个广告作品的问世，很难由一个人单独完成。不管是创意前期的调研，还是中期多次的“头脑风暴”会议，以及最后的作品完成，都是一个多人合作的运作过程。因此，团队作业应该是广告运营的正常模式，强调个人创意的同时，注重团队合作的意义。如央视品牌广告“相信品牌的力量”系列，从创意到表现都非常经典，其背后则是多人合作、多年努力、多次尝试的结果。在分析一个优秀广告诞生时，要挖掘其背后的故事，强调团队合作的重要性。培养学生的团队合作意识，也是职业道德中重要的内容。

4．社会责任感

社会责任感就是指一个社会人要对社会有责任意识。广告人的社会责任感就是要做对社会有益的广告，传播正能量，有担当，有情怀。因此，在课堂教学中，教师要教育学生不要以为广告就是一个简单的商业宣传，有市场效果就行。其实，作为大众媒体的内容，广告以其高数量和多频次播放的模式，潜移默化地影响和改变着人们的生活方式，塑造着人们的意识形态，影响着整个社会的风气和文明进程。正如丹尼尔·贝尔曾说：“广告的微妙作用更多是改变习惯，而不仅仅是刺激需要。”① 这些习惯背后就是受生活理念和价值观、人生观等意识形态的支配。因此，广告人要有社会责任感，要积极承担社会责任，要关注国事民生。如改革开放初期，下岗再就业成为社会热点问题，这时，央视及时推出了两部大手笔制作的公益广告，分别由那英和刘欢出演，引起社会反响，大大激励了下岗职工再就业的信心。教师可以此案例来强化学生的社会责任意识。

二、“中外广告史”课程思政的方法

课程思政要讲方法，以专业与思政相融合为原则，发挥师生共同参与构建的方法，使教师教育与自我教育相结合，充分发挥大学生自我学习、自我成长的特点，才能达到最佳效果。

1．课上与课下结合

课上的时间总是有限的，许多广告史中的思政资料就只能通过课下作业的方式来完成。首先是教师细读教材，找到专业与思政的契合点，设计好问题，

① 丹尼尔·贝尔．资本主义文化矛盾［M］．赵一凡，等译．北京：生活·读书·新知三联书店，1989：116.

以此来引发学生兴趣，借机让学生在课下收集资料，以作业的形式完成。如近代广告史讲到杭稚英的月份牌广告创作时，不仅讲述他在广告界的贡献，而且提出问题："为什么说他是广告界的梅兰芳?"并让学生课下收集资料，详细解答这一问题。这不仅仅有利于拓展和巩固学习内容，而且能提升自我学习和认知的能力，强化了德育教育的效果。

2. 线上与线下结合

网络发展和数字媒体的技术已经使信息收集变得极为容易，学生通过手机便能搜索和收集资料。因此，充分发挥这些媒体的作用，鼓励学生利用线上学习的方式，是必要和可行的。如教师在讲述1979年后日本广告大量出现在我国的这段历史时，要引导学生去收集和分析日本在华广告的特色，透析其在华营销的策略方针，特别是本土化策略的实施，引导学生结合实践，为我国品牌走向国际化寻找更多的方法和经验。

3. 作业与作品结合

课堂上教师留下作业，让学生通过收集资料，分析解答，同时利用微信平台将学生作业改编成由图片、音视频、文字多种元素共同建构的丰富内容，一方面培养他们撰写新媒体方案的能力、学习制作H5等新媒体表现方法；另一方面拉近课堂教学与现实的关系，让学生不再觉得历史无用，历史枯燥，而是把它们变成形象化、多样化的作品展示出来，是很有成就感的事情。结合整个课程的内容，我们制作和推送了近50个微信平台文案，在全国引起关注，也拓展了学生自我学习的水平和能力，收益是多方面的。如教师在讲述宋朝的《清明上河图》时，让学生利用数字媒体资源，做了一期名为"清明上河图，广告知多少"的推文，面对这一举世闻名的名画，学生积极研究文本资料，既开阔了视野，也大大增强了他们的民族自豪感，思政的自我教育效果显著。

4. 课堂与实践结合

教学与实践从来就是一体的，历史与现实也从来不可分。广告史教学就是通过对中外广告历史的梳理，认清发展中国家广告的方向，总结历史成功的经验和失败的教训，学习发达国家广告的方法，以史为鉴，走出一条中国特色的广告发展之路。如教师在讲到古代广告史时，专门设计了实践训练的任务，让学生利用课下时间去调研现今市场上的老字号品牌，如饮食行业的老字号，特别是与市场上经营的外国品牌进行对比分析，看看在广告的经营上，到底是什么原因导致品牌建构的问题，并结合理论探寻对策和方法。这样，就拉近了历史与现实的距离，激发了学生的家国情怀，树立以发展、强大民族品牌为己任的抱负和志向。

三、“中外广告史”课程思政的原则

课程思政不是思政课程，不是简单介绍理论，也不是泛泛地说教，结合不同专业的特点和内容去挖掘课程思政的内容是非常重要的。因此，需要认真研究教学内容，明确专业课的思政特色，才能达到预期效果。

1．专业与思政融合性原则

专业与思政融合性原则即专业中有思政的闪光点，思政融入专业知识中。这样才能避免思政与专业“两张皮”的结果。所以备课是很重要的第一步，教师应按照每个章节的内容，认真研读，探寻可挖掘的思政内容，并将其很顺畅地融为一体。如教师讲到古代中国第一个雕版印刷的广告实物“刘家功夫针”时，就强调它的历史意义和对世界广告史的贡献，这个广告比西方印刷广告实物早了三百多年，在此，自然地强化学生的自豪感和民族自信心，让他们不会觉得突兀和违和。结合近年的教学经验，笔者对“中外广告史”这门课程的思政内容作了一个简单的梳理（见表1）。

表1 “中外广告史”课程思政内容举要

	课程分期	教学内容	思政重点
1	中国古代广告史（1840年前）	1．重要的历史事件：甲骨文、印刷术、丝绸之路等 2．广告实物：招牌、幌子、壁画、印刷等 3．老字号经营故事	民族自豪感、自信心
2	中国近代广告史（1840—1949年）	1．近代民族企业的创办与经营 2．近代民族企业的国货运动 3．近代民族企业家的爱国事例	爱国主义，强国、富国信念
3	中国现代广告史（1949至今）	1．媒介人的大胆尝试 2．广告人的开拓创新 3．广告主的积极探索	创业、敬业精神
4	世界广告史	1．美国、日本等国的广告成功案例 2．国际化品牌传播的广告策略及影响	科学精神、专业兴趣、专业能力

当然，这些只是一个思政教学的思路和重点提示，在具体的教学中，这些内容还需细化，并结合案例，才能达到最佳效果。

2．教师与学生参与性原则

“以学生为中心”是教学的核心理念，教与学从来就不能分开，教师要充分发挥引领和指导的作用，下大功夫去研究教育对象、熟悉课程内容和设计课程环节。一方面教师在课堂上要调动学生的积极性，针对他们的兴趣，设计有趣味、有导向的问题让学生参与讨论、分析和回答，达到真正学会的目的。如在讲到台湾的意识形态广告时，教师应启发学生思考和回答：“这些意识形态广告传播了怎样的价值观？哪些是应该批评的？”从而教育学生在当今消费主义时代，面临后现代文化的冲击，坚定社会主义核心价值观的立场。

另一方面，教师应设计课下作业，让学生自己去收集资料、分析案例和领悟思政内容，这也是“以学生为中心”的教学思路。如教师在讲解近代国货运动时，可布置作业，让学生收集民族企业家在国货运动中的广告活动资料，分析这些广告如何激发和利用爱国主义与民族情感的。诸如此类，都能提供给学生自我学习和自我感悟的锻炼机会。

3．考核与目标统一性原则

课程思政也是需要考核的，从而形成目标管理的模式。一方面利用作业的形式，将思政内容渗入，通过作业评价来检测效果。如教师在讲解台湾的广告作品时，可布置作业让学生收集相关资料，分析这些作品中哪些体现了民族特色，哪些是值得我们去借鉴的方法等，以此来检测学生对思政内容的掌握情况。

另一方面通过闭卷考试的方式，在考试题目中融入思政的内容，从而达到判断教育效果的目的。如在能力测试题中，让学生以传统文化的精华元素，为中国老字号品牌创作一个广告，从而考察其对传统文化精华掌握的情况及对历史品牌复兴的创新思考，体验和探索民族品牌振兴的方向。

综上，认真研究课程内容，针对课程特点，从而最大限度地“梳理专业课程所蕴含的思想政治教育元素和所承载的思想政治教育功能，融入课堂教学各环节，实现思想政治教育与知识体系教育的有效统一”①。从教师担任的课程开始，将课程思政做真、做实、做好，为培养合格的广告人才做出贡献。

（本文发表于《文化与传播》2020年第1期）

---

① 中华人民共和国教育部．高校思想政治工作质量提升工程实施纲要［Z］．2017-12-06．

新文科建设下广告人才培养模式的创新

——融媒体时代的广告学专业人才培养

王小宁*

摘　要： 国家的创新发展依托于创新人才的培养，培养创新人才是新文科建设的主要任务。在新文科建设的背景下，广告人才培养模式的创新势在必行。广告人才培养模式的创新必须立足于新文科发展策略，以创新创业为主要导向，将融媒体技术融入人才培养模式的创新中。在人才培养目标上要倾向于着力培养符合融媒体时代需求的高素质、高质量的复合型、创新型人才。广告学专业本身是一门多学科交叉的专业，因此课程体系的改革应加强广告学专业与优势学科融合，形成具有融媒体时代特质的跨学科、复合型的课程体系。作为实践性较强的专业，广告学专业将教学活动与当下融媒体的发展结合起来进行授课模式的改进，以加强学生的实践技能。

关键词： 新文科　广告学专业　人才培养模式　创新创业　融媒体

新文科这一概念最早是由美国希拉姆学院提出，是指对传统文科进行学科重组，文理交叉，把新技术融入传统文科课程设置中，致力于培养高质量的跨学科、复合型、创新型的人才。新文科建设在当代中国的提出是与中国的现代化进程紧密联系的，它重在对现有的文科人才培养模式进行创新，使文科教育从传统的知识型人才的培养转向实践应用型人才的培养。具体而言，就是高校的文科教育应适应科学技术和社会的发展，打破学科界限，进行学科整合，在此基础上培养具有专业核心能力和素养的创新型人才。广告学作为文科的有机组成，具有跨学科的专业背景和较强的实践性。如何在新文科建设中发挥学科优势，培养出具有广告学专业核心理论素养和创新能力的人才，是广告学专业人才培养模式的创新面对的机遇和挑战。在融媒体技术迅速发展的今天，广告学专业人才培养模式的创新必须将融媒体技术的应用与实践作为创新之路的核心。

一、广告学专业传统人才培养模式的局限性

目前广告学专业虽然致力于实践性人才的培育，但是对专业性的过度强

* 王小宁，宝鸡文理学院文学与新闻传播学院讲师。

调，使整个课程体系设置和人才培养模式处于创新性的缺失状态，究其根本原因在于对广告学专业人才培养模式的误读。广告学专业作为实践性较强的文科，并不仅限于对学生实践技能的培养，也要注重学生在实践中创新才能的养成。

就目前来看，广告学专业课程的开设一方面突出广告设计的实践性，另一方面则强调广告学专业理论的学习。大多数高校广告学专业的课程体系主要围绕广告学专业自身特质进行布控，主干课程诸如广告学概论、现代广告经营与管理、中外广告史、电脑辅助广告设计、实用美术与平面广告设计、广告文案写作、广告策划与创意、广告摄影等。课程体系的建构没有进行深度的学科融合，使广告学专业的学生虽然具有较强的实践能力，但显然欠缺专业技能的创新能力。创新是广告学专业的学生在专业素养培养方面的核心，要让学生具有创新能力，打破学科的壁垒，将广告学专业课程与相关优势课程进行深入融合是课程体系改革的趋势。当下，广告设计的创新和新技术的应用是广告学专业学生的短板。高度融合的多种媒体与激烈的市场竞争，使广告行业急需大量创新型、复合型人才。然而，目前广告学专业的学生在平面设计、视频类的广告设计和策划文案的撰写等方面常常只能按照专业层面的要求予以完成，鲜有自己的创新。在高校广告学专业人才培养模式中，实践能力代替了创新能力，广告学专业的学生能够在课程学习中掌握基本的理论和专业技能，但在广告作品的创新方面往往乏力，究其原因，可能是我国现有的广告学专业的课程设置与时代发展没有同步。当代中国社会趋向于融媒体营造的技术化空间，广告业的发展整合了数字、网络和平面三大媒体，其发展走向了多元化的新媒体道路。反观我国广告学专业课程体系的设置，其还没有实现与时代的接轨，对融媒体技术的吸收和理论的学习还没有进入课程的规划中，从而造成了广告学专业人才培养模式中的瓶颈。

二、新文科发展策略与融媒体视野下广告学专业人才培养模式的创新

新文科建设是对整个高校文科教育提出的发展策略，也是当前广告学专业人才培养模式创新的机遇与未来发展的方向。总的来说，当前新文科建设对高校文科建设提出的指导性建议有两个主要部分：一是跨学科的专业融合，致力于培养复合型人才；二是要求文科的人才培养与时代科技的发展接轨，加强专业人才的技能实践性。融媒体是传统媒体（电视、广播、报纸、杂志）与互联网媒体（各类门户网站，以微信、短视频为代表的社交媒体）的相互融合。

广告学专业的人才培养在当今新文科建设的策略引导下，应紧跟当下迅速发展的融媒体技术，对现有的广告学专业发展与人才培养目标进行重新定位。在具体实践中，围绕融媒体技术的发展对课程体系和授课模式进行深入调整，有利于推动人才培养模式的创新发展。

（一）融媒体视野下广告学专业人才培养目标

1. 融媒体视野下广告学专业人才的理论素养

当下广告行业的发展突破了传统的平面媒体，整合了平面媒体、网络媒体和数字媒体，广告行业本身进入了媒体的深度融合发展。因此，广告行业的从业者自身需具备较高的媒体素养，深度认知和熟练掌握融媒体理论和技术。

广告学专业的新文科建设人才培养目标必须重视学生对于融媒体理论知识的掌握。传统媒体语境中，广告的传播依赖于从业者对消费者信息的捕捉，通过对消费者信息的二次整合进行有效的媒体传播。在当下的融媒体语境中，广告生产的语境发生了巨大的变化，消费者在广告的传播中处于更主动的位置。消费者在融媒体语境下，一方面可以更为迅速、及时地接收大量信息；另一方面其消费习惯和消费心理都在发生变化。这些都需要广告从业者及时掌握融媒体的相关理论知识，才能更好地完成融媒体语境下广告的传播、营销。高校的广告学专业人才培养目标必须按照新文科建设所要求的创新型人才培养方向进行调整。

2. 融媒体语境下广告学专业人才的创新性

新文科建设要求在文科教育过程中致力于培养具有创新、创业能力的学生。广告学专业作为一门实践性较强的专业，在教学中更为强调培养学生创新能力。融媒体空间作为当代中国社会技术化空间的具体呈现，为广告行业的发展提供了更为多元化的创新机遇。机遇也是挑战，它要求从业者掌握融媒体广告的传播技能，这就需要广告学专业人才培养不仅要重视学生的实践能力，而且要紧跟时代的融媒体技术的发展，注重学生创新能力的养成。因此，学生在学习的过程中不仅要掌握广告学专业的基本技能，而且要熟练掌握新兴的、多样化的互联网媒体广告传播技能。具体来讲，在广告学专业人才培养模式下学生不仅要熟练掌握融媒体技术，而且在此基础上要应用融媒体技术实现广告制作上的创新。

3. 融媒体语境下广告学专业人才的审美素养

融媒体语境下，广告学专业人才的审美素养更为重要。融媒体迅速发展的同时生成了新的时代审美风尚。在消费者占据主动性的融媒体广告消费空间，消费者生成的新的审美观念和审美心理结构是广告从业者必须把控的。这一点区别于传统广告从业者的理论素养诉求。无法掌控消费者的日常生活审美习惯和心理，就意味着广告制作与营销在融媒体环境中的盲目与无效。因此，在高校的广告学专业人才培养目标的设定上，学生需学习针对融媒体技术空间下消费者的审美观和审美心理制定的课程，掌握相关理论。

新文科建设对于人才培养模式的导向在于强调学生的创新能力与技术性的发展，使广告学专业人才培养目标与融媒体技术空间密切联系在一起，同时在具体的人才培养模式实践中做出变革。

（二）广告学专业人才培养模式的创新与践行

广告学专业人才培养模式的创新与践行，遵循国家提出的新文科建设策略，必须从学科的重新定位、课程体系的设置和授课模式的创新三个方面着手展开。

1. *广告学的重新定位与优势学科资源的整合*

广告学作为新文科建设的有机组成，一方面要响应新文科建设策略中跨学科的视野建构，另一方面要根据自身特点对学科做出准确定位。广告学最早开设在具有文科背景的院校，如最具代表性的厦门大学、武汉大学、复旦大学和中国传媒大学。在文科背景下建构的广告学，自然在学科的属性上更具文科特质。但是随着时代的发展，广告学作为一门交叉性学科的属性愈发突出，其涉猎的学科不仅有传播学、经济管理学等传统学科，而且随着融媒体在当代社会的强势崛起，心理学、文化学、美学、艺术学、计算机技术等多门学科已经成为广告学中的有机组成。因此，广告学是依托于文科背景下名副其实的交叉性学科，这是我们对当代广告学的定位，也是广告学专业人才培养模式创新的基础。只有这样，我们才能对广告学专业人才的培养拥有跨学科的视野，使广告学专业的学生成为复合型、创新型人才。同时，在未来的就业中，要求学生不仅具有扎实的专业理论基础，而且具有优秀的技术实践能力。

另外，要促进广告学与优势学科的结合，进行学科资源整合。广告学作为一门交叉性学科，在国家新文科建设的导向下要积极进行优势学科资源的结合，才能更好地发挥其实践性较强的特质，为人才培养模式的创新提供学科体系的支持。值得注意的是，广告学在当今融媒体时代，与哪些优势学科结合才能更好地推动广告学专业人才培养模式的创新？一是广告学资源必须涵盖与融媒体相关的学科，如计算机技术、传播学、经济管理学、社会学等学科。今日的广告学是在融媒体环境下求发展的学科，学科的优势结合需要考虑学生在未来就业中所需的媒体理论视野和技术。上述学科与广告学资源的深度结合，将为学生提供在融媒体技术空间下创新创业的知识与技能。融媒体生活空间具有鲜明的消费主义特质，即它非常注重消费者的心理体验与审美心理的把控。二是在广告学与优势学科的结合中，心理学、美学、艺术学乃至文化学，都是对广告学的有益补充与拓展。具体对于广告学专业人才培养模式而言，审美的深度渗透有利于培养广告学专业学生的艺术素养和创新性思维。

2. 课程体系的设置与复合型、创新型人才培养

广告学专业的课程体系设置的跨学科视野是建立在学科优势组合的基础上对专业课程体系的思考。广告学专业课程体系的设置以培养复合型、创新型人才为目的，因此，整个课程体系的设置要围绕融媒体时代的广告生态，以广告学专业的课程为主干的同时打通传播学、社会学和艺术学等优势学科的相关课程，营造一个具备融媒体生态框架的课程体系。

首先，在广告学专业主干课程的设置上必须打破专业的壁垒，将最新的融媒体发展观与技术理念融入专业课程。在广告学概论、中外广告史、广告文案写作等传统专业基础课程中，应该将融媒体理论融入授课大纲，构成专业课程基础体系的生态完整性。

其次，广告从业人员的审美素养在融媒体技术环境和广告制作中越来越重要。因此，应将艺术学相关的课程设置融入广告学专业课程体系中。其中，广告美学、世界设计史、中外美术史、中外艺术鉴赏都应作为广告学专业课程体系主干课程的补充。广告学是一门非常强调艺术设计与创造的学科，艺术类课程的开设对于广告学专业课程体系的建构不仅很有必要，而且在人才培养模式上加强了广告学专业学生的自主创新性。

最后，广告学专业要在融媒体时代完善课程体系，就需要开设大数据分析、新媒体受众分析、计算机广告等课程。在这些课程的学习中，学生可以掌握就业市场需要的融媒体技术，在创新方面紧跟时代；同时打破自己的专业视野的壁垒，以融媒体技术的视角进行专业化深度思考。

3. 授课模式的创新

广告学专业的授课模式的改革必须与人才培养模式的创新相联系，突出融媒体时代下广告教育的实践特质，实现多学科交叉、跨专业的教育模式。

广告学专业教育的授课模式必须改变课堂单一教授理论的模式，建立教学互动平台，给予学生更多参与和实践的机会，在实践中培养学生的创新能力。在广告文案、中外广告史等基础理论课程的讲授中，通过教学互动平台让学生以小组为单位将所学理论与当下具有融媒体特质的热点广告个案、广告发展现状结合，进行深度探讨。课堂上，教师结合学生小组的讨论内容与课程理论进行点评分析，为学生创新力的发展提供理论支撑。

今日的广告学在融媒体时代的发展本身就是交叉性领域的融合。因此，在

广告学专业的授课中，要打破课程教学中的界限，将多学科的理论内容融入具体的课程教学中，培育学生开阔性的专业视野。在人才创新性的培养方面，多学科理论交融式的课程教学可以激发学生从不同视角思考广告设计，进而激发学生的创新能力。如广告文案写作是一门传统的理论课程，在学生的未来职场实践中却起着重要的基础性技能支撑作用。在融媒体时代，广告文案写作必须发挥广告专业学科融合的特质，将美学、文化学和社会学的理论融入广告文案写作的讲授中，这可以让学生从美学、文化学和社会学角度出发，思考广告文案写作如何针对当前融媒体时代消费者审美需求和消费需求拓展具体文本思路。

广告学专业教学中，跨专业课程教学已经成为当前新文科建设的基点。跨专业课程教学在具体授课模式中的应用，首先应该在课程内容的设计上建立跨专业的教育目标。广告学专业的课程教学模式的创新意味着必须改变以往只从广告学专业角度进行授课的思考路径。传播学、艺术学和经济管理学这些专业都与广告学有着密切联系，在授课模式中如何将这些专业的理论特点引入课堂教学活动的设计中，使学生受益于课堂教学活动中的跨专业课程教学，培养学生的创新能力是一个值得深入探讨的问题。

三、结语

新文科建设的最终目标在于培养学生的创新能力，使学生成为实践型人才。广告学作为文科的有机组成，应响应新文科建设的人才培养目标，从融媒体技术视角出发对高校的广告教学理念、人才培养目标和课程教学进行深入改革，只有这样才能在融媒体时代培养出契合时代发展的具有实践能力和创新能力的复合型人才。

【参考文献】

[1] 张俊宗．新文科：四个维度的解读［J］．西北师范大学学报（社会科学版），2019（5）．

[2] 胡洪春．机遇、挑战与使命：融媒体时代的传媒教育［M］．北京：中国传媒大学出版社，2017．

[3] 许正林，查灿长．数字化时代的广告产业与广告教育［M］．上海：上海交通大学出版社，2015．

新文科与广告人才培养模式的创新
——模块化教学方法初探

卞晓丹*

摘　要：模块化教学是基于传统课堂教学的内容和体系，针对课程的重点和难点，设立专题讲解、专项训练以及命题创作的课堂教学模式。模块化教学基于专业学科的知识体系，以重要知识点的讲授与技能的提升为目的，把传统教学内容归置到几大模块中，在模块化教学设置的教学流程中进行。在新文科背景下知识的更新与教学模式的变革是对教育教学能力的检验，也让我们重新审视教育的本质与真谛所在。广告教育和教学应站在科技与时代的前沿，无论是内容与方法都需要与社会、时代并行。本文将从模块化教学的基本构架与教学内容设计的角度，探索新文科背景下广告学专业教育的一些改革策略。

关键词：新文科　广告教育　人才培养　模块化教学

模块化教学分为模块导入——课堂教学环节；模块复制——实践实验环节；模块创作——创新课堂。首先，模块化教学的优势在于：模块化教学模式适合互联网时代超链接的阅读模式，有利于培养学生的发散思维模式，着力培养学生把握、提炼、论证和解决时代性问题的理论思维能力。其次，模块化教学有利于强化教学重点与难点，摒弃形式主义的学科交叉、潦草简单的课程拼盘、照本宣科的授课方法，构建跨学科的复合课程群。再次，模块化教学有利于增强学生的动手能力，创建开放式教学模式，探索文科实验的思路，在实践中提高自己的创作水平。最后，模块化教学在大数据背景下，有助于校际、校企间的信息资源互通，打破院系专业之间、学科之间、学科与社会之间的壁垒。

2019 年教育部等 13 个部门联合启动了“六卓越一拔尖”计划 2.0，明确了必须全面进行新文科建设。人文科学主要研究关于人的观念、精神、情感和价值；社会科学主要研究社会现象及其发展的规律。在人类认识和改造世界的过程中，人文社会科学发挥了重要的作用。发展新文科，既是信息时代的发展需要，又源于对文科教育自身价值和意义的认识。广告学是新闻传播学下属的

* 卞晓丹，东北农业大学艺术学院讲师。

二级学科，广告学培养的是面向大众传播的人才，广告人是重要的媒介把关人。好的广告对于社会文化的传播、价值观的导向有非常重要的作用。在信息时代广告与大众生活密不可分，广告在丰富大众情感与陶冶情操、激励个人潜能、引导树立正确的人生信念和理想，以及帮助个体成为全面发展、与文明相伴的人的过程中发挥很重要的作用。广告蕴含了所处时代的社会价值观念、道德规范和行为准则，实现了个体与时代、社会的互通。当代越来越多的广告开始注重寻找中国元素，在人类文明传承与创新领域也做出了很多积极的推动。在“培养什么样的人”这个问题上，如果说科学教育是“求真”的过程，那么文科教育则多为“求善”“求美”的过程①。我国近年来不乏一些向善向美的广告作品，可以非常确定广告教育的目的与主旨与新文科理念不谋而合。广告教育的教学改革也旨在教书与育人并行，把学科建设与专业建设有机融合在一起，把教学内容与学生对现实社会的认识有机融合在一起，努力培养一批具有较强的批判思维精神、创新实践意识、高度的社会责任感、跨各类学科知识和国际化视野的高素质传播人才。

根据新文科理论的指导，立足于广告学专业课程的改革，广告教学的模块设置要遵循以下原则：第一，要以广告学重要的理论、知识与技能为基础；第二，突出专项能力与实践能力的培养；第三，注重批判与创新能力的培养；第四，注重新技术与学科的融合；第五，探寻学科交叉与融合的道路；第六，注重“求善”“求美”的人格塑造与价值传播，推动受教育个体与社会的互通。基于这六点，以下将结合广告学专业模块化教学的内容设置提出具体的改革方案。

第一，要以广告学重要的理论、知识与技能为基础。新文科理论观点指出：必须改变把教育定义为“我说你听”的知识传授，把教材定位为会复制的标准答案，把教学定位为念课本，把文科学习视为枯燥的条文、现成结论的背诵和空洞的说教等教学状况。传统的人才培养方案中设置了广告学专业的重要专业素养，模块化教学所设计的专项训练模块来源于这些重要的专业知识点。如广告文案写作、广告市场细分、广告创意方法、广告目标以及广告诉求等，模块化教学不能脱离这些基础理论，而是对基础理论的教法进行改革和创新。教学方法和形式的变化，目的是使学生更加深刻地领悟知识点的内涵，使学生在一种全新的形势下感悟和体会知识点的价值和意义。例如广告文案写作作为一个重要的模块，学生首先通过文案的赏析打开思路，了解什么是文案，以及广告文案在传递产品信息、塑造与引导消费心理方面的作用。当学生欣赏

① 王铭玉，张涛．高校“新文科”建设：概念与行动［N］．中国社会科学报，2019－03－21．

到一些别具一格、撼动市场的案例时，就会对广告文案产生形象的认识和感悟。在广告文案写作的模块教学中，引入广告文案赏析，教师逐级地从语言文字的层面、消费引导的角度、情感诉求的方法，以及社会认知的来源，由浅入深地分析文案，以案例分析为主线引入文案创作的知识点。这其实是对比传统教学的反向导入，传统教学是由文案创作知识点到案例引入的形象化论证。模块化教学的逆向过程，既有助于增强学生的专业学习兴趣，又有利于加深学生对专业知识的认知和理解。

第二，突出专项能力与实践能力的培养。传统文科教学以讲为主，在广告教学中出现的问题是教师在逐个地讲解，却不知学生理解和领悟的程度，造成的问题是学生实践能力弱，往往是学生把教师讲的知识点背得很熟练，到了自己创作时却全然没有运用教师讲的知识点。这个是文科教学的主要问题，也是共性问题。文科是给予认识世界和改造世界的人文学科，如果只能认识而无法独立提出实践方案，就失去了文科研究的魅力。在广告文案教学模块中，第二个流程就是案例复制，案例复制和简单的翻拍片段不同，教师要更改命题，以考验学生的实践能力和动手能力。例如李某为一家杯子店撰写营销文案，她运用了重要的广告基础理论，结合产品的附加价值，赋予了杯子人情冷暖和社会象征。这是一个营销思路和角度，可启发学生对论题的设置，用同样一种营销方法给鞋子、手机或者眼镜写一个文案，要求用到案例中的文字表达方法，如双关的修辞手法以及高度提炼和极富创意的语言表达。除此之外，教师还可以设计更深刻的论题，如文案创作还有哪些思路和方向。要求学生脱离对这个文案的仿写，以大胆想象与创意为基础展开自主创作。通过这样几个回合的实践练习，学生的文案创作能力会获得很大提高。

第三，注重批判与创新能力的培养。新文科教育，必须突出能力培养，尤其是理论思维能力培养。在教学的过程中，应坚持把握和解决“时代问题”的导向。所有好的广告，无论文案、视频还是平面都有一个重要的特征，那就是高度新颖的原创力。原创是广告的魅力所在，闪耀着思维智慧的光芒，让人耳目一新，创新在某种意义上来说是对既有的颠覆和反叛。那文案创作模块的第三个环节便可以设置为这则文案的创意探究。例如，杯子是什么，是一种情感的寄托，是一种地位的象征，它充满了社会人情的烙印，一句“费太太的果汁”，把我们置身于繁杂的社会生活与情感中。杯子在这则文案中完全颠覆了作为一个容器的使用价值与固定液体的核心价值层面，可以说这则文案后面所有的亮点都建立在这个颠覆认识的基础上。教师把训练设置在此模块，学生之所以打不开思路，是因为他们对物品缺乏哲学层次上的颠覆与重构。这个教学环节设置了一个下级模块，那就是用“××不是什么，而是××”的句型，引导学生做发散思维训练，有助于学生找到新的产生创意的方法。

第四，注重新技术与学科的融合。在日新月异的时代，科学技术相对于人文学科的存在感更加明显。人文学科应该以更积极的态度面对被科学技术改变的世界，关心变化的中国与世界，重新思考为人之道。众所周知，移动互联智能+时代的到来，使广告并不仅仅停留在传统媒体之上，而是走进了智能生活领域。那么广告媒介策划就是一个重要的模块设置，以往的教学提法是媒介策划，但随着媒介生态的改变，多元化的媒介环境使得广告媒介策划必须转变，深耕媒介一直是广告不能放弃的研究方向。从传统媒介到互动媒体，再到数字媒体，最后到现在的自媒体和融媒体，媒介形态的多样发展要求广告必须重视媒介研究。在这个模块设计中，教师可以加入智能+时代的广告媒介策划的专项训练，首先探究自媒体、社交媒体、媒介社群中如何置入广告，有哪些智能产品可以哪些形式置入广告的头脑风暴；然后建议在这个模块设置中，重精良重深入，不要浮于表面。例如教师要把题目设置在一个非常具体的媒介上，如家庭智能音响，如何植入或者说置入广告，以什么样的具体形式来表现，以及这些形式的作用原理和意义是什么。

第五，探寻学科交叉与融合的道路。文科研究重定性研究，轻定量研究一直是一个常规现象，其实在国外的文科研究中，定量研究非常普遍，其在解决问题、提出结论方面做出了很大的贡献。国外的大众传播学很早以前就用很多定量分析与模型提出了大众传播研究的结论。在广告学的理论框架中包含统计分析与定量研究等自然科学方法的互通早就有传统，只是近些年在广告教育教学中应用不够普遍，文理划分使文科生即使主修了高数和统计学依然无法将其应用于广告研究中。模块化教学设计就是要解决这个问题，找到能为广告研究所用的数学和统计方法，并引导学生运用这些方法去解决广告问题。这个模块设计要摒弃数学和统计学的全科教学，要注重学科交叉和融合，把数学和统计学变成广告数学和广告统计学。统计学的哪些方法可以应用到广告中，例如抽样和变量，那就把这些典型的研究模型讲明白，然后让学生反复用这个模型去解决问题，统计数据，得出结论。模块化教学是基于对传统理论的掌握，把知识点的教学设计成更加适合广告学专业素养提升的训练。模块设计中加入一些市场调查与问题解决办法的设计，可以使学生利用数学运算和量的统计来解决分析一些广告的问题，这既增强了学生学习兴趣，也使学生掌握了科学的研究方法。

第六，注重“求善”“求美”的人格塑造与价值传播，推动受教育个体与社会的互通。新文科教育不仅要使受教育者学习专业知识、掌握专门技能，以成为能够从事某种工作的“某种人”，还要使受教育者丰富情感、陶冶情操、开发潜能，成为“人”。广告是大众传播媒介上的重要产品形态。这些年来，随着市场经济的发展，广告可谓无孔不入，广告对于生活的侵入与交融越来越被接纳。作为大众传播的重要手段，广告立足于引导社会消费与社会观念的初衷，在塑造人方面的作用尤为突出。我们的教学不光要塑造一个符合社会主义核心价值观的把关人，更要塑造一个对社会有深刻认知并且能够传播核心价值观的媒介人。例如一个重要的广告知识点——“情感诉求”可以设置为一个专项训练模块，在这个模块中要十分注重学生与社会的接触与互通，激发学生用更成熟全面的眼光去观察世界、认识世界。那么模块的第一个环节可以设置为体验生活，或者说是体验情感。创作者的情感体验必须是一个“浓汤宝”，只有投入受众这一锅清水中，才能混合成有滋味的汤。如果创作者对于情感的体验是肤浅与苍白的，那么所创作出来的广告不可能感染别人。丰富的情感来源于生活，只有扎根生活才能获得最有社会价值和意义的情感认知。在这个模块中，可以为学生设置情感体验，例如亲情可以细分为手足亲情和父母亲情，对于学生感兴趣的爱情也可以设置更加具体和狭小的情感体验范畴，比如体验一下不得不分开的恋情，体会一下左右两难的爱情等命题，这样学生才能更细腻地去感悟，才能在广告中把这种深刻认识灌注到产品、作品以及观众的心中。这个训练过程其实就相当于对学生的情感认识进行了一次引导和教育。人文科学旨在培养全面发展的人、与文明为伴的人，因而需要全面地培养人的德行、智能、情感、意志、理想、信念和情操。文科教育具有崇高的人文理想和深刻的人文内涵，广告教育要十分注重这个方面。

新时代中国特色社会主义实践对人文社会科学的发展提出了新任务，要求我们在学科建设、学术研究、人才培养、社会服务、文化的传承与创新等方面下功夫，抓好广告学科体系建设、队伍建设、理论高地建设、课程和教材体系建设、智库和平台建设、国际交流和合作能力建设，开创广告学科科学发展的新阶段。

高校广告设计教学中学生创新能力研究

罗　静*

摘　要： 新时代背景下，市场竞争日趋激烈，创新成为企业发展的关键要素，尤其对广告设计来说，创新性必不可少。因此，广告设计人才不仅要具备专业的理论知识，还要具有一定的创新能力，能够进行创意设计。然而，就目前的广告设计教育而言，教学理念和模式多侧重理论教学，并不注重创新能力培养。为增强学生就业竞争力，教学中应有意识地对学生的创新能力进行培养，并加以贯彻，使学生的综合素质符合市场的需求。本文将针对高校广告设计教学中学生创新能力的培养问题展开探讨和分析。

关键词： 广告设计　高等教育　创新能力　教学改革

随着市场经济机制逐渐成熟，市场竞争日趋激烈，广告成为吸引消费者从而实现企业预期商业目的的重要手段。诸多企业通过广告来向消费者传递产品信息，树立企业形象，增强产品竞争力。但大量广告在市场中的投放造成了消费者视觉与审美的疲劳，对广告的免疫力明显增强，同质化的广告设计方案已难以快速吸引消费者注意力、激发消费者购买欲望，导致企业对广告设计的创新要求越来越高，对广告设计人才创新能力提出了新要求。因此，在广告设计教学中有必要针对学生创新能力进行培养，对现有的教学模式与教学理论进行适时适当的改革，构建新型教学体系，进一步增强学生的实践创新能力。

一、高校广告设计教学中培养学生创新能力的必要性

广告为公众传播产品信息，促进产品销售，是当前企业公开而广泛应用的宣传手段①。当前市场竞争激烈，同类产品众多，企业不仅要提升产品质量，还要做好广告宣传。推广和销售都需要广告宣传，通过广告来增强产品的知名度②。因此，在某些方面来讲，广告设计是否成功会对产品的销量产生较大影

---

* 罗静，宜春学院北校区美术与设计学院讲师。

① 张田田，李丽芬．“互联网＋”时代广告设计与制作专业创新型人才培养模式研究［J］．延边教育学院学报，2018，32（4）：33－35．

② 吴珊．互联网时代下广告设计与制作专业人才培养模式的问题与策略［J］．职教论坛，2016（27）：72－74．

响。然而，随着广告市场的快速发展，同质化设计越来越多，大众审美越来越高，铺天盖地的同质化广告难以再对消费者造成视觉刺激，无法产生较大的市场影响力。广告设计从某种意义上来说，属于一种艺术创作，不仅突出专业性，更突出创新性①。现如今许多企业越来越重视广告设计的创新性，希望通过不同的广告设计创意来给予消费者不同的视听效果，从而吸引消费者的注意力，设计师需要不断创新以满足消费者的审美需求。因此，在广告设计教学中非常有必要对学生的创新能力进行培养，使其自主地去追求创新，形成创新思维模式。

二、高校广告设计教学中学生创新能力培养的现状

目前，创新能力已逐渐成为现代社会高素质人才的重要素质，具有创新能力的人才往往更受到企业重视，更符合企业对人才的需求②。通过前文对培养学生创新能力必要性的分析可知，教学中有意识地培养学生的创新能力，是广告设计教学发展的必然趋势，也是行业发展的未来需要。然而，当前高校广告设计教学中很少关注学生创新能力的培养，多数时候采用教条式、苛严管束式的教学方式，教学观念相对陈旧，教学过程中教师占主导，很少鼓励学生大胆创新，教学内容局限于教材，过于强调考试成绩。这造成学生很少主动思考所学知识，自主学习意识淡薄，学习过程中很多时候以应试为目的，缺少学习兴趣，甚至存在一定厌学情绪，导致很大一部分学生缺乏创新能力，不符合企业对广告设计专业人才的要求。这也正是当前广告市场中设计同质化，缺少创意设计的原因之一③。从行业发展来看，广告市场竞争越发激烈，越来越多的企业将广告作为强化自身核心竞争力的手段之一。因此，我们应从多个方面入手，对学生创新能力进行培养，促进学生综合素质的发展，使其符合当前企业对人才的要求。

三、高校广告设计教学中学生创新能力的培养

鉴于当前高校广告设计教学中在学生创新能力培养方面存在缺失，实际教

① 陈铭．新形势下高校平面广告设计专业教学改革与创新研究［J］．大众文艺，2019（3）：241－242.

② 齐兴龙．民办高校平面广告设计专业人才培养模式与实践教学体系的研究［J］．教育教学论坛，2010（32）：234.

③ 李悦．在广告设计教学中运用互动式评论课培养学生的创新能力［J］．网络财富，2019（14）：141－142.

学中多依然沿袭传统应试教育模式，难以帮助学生形成良性创造思维的情形，下文将针对广告设计教学的情况，探讨高校广告设计教学中学生创新能力的培养问题。

（一）培养学生的学习兴趣

创新的过程需要兴趣来维持，广告设计属于创作过程，自然离不开创新。因此，学习兴趣是激发学生创新思维的关键要素，在学习过程中只有对所学内容产生兴趣，才会形成学习动力，才能引导创新思维的发展，对创新能力进行有效的培养。若学生在学习过程中缺乏学习兴趣，就会对所学内容失去好奇心，更不会主动探索学习，产生相应的创新欲望。因此，在广告设计教学中，应考虑到学生的兴趣点，通过学生感兴趣的教学内容来对学生的学习兴趣进行培养，从而用兴趣调动学生的主观能动性，使其对所学内容产生丰富联想，引导学生创新思维的发展。具体来讲，教学过程应增强教学内容的丰富性和引导性，在教材内容基础上进行有针对性的扩展教学，通过精心编选教学内容，赋予学生充分的想象空间，展开具有灵活性、多变性、新颖性的教学，实施创新教育。例如，引入具有代表性的成功商业案例，加强教学与广告市场间的联系，让学生根据自身能力和经验对展示内容进行创新，通过实践创新让学生养成创新思维，帮助学生形成自己的创作风格，明确自身在设计中存在的不足，逐渐提升自身解决问题的能力，使学生产生主动学习的兴趣，培养真正具备创新能力、实践能力的高素质人才，增强学生的就业竞争力。

（二）转变教学方式方法

以“教”为主的教学模式已跟不上时代发展，传统范式化教学不利于创新能力的培养。因此，有必要革新教学方式方法，通过多元化的教学激发学生的创造性，引导学生创新思维的发展与形成。例如，在教学中引入情境教学，让学生直接参与到教学情境中，通过创设教学情境来为学生提供更好的实践机会，引导学生通过自主思考达到学习目标。在教学情境中学生往往能够产生更多自己的想法，能够保持一定的创作欲，产生的教学效果要好于传统的理论教学。另外，不同的学生学习能力不同、思维模式不同、创作风格不同，采用统一的教学策略教学，教学过程缺乏一定的针对性，有时难以达到预期的教学效果。因此，可以引入分层教学与合作教学，对不同层级学生采用差异化的教学引导策略，从而促进学生的个性化发展。教师可根据学生实际需求，对各层级学生进行针对性教学，并让不同层级学生组成学习小组，通过小组合作学习，利用基础较好的学生来带动基础薄弱的学生，使学生在小组的帮助与带动下产生更大的学习信心和兴趣，产生创作欲望。但在具体的教学实践过程中，教师要把握好分层、分组的科学性与合理性，避免偏颇的分组影响教学计划的开展和教育不公平现象的发生，影响学生的学习情绪。实践证明，若在实际教学的过程中，教师没有把握好科学的分组标准，则非常容易对学生学习情绪产生负面影响，甚至引起学生厌学情绪和反感情绪。因此，非常有必要保持分组的隐蔽性和科学性。

（三）改革教学考核评价模式

实际上，考核评价对学习积极性有较大影响。在以往单一的考核评价模式下，单纯根据作品设计进行评价，学生多缺乏积极性和学习动力，学习监督与检验效果并不理想，不能真正发挥考核评价功能。为了更好地带动学生的积极性，使其养成良好的学习习惯，培养学生创新能力，应改革当前高校广告设计教学的考核评价手段，通过科学的教学考核让学生保持自主学习的动力。具体来讲，应积极展开“以赛促学”的新型教学考核评价模式，将广告设计赛事融入教学考核评价当中，从而促进学生提升专业技能，使学生更好地运用所学知识，以更加全面的形式展示出来。“以赛促学”的教学考核评价模式反映了就业导向，同时强化了学生职业技能，对学生的锻炼效果明显。参赛过程中对学生的实操能力、理论知识、心理素质都有一定要求，能让学生在参赛的过程中了解广告设计市场的真实情况和企业真实的项目需求。大部分的创意都是在实践中积累产生的，学生为了取得一定成绩，会更加积极地进行作品创新，从而锻炼创新思维，形成自己的创作风格。这种教学考核评价模式培养出来的学生不仅是创新型人才，更是应用型人才，具有非常强的实践能力、应变能力和解决问题能力。因此，在实际教学操作过程中，为实现“以赛促学”目标，可将技能大赛考核标准以及企业对广告设计人才的要求，融入课程标准与日常的考核评价标准中，根据实际情况更新对学生学习的要求，从而将学生的学习与实践更好地联系起来。

四、结语

创新性已成为广告设计人才重要素质之一，很多企业对相关人才创新能力都有要求。在广告设计同质化的今天，为满足企业与市场的需求，对学生创新能力进行培养至关重要。针对目前高校广告设计教学中多沿袭传统教学教法，教学模式单一，教学过程忽视创新能力培养的问题，高校广告设计教学应积极采取改革措施，通过培养学生的学习兴趣、转变教学方式方法以及改革教学考核评价模式来培养学生的创新能力。

[illegible]

（三）改革教学考核评价模式

[illegible]

四、结语

[illegible]

第二部分　智能时代的广告变革与广告教育的改革

人工智能改变了广告产业什么？

乔　均*

摘　要：本文探讨了人工智能为广告产业带来的变革，认为人工智能促进了互联网媒体快速增长，推动了精准营销由概念走向实践，提升了广告投放精准度，其模糊聚类功能开始替代创意总监，为广告教育带来新的课题。

关键词：人工智能　广告产业　精准营销　互联网

近年来人工智能与广告的结合成了大家关注的热点话题。人工智能除了在广告媒体变革中发挥着重要作用，在广告创意、广告程序化、广告投放、广告效果检测等方面也发挥着越来越重要的作用。虽然也有人指出人工智能被夸大了，但是，人工智能对广告产业的影响不容忽视。

一、人工智能促进了互联网媒体快速增长

第四次工业革命的核心是网络化与人工智能的深度融合。人工智能就其本质而言，是对人思维的信息化过程的模拟。人工智能包括的技术有很多，如机器视觉、指纹识别、人脸识别、视网膜识别、虹膜识别、掌纹识别、专家系统、自动规划、智能搜索、大数据、定理证明、博弈、自动程序设计、智能控制、机器人学、语言和图像理解、遗传编程等。人工智能技术的推广运用已掀起了巨大的科技浪潮。

美国著名未来学家奈斯比特（Naisbitt）曾指出，在这个根本变化的影响下，基础工业、各地区的发展前景以及世界贸易的前景都将发生根本性的变化。它不仅影响到每个人的日常生活，而且将影响每个人的工作和政治态度。①

互联网与人工智能的结合不仅成为全球技术创新、服务创新、业态创新和商业模式创新最为活跃的领域，而且成为世界创新发展的重要新引擎。人工智能上嫁接的互联网正在为全球产业发展构建起全新的发展和运行模式，推动产业组织模式、服务模式和商业模式全面创新，加速产业转型升级。从媒体发展

---

* 乔均，南京财经大学副校长、教授、博士生导师。

① GOODE S. Naisbitt questions the future of technology [J]. Insight on the news, 2001 (17): 37.

看，互联网与人工智能技术颠覆了传统媒体，促进了网络媒体快速增长。“互联网+”大数据决策、微博、微信等的广泛应用深刻地变革传统运行模式。据凤凰网报道，截至2019年6月，中国网民规模达8.54亿，互联网普及率达61.2%，网站数量518万个，并涌现出新型互联网信息媒体平台，如阿里巴巴、百度、腾讯、今日头条、新浪、搜狐等。2018年阿里巴巴在中国500强中排名35位，平台成交额4.82万亿元，其中广告收入1 386亿元，同比增长27.8%，占阿里巴巴总收入的55.4%。①

互联网广告在我国产业中的占比量越来越大。据《中国工商报》报道，2018年中国广告经营额为7 991.48亿元，较上年同比增幅达15.88%。2018年，中国互联网公司前10名的广告营业收入达3 829亿元，占全行业总量的47.9%。其中阿里巴巴1家占总量的17.8%，前三家占总量的34.8%（详见表1）。②

表1　2018年互联网媒体平台营收排序

	公司	行业分类	广告收入（亿元）	市场份额（%）
1	阿里巴巴	电商消费	1 386	36.0
2	百度	搜索+信息流	819	21.3
3	腾讯	社交+媒体	581	15.1
4	今日头条	媒体+娱乐	470	12.2
5	新浪	社交+媒体	119	3.1
6	小米	手机厂商	101	2.6
7	美团	生活消费	94	2.4
8	爱奇艺	娱乐	93	2.4
9	搜狐	美团+搜索	83	2.2
10	58同城	生活消费	83	2.2

① 鞭牛士. 中国网民规模达8.54亿，互联网普及率达61.2%[EB/OL].（2019-10-21）. http://feng.ifeng.com/c/7qwhxvVenmZ.

② 中关村互动营销实验室. 2018年统计数据显示，中国广告市场同比增幅达15.88%，行业趋向成熟发展[N]. 中国工商报，2019-04-25.

二、人工智能推动精准营销由概念走向实践

Web2.0 技术能够借助 cookies 的跟踪和庞大的数据库系统的储存，记录下大量的姓名和信息，借助 SNS，利用个人博客进行互联网营销，取得传统广告无法比拟的精准效果。例如谷歌借助 ADsense，通过分析消费者的搜索习惯，进行数据挖掘，然后能够寻找到更适合消费者的广告。基于互联网发展，2005 年科特勒（Kotler）提出了“精准营销”概念。精准营销是通过定量和定性相结合的方法在进行精准定位的基础上，依托现代信息技术手段捕获目标受众的消费心理和消费行为等信息，构建消费者大数据库，建立个性化的顾客沟通服务体系和一个恰当的信息传输通道，并对其进行有针对性的营销活动，实现“一对一营销”①。

2017 年，百度凭借产品案例片 *KNOW YOU AGAIN* 在戛纳国际创意节上获得两银一铜三座狮子②。这是一个产品创意的广告，讲述百度开发的一款眼镜给阿尔兹海默症患者以便利，方便记忆身边的人和防止各种安全事故的发生。这款眼镜不是概念性产品，而是有着实实在在的科技含量，能真正帮助到患者生活的产品。百度眼镜利用人工智能对抗最难治的疾病，里面融入了智能采集、智能识别、照片识别、声纹识别等技术。

人工智能技术在产品开发和广告推销中的应用越来越广泛。科大讯飞积极推动人工智能产品研发和行业应用落地，致力于让机器能听会说、能理解会思考，用人工智能研发同声翻译机。目前科大讯飞的讯飞翻译机获得了消费市场的广泛认可。2018 年科大讯飞机器翻译系统参加 CATTI 全国翻译专业资格（水平）科研测试，首次达到专业译员水平。智能声纹识别等技术推动了人机对话及互联网点击互动，使得微信社区及微博等网络媒体有了更大的发展空间。

三、人工智能与 Video + + 结合提升了广告投放精度

情景营销就是在销售过程中，运用生动形象的语言给顾客描绘出一幅使用产品后带来的美好图像，激起顾客的向往，并有效刺激顾客购买欲望的手段。

① 尹启华，邓然. 精准营销研究现状［J］. 经济研究导刊，2010（9）：158 - 159.

② 百度记忆眼镜：我想记住你的微笑［EB/OL］.（2017 - 10 - 17）. https://www.sohu.com/a/198482609_657211.

情景营销以心灵的对话和生活情景的体验来达到营销的目的。情景营销不仅仅考虑广义时间与空间上的目标用户，更是通过考察特定情境中的用户，将情景带入用户，继而让用户身临其境，激起消费者对营销产品的消费欲望。

较早的情景营销主要体现为厂家的现场促销活动，从广告公司的业务流程看，主要表现为商业活动策划。由于情景营销需要人员互动，需要较大的人流量，因此情景营销现场活动多集聚在城市商业核心区。随着政府对城市安全维稳的重视度提高，城市情景营销审批越来越困难。AI＋、Video＋＋与互联网结合，有效规避了这类困难。AI＋情景营销考虑时空上的目标用户，通过对特定情境中的用户考察，进行情景模拟，让用户身临其境，激发用户情感共鸣，唤醒消费者对营销产品的特定心理需求，从而刺激消费。

现在，越来越多的媒体方开始将Video＋＋短视频视为未来广告传播的重要战场，纷纷加大Video＋＋短视频投入。谷歌推出了使用机器学习的系统Auto Ads，可以自动决定一个页面放置多少广告合适，在哪里放置。谷歌保证机器学习作出正确的判断，让用户更愿意点击想要的广告。阿里文娱旗下土豆转型短视频成立20亿大鱼奖金扶持短视频；腾讯停掉微视的同时投资快手换种方式继续加码短视频；百度投资垂直短视频社区天天美剧。加上之前已押注短视频的陌陌、微博、今日头条、美拍，Video＋＋短视频发展已蔚然成风。

如果说2017年AI＋、Video＋＋与营销结合还处于尝试阶段，2019年AI＋、Video＋＋已呈现渗透更广的领域的趋势（见图1）。AI＋广告营销的应用其实是广告算法的自然延伸。依据大数据分析人的行为，可以更好地利用大数据和人工智能的算法和技术帮助广告主做出更准确和智能的决策。

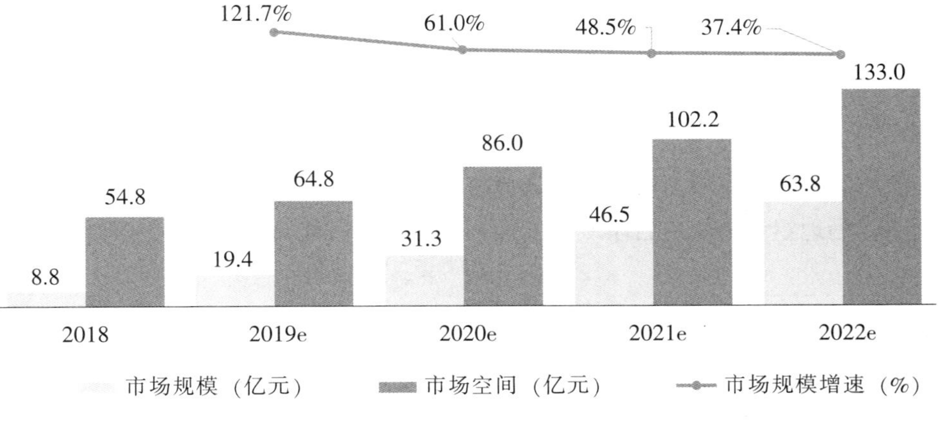

图1　2018—2022年AI场景识别广告类业务市场规模

四、人工智能模糊聚类功能开始替代创意总监

从广告公司工作平台看，创意总监始终发挥着十分重要的作用。创意总监负责重点品牌客户维护、新品牌客户开拓，工作的统筹、规划、协调、推进。根据客户要求，创意总监负责客户及公司创意设计、制作的指导工作，通过自身设计创意吸引客户，客户因创意最终投标；负责各部门设计及效果的指导，通过对设计的创意、色彩、版式等进行评审，通过视觉表现形式将创意从概念发展成为具体的设计。人工智能发展在一些创意职能上开始替代创意总监的工作。

2019 年罗格斯大学（Rutgers）发表了一篇研究论文，向世界介绍了创意对抗网络（CAN）。他们训练的 CAN 创造出一批看起来像是由真正的艺术家制作的东西，而且它们是独一无二的，而不是已经存在的艺术作品的仿造品。①

AI + 创意总监利用大数据从全球抓取消费者的深度信息，通过 AI + 自我学习和演进算法进行深刻的洞察，然后提出犀利的概念，并分配给 AI 文案和 AI 美术去创作执行。人工智能不仅仅在创意写作、光线分配及构图设计方面发挥作用，而且在音乐、绘画、编剧等艺术领域也已经开始崭露头角。

人工智能辅助的平面和三维产品创意设计表明，人工智能时代的到来将会对广告创意设计产生深远影响。目前人们已经在探讨人工智能机器参与设计工作。人工智能专家 Michael I. Jordan 指出，人工智能不仅会在人机对话领域替代翻译工作，而且有可能在人机交互设计中替代创意设计工作②。

综上所述，人工智能已经给广告业带来重大影响，在未来这种影响的深度和广度可能会进一步加大③。因此，广告教育不能忽视人工智能对广告人才的培养，应该合理地改造广告课程，吸纳人工智能知识和技术到广告课程模块中，让广告学专业的学生了解人工智能知识和技术应用；同时加强广告实验课程中的人工智能技术训练；还可以考虑在全国大学生广告艺术大赛中设立与人工智能关联的创意项目。中国高等教育学会广告专业教育理事会应该在暑假期间有计划地组织高校广告学专业的教师参加人工智能与广告教育培训。

---

① 张含阳. 对抗网络生成的艺术作品为何比人类艺术家更受欢迎？［J］. 机器人产业，2017（4）：36－39.

② JORDAN M I. 在机器学习领域到底有什么学术成就？［EB/OL］.［2018－02－25］. https：//www.zhihu.com/question/53757555？sort = created.

③ 范向民，范俊君，田丰，等. 人机交互与人工智能：从交替浮沉到协同共进［J］. 中国科学（信息科学），2019，49（3）：361－368.

以专业国际认证为驱动，建构智能时代的“三化育人”培养模式
——以暨南大学广告学系为例

朱 磊 杨先顺*

摘 要： 当前广告业已进入智能营销传播时代。为迎接智能时代对广告教育的挑战，暨南大学广告学系以教育部本科专业国际认证为驱动，确立了以四项基本素质和六项基本能力为核心的培养目标，建立了数字化、实训化和国际化“三化育人”卓越广告人才培养模式，取得了显著的教学成效，成为国内第一家获得国际认证和教育部专业认证的广告学专业，并入选2019年度国家级一流本科专业建设点。

关键词： 专业国际认证　智能营销传播　培养目标　“三化育人”　培养模式

一、缘起：思路决定出路

在信息化、数字化、智能化浪潮推动下，全球广告业发生了深刻变化，即由传统意义的广告转型升级为数字营销传播，当前广告业已进入智能营销传播时代。如何适应时代发展，培养富有洞察力、创造力、行动力和应变力的卓越广告人才？这是当前广告教育界应当解决的问题。

通过对2010年迄今已发表的国内外广告教育相关的688篇论文的主题、关键词以及摘要进行自然语言处理后可以发现①，与“新媒体”相关的广告教育类论文有48篇，与“数字（化）”相关的有32篇，与“大数据”相关的仅有6篇，与“智能”相关的仅有3篇，即杜娥、王海燕等人的《探析人工智能与广告教育》，张艳萍、周华清的《新技术驱动下的广告教育改革研究》，秦福贵、郑新涛等人的《数字技术创新与广告专业人才培养模式重构的思

---

* 朱磊，暨南大学新闻与传播学院广告学系副主任、副教授、硕士生导师；杨先顺，暨南大学新闻与传播学院广告学系教授、博士生导师，暨南大学传播与国家治理研究院院长。

① 搜索条件：CNKI数据库中标题、关键词或摘要中包含“广告教育”“广告教学”或“广告人才培养”的中外论文；搜索对象为期刊论文、博士论文、硕士论文、国内会议、国际会议和学术辑刊；搜索时间为2010年1月1日至2020年4月28日。经过人工审核，剔除无效样本。

考》。由此可见，学界对人工智能时代下广告教育的探讨不够充分。

近年来，围绕智能时代的广告人才培养这一问题，暨南大学广告学系进行了一些教学探索和尝试。本文将从培养目标、模式（举措）和成效三个方面对智能时代广告人才培养的教改思路及其在暨南大学广告学系的实践运用情况进行总结和反思。

二、关键：目标就是航标

英国哲学家斯宾塞认为，教育就是为未来“完满生活”做准备[①]。被誉为“现代课程之父”的美国教育学家拉尔夫·泰勒提出编制课程与教学计划必须回应四个基本问题，即“学校应该达到哪些教育目标？提供哪些教育经验才能实现这些目标？怎么样才能有效地组织这些教育经验？我们怎么才能确定这些目标正在得到实现？”[②] 据此，泰勒提出编制教学计划的四个基本步骤：①确定教育目标；②选择学习经验；③组织学习经验；④评价学习经验的有效性。2017 年，暨南大学广告学系以本科专业国际认证为契机，参考博比特、泰勒等人开创的课程与教学计划编制流程，针对在校生、毕业生、用人单位、本校教师及教学管理人员开展调研，组织评估工作小组从广告教育的现实性和前瞻性、培养目标的精确性和具体性等角度进行讨论，最终确定广告学专业培养目标：

> 广告学专业旨在培养德智体美劳全面发展，有强烈的社会责任感，坚持正确的广告导向，具有优良的道德素质、心理素质、文化素质和思维素质，拥有较强的市场洞察力、策略分析力、营销传播策划力、创意表现力、商务沟通力和活动执行力等，具备国际视野和创新精神，系统掌握营销传播学（特别是数字营销传播）和现代广告学的基本理论和方法，能胜任国内外广告公司、公关公司、互联网公司、新闻媒体广告经营部门、市场调查机构及企事业单位市场营销与宣传部门的调研、策划、创意、传播和管理等工作的“一专多能型”高水平广告人才。[③]

博比特认为，教学目标应当充分反映人类所应该拥有的能力、习惯和知识

① 斯宾塞. 斯宾塞教育论著选［M］. 胡毅，王承绪，译. 北京：人民教育出版社，2005：12 – 13.

② 拉尔夫·泰勒. 课程与教学的基本原理［M］. 施良方，译. 北京：人民教育出版社，1994：2.

③ 暨南大学新闻与传播学院. 2018 级暨南大学广告学专业（内招生）培养方案. 2018.

体系。在他看来，“当课程被定义为定向和非定向经验时，则其目标应该就是人类能力、习惯、知识体系等一个人应该拥有的所有范围。这些将通过分析调查发现。课程开发者首先是人性和能力的分析者”①。在充分调研基础上改定的暨南大学广告学专业培养目标与以往培养方案相比，不仅回应了博比特对教学目标设定的基本要求，同时具备了以下四个专业特色：一是强调社会责任感和正确广告导向意识的培养，这是大学广告教育的重中之重。二是确立了广告人才培养的四项基本素质和六项基本能力体系（简称 4Q6A）。四项基本素质（4Q）即“道德素质、心理素质、文化素质和思维素质”；六项基本能力体系（6A）则包含“市场洞察力、策略分析力、营销传播策划力、创意表现力、商务沟通力和活动执行力”涵盖广告业务全过程的基本能力。三是全面更新知识和技能体系。暨南大学广告学专业人才知识和技能体系的重点是营销传播学（特别是数字营销传播）理论、方法和技能，其中智能营销传播是数字营销传播的最新阶段，侧重于大数据分析能力、新技术运用能力、社交媒体运营能力、场景营销策划能力、内容营销创意能力、智能营销驾驭能力等。四是彰显暨南大学作为“百年侨校”的特色，强调国际视野和创新精神。

在确立培养目标之后，暨南大学广告学系按照教育部本科专业国际认证的要求，将广告学专业的毕业要求分解为综合素养、知识技能、思维能力、解决问题、数字素养、沟通表达、团队协作、国际视野和终身学习九个方面，即要求学生成为“九维融合”型的卓越广告人才。

三、模式：“三化”应对变化

人才培养模式是广告教学改革的重中之重，它应当具备相对稳定的教学内容、课程体系、教学方法和手段、管理和评价制度，又能在一定时期内应对广告业界的各种变化。周远清认为，“所谓人才培养模式，实际上就是人才的培养目标、培养规格和基本培养方式，它决定着高等学校所培养人才的根本特征，集中体现了高等教育的教育思想和教育观念”②。从暨南大学的广告人才培养模式创新的历史来看，大致可以分为以下三个阶段：

第一阶段（2006—2010 年）：“多元智能创新型广告人才培养模式”，即探讨并实践了以能力结构为主、知识结构为辅的广告人才培养模式，注重培养学

① BOBBITT J F. The curriculum [M]. Boston: Houghton Mifflin Company, 1918: 43.

② 周远清. 加大力度，加快步伐，在教学改革的主要方面取得突破 [J]. 高等工程教育研究，1998 (2): 13.

生的实战能力和创新能力。

第二阶段（2011—2015 年）："广告学应用型拔尖人才培养模式"，即探讨并实践了以培养应用型拔尖人才为核心的人才培养模式——金字塔模式，其成果获得 2014 年第七届广东省教学成果奖一等奖。

第三阶段（2016 年至今）："三化育人"模式，即数字化、实训化和国际化。这是目前暨南大学广告学系正在推进的教学模式，并在实践过程中与时俱进、迭代更新，在"数字化"中加入"智能化"的内涵。

首先是数字化。主要体现在：第一，课程体系数字化。在教学重点上以培养学生对"数字 + 智能"营销传播的洞察力和创造力为基点，在课程体系上增设网络与新媒体知识群、数字营销传播知识群、数字媒体创意与设计知识群。在课程设置方面，增加数据挖掘与应用、计算广告学等新课程①。在实践教学方面，立足行业前沿，借助业界资源，合作开设多种类型的数字营销传播工作坊，例如 AR（增强现实）商业应用开放工作坊、VR（虚拟现实）工作坊、大数据营销工作坊、短视频数字营销传播工作坊等。第二，教学手段数字化。积极推进在线教学和虚拟仿真教学，推出暨南大学首个国家级慕课"数字营销：走进智慧的品牌""人工智能广告虚拟仿真教学项目""智能营销与计算广告"和"线上 3D/VR 虚拟展厅"。第三，教材建设数字化。暨南大学广告学系师生以论文、著作或学术研讨等形式研究总结营销传播的数字化和智能化发展趋势，连续举办多届数字营销传播研究与应用国际研讨会及高峰论坛，并将研究成果及时反映到教材建设中，反馈到课程教学中，落实到学生实践中，让学生第一时间感受、体验并学习到最前沿的数字营销传播理论和实践经验。近 10 年来，在广告学系教师出版的各类专著、教材中，以数字营销传播类著作最为突出，数量已达 10 余种。例如杨先顺等人的《岭南新媒体说 数字营销传播思想荟萃》和《中国广告创新型教育模式研究》，星亮的《演进与诠释：营销传播学理论演进研究》，阳翼的《数字营销》《大数据营销》《人工智能营销》，李苗的《新网民的赛博空间》《AR：场景互动神器》《数据化时代的创意营销——2013—2014 年度典型案例》，谷虹的《品牌智能：数字营销传播的核心理念与实战指南》，陈韵博的《社交媒体营销：理论与实践》（译著）和《数据技术时代的程序化广告研究》（即出），万木春的《数字营销再造》《作为知识创新组织的当代中国广告/营销传播企业生产力研究》（即出）《数字营销行业的知识管理——理论与案例》（即出），朱磊等人的《数字营销效果测评》，陈广耀等人的《媒体娱乐心理学》（即出译著）等著作，都

① 暨南大学新闻与传播学院．2018 级暨南大学广告学专业（内招生）培养方案．2018.

属于本学科领域的探索与创新之作。

其次是实训化教学的深入和拓展。所谓"实训"，就是让学生在学习过程中通过模拟实际工作环境和实践真实工作案例，与外部社会发生相互联系和相互作用。正如拉尔夫·泰勒所言，"学习是通过学生的主动行为而发生的；学生的学习取决于他自己做了什么，而不是教师做了什么"[①]。除了参赛、毕业实习、毕业设计、创新创业等常规实践教学项目以及实习实训基地建设外，暨南大学广告学系按照教学计划的连续性、顺序性和整合性的三大原则，组织了一套形式多样又循序渐进的实训化项目。创建于 2007 年的"广告兵法训练营"，从最初的"以赛代练，赛训结合"模式，发展成为"赛、训、练"三位一体的实训教学体系；与业界开展多渠道多形式的战略合作，重点考虑业界热点和教学难点，为学生开设各种实践教学工作坊；敦聘业界知名专家为客座教授、研究生导师或创新创业导师，努力为学生争取外部教学资源，完善和优化实践教学体系。例如，"AR 工作坊"主要讲授 AR 技术原理及其应用现状，要求学生提出具体的 AR 场景应用方案，由学界和业界组成专家来评价方案的创新性、可行性和前瞻性；"暨大—舜飞程序化广告工作坊"为学生提供程序化广告实践和理论教学平台；"暨大—零点创新思维与原型设计工作坊"讲授并实践如何将设计思维方法运用于创意原型设计；"暨大—博报堂生活者洞察工作坊"则由导师带领学生学习如何将市场洞察与广告创意相结合；"暨大—华略短视频数字营销传播工作坊"引进抖音、王老吉、联通等业界师资力量和资金，以真实案例为引导，历时三个月，带领学生学习体验短视频创意、制作、投放和推广的全过程；由学生策划并执行的"广东省大学生广告节"于 2018 年被广东省广告协会确定为省级赛事。

最后是教学的国际化。这主要体现在专业认证国际化、赛事国际化、师资国际化、生源国际化和教学内容国际化五个方面。第一，暨南大学广告学专业结合"侨校"特色，参照国际标准，突显自我特色，于 2017 年接受俄罗斯国家认证中心和中国教育部联合专业认证，成为中国第一家获得国际认证和教育部专业认证的广告学专业。第二，积极组织和资助学生参加"戛纳 RHA""釜山广告节"等国际广告赛事。第三，积极推进师资队伍国际化建设。广告学系教师中有 4 位教师拥有境外博士学位，所有教师均有国外或境外访学访问经历。第四，积极招收港澳台学生和海外华侨华人学生。2015 年，广告学专业招收境外学生人数仅为 26 人，至 2019 年，这一数字已经达到 150 人，是 2015 年的约 5.8 倍。第五，在教学计划中设置"跨文化营销传播知识群"，常年开

① 拉尔夫·泰勒. 课程与教学的基本原理 [M]. 施良方，译. 北京：人民教育出版社，1994：49.

设“当代国际广告”（全英）、“海外公益广告”（现更名为“海外公益传播”）、“海外华文传媒”等多门开拓学生国际视野的课程。

需要指出的是，师资力量是“三化育人”模式得以顺利实施的重要前提。为确保教师的知识体系先于学生进行“三化”调整，暨南大学广告学系提前布局，全面推进教师全面博士化，目前专职教师中的博士学位获得者及在读博士的占比为100%；同时，推动教师在科研、教学领域的全面转向，让“三化”的理念入脑入心，真正成为暨南大学广告学系全体师生的普遍共识。

四、成效：荣誉造就声誉

检验教学模式成败的唯一标准是教学成效。评价教学成效实际上就是确认培养模式的实施是否能够实现教育目标及其实现程度的过程。如前所述，暨南大学广告学系的教改经历了三个阶段，其成效也分三个阶段：第一阶段“多元智能创新型广告人才培养模式”的探索与实践，让暨南大学广告学专业跨入“广东省特色专业”的行列（2010年）。第二阶段“广告学应用型拔尖人才培养模式”的教学改革取得了更多的成绩：“暨南大学—广东省广告股份有限公司广告教育基地建设项目”获广东省大学生校外实践示范基地建设项目立项（2013年）；“应用型广告拔尖人才培养体系研究与实践”获广东教育教学成果奖一等奖（2014年）。在第三阶段“三化育人”模式的指导下，暨南大学广告学系取得了一系列突破性成就：2017年，该系广告学专业接受了俄罗斯国家认证中心和中国国家教育部颁发的联合专业认证，成为中国第一家获得国际认证和教育部专业认证的广告学专业；2019年，“数字＋智能”营销传播时代卓越广告人才培养“三化育人”模式获2019年度中国高等教育学会“广告教育教学改革优秀案例”；2020年，暨南大学广告学专业入选2019年度国家级一流本科专业建设点。

暨南大学广告学系在学生培养方面也取得突出成绩。暨南大学广告学子自2016年以来共获得省部级以上专业赛事奖项共500多项（含等级奖、优秀奖、佳作奖等）。在“2019戛纳狮子国际创意节 Roger Hatchuel Academy 学生培训学院中国区选拔活动”（简称“2019戛纳 RHA 中国选拔赛”）中，暨南大学广告学子在10强中独占6席，最终第一名选手入选戛纳 RHA 学院，是2019年中国选拔赛区的唯一入选者；在2018年 One Show 中华青年创新竞赛中，暨南大学广告学子获1项客户选择奖、5银3铜和5项佳作奖。不仅是在校生，毕业生的成就也同样令人瞩目。1997级广告学专业校友范耀威先生先后荣获世界广告最高奖——戛纳国际创意节金狮奖、银狮奖。

五、结语

综上所言，面对智能时代的卓越广告人才培养问题，暨南大学广告学系的应对之策和改革思路就是坚持重素质、强能力、立前沿和宽视野的基本教学理念，并基于这四个教学理念提出以专业国际认证为驱动，大胆尝试数字化、实训化、国际化的“三化育人”模式，持续系统地推进广告人才培养模式改革。

暨南大学的广告教育起源于20世纪20年代，是中国最早开设广告课程的高校之一。回顾百年前的暨南大学课程计划，我们意外发现，当年和“广告学”并列的课程还有“经济学”“高等数学”“统计学”“商业调查”等课程。这和今天广告学专业的教学改革方向有许多相似之处。当然，“历史不会重复，但会押韵”。在这个意义上，暨南大学广告学系的教学改革只是踩到了历史的韵脚而已。下一个方向在哪里？下一个韵脚在哪里？智能时代给广告教育带来新技术、新方法的同时，也带来了新情况、新问题。暨南大学广告学系仍将继续探索，大胆尝试，学习与借鉴国内外广告院校的实践经验，立于智能时代广告教育的前沿。

人工智能时代广告教学模式的变革

林升梁*

摘　要： 自2016年以来，以深度学习为代表的机器学习人工智能领域取得了一系列重大突破，掀起了“智能时代”（工业革命4.0）的新一轮浪潮。在此背景下，传统广告教学模式的困境主要体现为主导困境、内容困境和主体困境。人工智能时代的广告教学需要主导的精准性追踪、内容的时代性呼唤和主体的适应性发展。当互联网上升为人工智能时代颠覆传统价值思考的法则时，互联网就从信息化的上半场转为智能化的下半场，这就要求“人工智能+广告教育”必须实现因材施教、因人而异、因地制宜、因势利导。广告教学需要从先教后学转变为先学后教，以数据和技术来驱动教学，使学生得到自适应发展。

关键词： 人工智能　广告教学　变革

西方国家自18世纪中叶以来共发生过三次工业革命，全部由西方国家主导。工业革命1.0、2.0和3.0分别对应“蒸汽时代”（18世纪60年代至20世纪40年代）、“电气时代”（19世纪40年代至20世纪50年代）和“信息时代”（19世纪50年代至2016年）。“蒸汽时代”使机械代替手工，使农业文明转变为工业文明，大大促进了生产力的发展。“电气时代”使石油、电力等重工业崛起，各国交流融合日益加速，全球化市场初步形成。“信息时代”随着大众传播媒介的推广而形成，当电脑和手机发明和普及时，互联网使信息流动空前快速、迅捷，几乎所有国家都被卷入全球信息化进程之中，地球变成了一个“村落”。三次工业革命方兴未艾，人工智能领域新技术（以大数据、云计算和新算法为基础）的不断突破掀起了“智能时代”（2016年至今，工业革命4.0）的新一轮浪潮。

人工智能可以与大多数领域相结合，形成“人工智能+”模式。人工智能催生的生产力大发展潜能日渐被各国所重视，有关法律政策如雨后春笋般推出，显示出各国对以人工智能为代表的工业革命4.0主导权抢占的重视程度。中国自2015年5月在《中国制造2025》中首提智能制造、提出把智能制造作

* 林升梁，暨南大学新闻与传播学院广告学系教授。

为两化深度融合的主攻方向之后，国务院相继发布多项政策指导人工智能的发展，如同年7月发布的《关于积极推进“互联网+”行动的指导意见》，将人工智能作为其主要的十一项行动之一；2016年1月发布的《“十三五”国家科技创新规划》，将智能制造和机器人列为“科技创新2030项目”重大工程之一。2016年是人工智能“元年”，AlphaGo战胜世界顶级围棋手李世石。人工智能在2016年起开始引起我国的高度重视，相关政策进入爆发期，2017年、2018年以及2019年政府工作报告连续三年提到人工智能。2018年1月18日，《人工智能标准化白皮书（2018版）》发布，标志着人工智能已逐渐上升到中国国家战略的高度。世界主要大国也纷纷在人工智能领域出台国家战略，抢占工业革命4.0时代的制高点。

一、传统广告教学模式的困境

人工智能与教育当然可以融合。但是，当前教育领域人工智能技术的投入、应用、发展、融合等水平还不能跟其他行业的人工智能水平相比。这主要是因为当前人工智能还有诸多关键技术需要突破；与其他行业相比，教育行业对人工智能的技术要求更高，如教育云和大数据基建的完整性、安全性、丰富性还远远不够；教育行业对人工智能的接纳心理准备不够，受制于传统教学模式理念，许多教育工作者没能与时俱进，对人工智能相关理念和相关技术的掌握处于缺失、偏见和匮乏状态。尽管人工智能给教育领域带来的深刻影响尚未显现，但不可否认，人工智能已经成为教育领域模式创新的重要力量和源泉。

（一）传统广告教学模式的主导困境

早期高校主要教学工具是教材和黑板，随着电脑和投影仪等多媒体工具的应用和普及，PPT和视频教学逐渐成为高校主要教学手段。但是多媒体的使用不尽人意，许多内容仍然是教材或网络内容的复制，与广告实践性教学不相匹配。以慕课（MOOC）为代表的新媒体在线课程为广告教学模式带来了新的“血液”，但是慕课不等同于人工智能，慕课只有与自动个性化设置考题、自动批改在线课程作业、自动分析学生在线学习情况等结合起来，才具备人工智能的要素。从事广告学专业本科班的教学工作对教师来说是一项非常具有挑战性的任务。因为在教学过程中会涉及很多抽象的理论、奥妙的设计和复杂的思维，而现有的教材理论性较强，案例又相对滞后，有点纸上谈兵，所以学生在学习广告课程的过程中感觉学得杂而不精。而要解决以上这些问题，单纯靠教师在课堂上讲解、PPT课件演示以及慕课教学，远远不能达到启发和指导学生的要求。有的教师虽然也使用多媒体教学，但内容变成了电子版教材，缺乏新意和灵活①。在这种情况下，广告教学变成单向传播行为，学生无法在课堂上感受到上课的乐趣，考试成为死记硬背的应试方式。由于广告课程涉及文案、创意、策划、调研、设计、消费者行为、品牌传播、媒介、新媒体等诸多学科知识，教师在教授学生时心有余而力不足，每门课程浅尝辄止；又由于教师各自为政，无法让学生体会到广告全流程的系统性，更无法有效深入挖掘学生某方面的天赋。

（二）传统广告教学模式的内容困境

目前高校广告本科课程同质化现象严重，多数还停留在传统广告的流程范畴，少数走得比较前沿的加入了实战课程和新媒体相关课程。陈旧的课程设置严重影响到学生的兴趣和就业。全球职场社交平台 LinkedIn 每年秋天都会深入挖掘出大量关于招聘和招聘活动的数据，然后编制一份该年度最受欢迎的技能清单。2016 年的这份报告《这些顶尖技能让你今天和明天不愁饭吃》显示，在全球就业市场上最受欢迎的技能是“云计算和分布式计算”，其次是“统计分析与数据开发”。技术前沿的发展和动态更新周期越来越短，决定了人工智能时代需要培养学生对日新月异的信息技术的适应能力和吸收能力。广告课程中应加入大数据、新算法、云计算等内容，这些课程不仅使广告学专业学生明白技术的营销价值，也激发他们对新技术的掌握和追求，以及对未来工作的信心和向往。通过联结大量的文案、创意、策划等案例库大数据，人工智能可以很快给广告学专业学生提供多种经典的文案、奇妙的创意以及系统的策划，这些以后都不是难事。广告学专业的课程不一定是高深的数学原理、编程技术、统计知识，却一定需要培养灵活的数据采集、分析和使用能力。换句话说，广告本科课程未必需要学习高等数学、概率与统计、编程设计等，但需要教会学生如何操作软件以及如何看懂和使用数据。

（三）传统广告教学模式的主体困境

今天，大多数高校的广告课程和教育仍然过分重视把信息强加在学生的思想上。而在人工智能时代，培养学生较高层次的思维能力和主体意识，如批判性思维或元认知技能却十分匮乏。因为传统的市场调查、广告文案、广告创

① 何元烈，汪玲．“Visual C + +”在“人工智能”教学中的应用与探讨［J］．广东工业大学学报（社会科学版），2018（8）：220－222．

意、广告设计、广告客服等广告产业链条上的各流程迟早会被人工智能所替代，而判断并选择广告数据、提案、点子等批判性思维或元认知技能却被遗留下来。除了需要拥有数据素养，广告学专业学生还需要有人文素养。即使是在人工智能时代，拥有人文素养能让学生适应社会，并具备优雅和美丽的特质。传统广告教学模式对教学主体进行“填鸭式”教学，学生只学不思，或只思不学，难以企及预定的教学目标。相比其他专业，广告学专业学生更加自由而散漫，这是专业特点所决定的。这种宽松的环境造成部分自觉学习的学生能够自由发挥，而部分不自觉的学生浑浑噩噩度过大学四年。成功的广告课堂应该是引发学生主动学习、主动搜索、主动思考，从而看到知识具体的“原型”，映射出背后抽象的理论“模型”，并通过思考、反省、回归获得最后可触摸的“实型”。广告教学应该是思、学、动交融的“金课”，在学中思、学中动，在思中学、思中动，在动中学、动中思，这种广告教学思想能做到理论与实践融合，从而真正发展广告学专业学生的综合素质。传统广告教学模式很难看到这种充分发挥学生主体性的课堂。

二、人工智能时代广告教学主导的精准性追踪

“人工智能＋广告”时代的教学模式，核心是通过智能化教学平台获取学生学习方面的各种数据信息，以便对学生进行即时、迅速、全面、有效的监控和管理。这种教学模式主要内容包括开发大数据平台的智能分析系统；建立涉及课程测评、作业批改、学生反应、测试题库等一系列数据库统计系统；完善广告教师易于操作、高度智能化的人机互动界面和管理。

（一）创新

人工智能的迅猛发展，使“教师淘汰论”甚嚣尘上。我们认为，人工智能代替教师只是一种可能，不是一种必然，更不是一种短期行为。“人工智能＋”最终对教学模式的影响是智能机器人代替部分教学功能，但这并不表明人工智能可以发展到完全等同甚至超越教师的程度。对从属于人文社会科学的广告学科而言，广告教育的本质不仅需要教师传授技术或知识，更需要人文熏陶、情感引导、品格塑造广告学专业学生的综合素质。人工智能技术的渗透是明显的，以往广告教师既是课堂组织者、教学主导者、成绩评价者、学习促进者，也是知识灌输者、就业指导者、生活关心者，这些多重身份在人工智能时代将不复存在。当前，人工智能技术对广告教学的影响主要有两方面：语音图像识别与人机交互。语音图像识别可以辅助广告教师获得学生课堂表现的数

据信息，及时纠正学生对课堂知识的不当反馈，以及批改作业和统计成绩等。人机交互可以协助广告教师部分课堂教学、解答疑惑等。总之，人工智能时代广告教学关键是创新，目的是帮助教师摆脱重复性劳动，分工更为明确。有些课程的设计、选择和统计将被人工智能所代替，甚至有些课程的教学任务可能会被智能机器人所代替。广告教师的职能出现重大转变，知识传授者的身份很可能转变为学习引导者、管理者、协调者和激励者，甚至是学生的学习共同者。人工智能对广告教学产生了重大冲击，广告教师需要培养同步创新、发现能力、规划人生、心理疏导、组织实践、帮助成长、实现价值等更高的能力。

（二）高效

传统广告教学是无机课堂，它是一个静态、封闭、单向、只学不思的低阶课程，实行程序化的技术操作，教师成为知识正确与否的裁判，学生成为知识的被动接收者，教学成为一种控制的技术。传统教师承担繁重的教学任务，更多的是用体力进行千篇一律的课堂教学，这种“高投入低产出”的教学模式，被学界很多人诟病为“水课”。人工智能技术的发展目标就是不断减少教师的劳动，因此，“人工智能+教学”的目的是把教师从灌输知识、设计考卷、批改作业、登记成绩等重复劳动中解放出来，使之有更多的时间和精力去从事高价值、高创造的高阶劳动。广告是人类的梦工厂，广告教学应该是高效、动态、开放的有机课堂，它不应该是广告教师的知识灌输和学生的被动接受过程，而应该是教师主导下学生根据自身兴趣、经验的自发性建构过程。在头脑风暴中、在平等互动中、在有效组织中，广告教师由“演员”变成“导演”，学生由“观众”变成“演员”，课堂也由“一言堂”变成“教学共同体”①。这种教学模式尊重学生的主体意识，以激发学生主观能动性和能动创造性为主旨，展示了一幅师生和谐、思想喷发、自由发挥的课堂图景，学生的主体地位得到充分尊重、教师的专业化得到充分体现、生命价值和学习工作和谐共生，这就是“低投入高产出”的人工智能时代教学。完成课堂教学的数量和时长不再是有机课堂追求的目标，兴趣高效、效益高效、成长高效、质量高效成为“金课”的“标配”，这种“金课”使广告师生以最少的教学成本投入获得最大的教学收益。

① 杨勇，林旭．“人工智能+教育”视域下职业教育“金课”建设［J］．中国职业技术教育，2019（23）：69-74．

（三）精准

在传统广告教学课堂上，广告教师无法感知每个学生在课堂上的表现。在人工智能时代，运用大数据、云计算、新算法、虚拟现实、人工智能等技术，与广告学科教学深度融合，通过对广告课堂的全场景深度覆盖，广告教师可以即时掌握每个学生的课堂动态信息，并根据这些信息有针对性地触动学生。人工智能可以向广告教师展示班级可视化的课堂学习信息，教师可以随时调整教学内容和教学方式，通过一对一的智能教学系统，对学生进行精准追踪。这种教学模式避免了大班教学模式下师生之间过于疏离的现实困境，大幅度节省了教师的时间和精力。比如，翼课网就能为教师提供精准的导航系统和精确的学情数据，从而找到学生学习的“痛点”，并进行因材施教。在新技术的不断推动下，特别是随着以机器学习和深度学习为代表的人工智能不断发展，广告学专业的个性化学习逐步成为可能。学生建模即通过广告学专业学生的学习活动、情绪状态等来了解学生的个性特征，并根据学生的具体学习行为实时调整和优化，从中发现学生的学习效果与课堂活动、课堂内容、教学方式、教学行为等教育变量之间的多重复杂关系，并以数据可视化的方式呈现出来，以支持学生、教师及教育管理者的决策，实现个性化学习路径的定制和学习资源的推荐。个性化即时反馈是依据学生的学习过程数据进行有针对性的评测和个性化的反馈，让教师“读懂”每位学生。利用教育数据智能化分析所构建的学生数据模型，能有效帮助教师了解每位学生的内在学习心理和外在学习表现的特征，从而刻画出学生的立体化、可视化的数字肖像，便于教师改进教学和提供精准的教育服务。

三、人工智能时代广告教学内容的时代性呼唤

人工智能时代下，机器学习技术的快速发展，对当前培养广告学专业学生的学习方式和优势构成巨大威胁。在传统教育体制下，题海战术的应试教育可能使学生在高考中获得较好分数，但这种机械劳动、死记硬背的方式，导致学生进入大学后，面对课程进行的突击考试，“60 分万岁”无法适应人工智能时代的发展需求。广告学专业必须在新的时代背景下转变、调整和扬弃广告教学内容。

（一）转变

在传统广告教学中，教师提供教学资源，学生根据教师提供的教学资源记

录知识，课堂是学生获得教学知识的主要场所。在“互联网 +”时代，学生的学习场域大大拓宽，不再仅局限于课堂，他们可以随时借助以手机为终端的互联网进行自主性学习，根据自身兴趣爱好获取更多、更丰富、更多彩的学习资源。传统上课做笔记的方式也渐渐落伍，善于使用移动终端的广告学专业学生，把课堂拍照、录音等演绎成潮流。在人工智能侵袭下，传统广告教学模式面临挑战，单纯的记忆式教学不再受欢迎，而启发式、互动型、创新型的教学模式广受欢迎。每个学生都拥有智能助手以辅助自身学习，简单重复的教学内容交由人工智能助手完成，教学内容不再是具体的知识，而是培养在真实情景中帮助学生解决问题的思维和能力，这是人工智能技术给广告教学模式带来的重大变革。人工智能的长处是通过知识数据库的不断累积和深度学习的不断更新来模仿人类智慧，显然，它的知识记忆能力大大超越人类。因此，当前广告教学内容不能再以知识记忆为主，而应更注重培养学生的问题意识、分析能力、动手能力、解决问题能力等人类所特有的能力。在未来广告教学中，“德”“思”和“变”的教学内容应摆在突出位置，它们应该取得和“智”平等的教学地位，以应对人工智能时代带来的巨大挑战。

（二）调整

随着人工智能技术的不断发展和成熟，传统广告学科专业设置已经无法适应经济生产和消费生活的需求，重新调整摆上议事日程，这些调整包括新课程的增加、新专业的添置、传统课程的变革等。国内各广告院校在重新布局广告学专业时纷纷突出人工智能、大数据、云计算、新算法、物联网、虚拟现实、增强现实、新媒体等战略性新兴产业的特点。在人工智能技术的推动下，社会生产和生活面临颠覆性影响，高校广告学专业设置也急需调整，智能文案、智能创意等技术的发展使得广告从业人员面临巨大的挑战。与此同时，我国智能广告学科建设相对滞后，缺乏独立的人工智能广告教学内容和体系，导致每年我国智能广告学科人才缺口巨大。因此，急需调整当前广告学科的专业设置，建立以人工智能为核心的教学体系，以培养人工智能高端广告人才队伍，抢占人工智能技术的广告制高点。现阶段，新兴的广告课程如“计算广告学”已经出现在一些广告院校，计算广告学是以大数据、新算法、云计算为代表的人工智能与广告学专业融合的必然产物，其最终指向定制化推荐、融合化传播、智能化调整、程序化购买等，与传统广告业生态完全不同。这种技术催发广告产业链巨大变革，也必然对广告教育产生深远影响。智能技术介入广告教育领域后，教学内容相应发生了一系列转变，教学者需要不断调整去适应这种转变。广告学专业应全面、系统地修订人才培养方案，在大一大二基础公共课程模块中增设计算机应用、互联网、物联网、大数据等相关基础课程，在大三大四高年级专业课程中以人工智能改造现有课程内容，如网络广告、智能广告、大数据广告、智慧电商、计算广告、虚拟现实、人机交互等。

（三）扬弃

一般而言，认知从低级到高级可以分为六个层级：记忆、理解、应用、分析、评价与创造。其中前三个层级是“低级思维”，属于较低层级的认知；后三个层级是“高级思维”，属于较高层级的认知。传统广告教学模式属于“低级思维”的教学活动，学生学的是较低层级的认知；人工智能时代广告教学模式属于“高级思维”，学生学的是较高层级的认知。“人工智能 + 广告”是广告学专业在人工智能外专业冲击下形成的交叉性领域，其快速成长对广告产业结构产生了巨大影响。广告产业依然繁荣，但广告公司未来很可能会衰退，数据购买公司很可能会崛起。这种变革迫使广告教学内容必须做出相应的调整。广告学专业人才培养的再定位、广告课程的更新、传统课程的改造等，这些调整牵一发而动全身，必然是一个阵痛、磨砺、脱胎的过程。未来，有效的广告数据将成为“人工智能 + 广告”的基石。如何从海量的数据中提取信息，再从信息中抽取知识，最终结晶为智慧？数据挖掘技术是“人工智能 + 广告”的前提。目前，这些技术在其他领域（如金融、医疗、司法等）应用得比较多，这与这些行业数据集中性较强有关。广告行业的数据多样化程度较高，因此加大了数据挖掘的难度。广告教学要训练学生如何获得高品质的数据，只有掌握数据挖掘技术，才能进一步迈向广告策划、广告设计、广告文案、广告创意等。

四、人工智能时代广告教学主体的适应性发展

未来的广告人才培养模式主要以创新力、创造力、想象力、问题解决能力、数据分析能力、交流沟通能力及艺术审美能力为培养目标，简单重复性的工作可以让机器人替代，所以社会未来的发展方向也决定了广告教育的培养目标。让学生适应发达的智能科技，保持对机器技术的学习、掌握和应用，是广告教育改革的一大目标。

（一）个性

传统课堂围绕着教师，学生的想法不太受重视，自觉思考很少，教师与学

生之间一直保持着“一对多”的关系，很难与每一位学生进行深度的交流沟通，对制订个性化培养方案力有不逮。人工智能时代的广告教学要实现三个转变：从以教师为中心转变为以学生为中心的培养方式；从传统的“望屏解读”“师者为尊”转变为师生共同使用、共同学习、共同探讨的立体化、即时化沟通方式；从学习资源垄断化转变为智能化、个性化、定制化。相应地，教学模式必然从“先教后学”转变为“先学后教”和“以学定教”，通过个性化作业实现量身制订教学方案和因材施教。一方面，高校通过收集学生的基本数据，包括日常习惯、兴趣爱好、学习方式、发展规划等，建立数据库，然后比对分析，准确地计算每位学生的学习计划、优势与劣势、学习偏好等内容，为每一位学生筛选出与他们个性相匹配的课程和教师，从而改善学生的学习体验，激发学习兴趣，提高学习效率，彰显学习效果，真正实现个性化学习[①]。另一方面，人工智能还能减少教师繁杂的行政事务，增加有效教学时间，使教师的教学更有针对性、更精准有效。在人工智能支持的双师型模式（Dual-teacher Model）中，教师可以利用人工智能虚拟教师助手接管日常事务，把教师的精力从日常事务中解放出来，把精力用在对学生的细节指导和心理情感疏导上。贫困生和心理障碍者尤其需要这些指导和疏导。

（二）自觉

高校本科学生已经是成年人，具有一定的自主意识和独立思想。他们不喜欢上课时教师单方向传播，希望能参与授课内容的讨论，发挥独立思考的能力，广告学专业的学生尤甚。人工智能时代的自适应学习正是对上述现象的回应：每个人都有自己的学习和成长路径。人工智能自适应学习可以通过数据和技术来驱动学习，学生是课堂主角，教师成为配角。人工智能相关技术的发展使高校教育越来越智能化，如人脸识别、眼球追踪、手势识别等技术的应用，使教师能在课堂上实时捕捉学生上课的动态信息，如面部表情的变化、细微的肢体动作、窃窃私语等。教师将这些信息结合大数据分析生成学生听课效果，就能清楚学生对哪些内容感兴趣、哪些内容不感兴趣，对哪些内容容易理解、哪些内容不容易理解。根据这些反馈，教师可以灵活地对学习内容和学习进度做出调整，从而极大地提高教学效果，还能有效防止学生上课迟到、早退、睡觉、玩手机、逃课、作弊或蒙混过关的事情发生。智能机器能实时自动记录学生的上课情况并加以评分，促使学生更自觉地进行学习活动。尽管有人反对把课堂变成监控室，但无处不在的人工智能识别可能是目前解决年青一代“低

① 郑洁，康晓岚．“人工智能 + 大数据”与财经类高校教学的互联网化改革［J］．湖北经济学院学报（人文社会科学版），2019（6）：139 – 141．

头族”上课玩手机的最好良方。

（三）发展

人工智能对广告产业人力资本的“破坏”主要指向结构性失业，“创造”指向计算机、数学、统计学等广告学以外的新技能溢价，反映出传统型广告产业面临人工智能的压力①。在业界更新换代的压力下，广告学专业学生不可避免地要随之而动。随着人工智能技术的不断成熟，广告教学领域融合了越来越多的人工智能工具，这些工具很快就成为广告教师和学生的得力助手，显著提升了教学效果和教学质量。广告教育机器人、智能导师系统、虚拟仿真教学系统是人工智能在广告教学应用中的主要工具。广告教育机器人是专门研发的教学机器人，其超强的联网数据库可以提供更为丰富的教学资料，学生提的任何问题都可以通过数据库得到实时解答。智能导师系统是人工智能在未来广告教学中应用的一个重要方向，它主要由教师模型、学习者模型、教学策略库、领域知识库及人机交互接口五个部分组成，能为广告学专业学生提供一对一的自动化辅导和答疑，从而协助广告教师进行教学活动。虚拟仿真教学系统是以机器学习、计算机视觉、虚拟现实等技术为基础开发的，为学生提供了立体的可视化资源，营造了沉浸式学习环境，实现了学习体验的真实化②。

五、结语

当前，快速发展的互联网和物联网已由不可移动、难以即时的电脑走向随身携带、即时互动的手机终端，线上线下之间的交融互通已成为现代社会生活的新常态。当互联网上升为人工智能时代颠覆传统价值思考的法则时，互联网就从信息化的上半场转为智能化的下半场。人工智能对广告教育提出了新的要求，必须实现线上线下的深度融合、教育手段的多样化、学习形式的泛在化，这是对当今社会细分化、碎片化、层级化、区隔化的一种回应。“人工智能+广告教育”能把国内外线上线下教学资源集聚起来，优化课程结构、整合教育资源、明晰教学评价、澄清教学环境、打通时空交流，最大限度地合理完成广告课程的系列教学任务③。比较有代表性的是可汗学院，它把人工智能和互

① 秦雪冰. 人工智能应用下广告产业的人力资本变迁研究［J］. 新闻大学，2019（6）：108－119.

② 泽恩. “人工智能+教育”变革任重道远［J］. 上海企业，2019（6）：52－53.

③ 周文娟. “人工智能 + ”时代的教育变革路向研究［J］. 郑州轻工业学院学报（社会科学版），2018（6）：68－76.

联网结合起来，形成了课堂互动、积极讨论、针对解疑、视频学习、课外补充等全新的教学模式，这是一种自助、他助、互助并且一切免费、资源共享的融合教学模式，被称为“一个人的全球学院”，它推动了一场声势浩大的人工智能教育革命，将高等教育的供给侧变革推到改革的最前沿①。

目前，我国东西、南北、城乡之间的教育质量差异不小，优质教育资源稀缺，分布不均。而“人工智能 + 教育”的自适应学习功能可以精准、充分、有效地利用优质的教育资源，扩大优质教育资源的覆盖范围和利用率，一定程度上实现教育公平。广告学界知名教授和广告业界资深广告人是广告教育领域的“千里马”，注定是极为稀有的资源，人工智能可以颠覆传统广告的教育法则，让每位广告学专业学生都能接触到“千里马”。如远程教育的出现，只要拥有一部手机，学习者就能进入远程教育平台，享受名校名师的优质教学，真正做到地无东西南北之分，实现教育的平等和平衡②。随着国家对教育智能化和公益化的重视和投入，“人工智能 + 教育”的自适应学习系统得以普及，许多欠发达地区缺乏优质教育资源的现状将得到最大限度的改变，普通广告院校的学生也可以享受到重点广告院校同样的教育资源，凸显个性、自我发展、突出特色的广告学专业的学生将获得更多的学习机会和工作机遇。

2018 年 4 月，教育部关于印发《高等学校人工智能创新行动计划》，提出 3 大类 18 项重点任务，引导高校瞄准世界前沿。高校广告教育在人工智能应用上尚未做好完全迎接和自然纳入的准备，而从校企产教融合入手，加强人工智能人才联合培养力度，可以起到事半功倍的效果。广告学专业属于应用型专业，当然需要在实践中发现问题并解决问题。因此，广告院校应该向业界寻求支援，如多开设人工智能相关专家讲座，多与人工智能企业进行横向合作，多让学生接触人工智能技术产品，多推荐学生赴人工智能企业实习，多引导学生积极参与在人工智能技术上进行的较高层次的广告调研、广告策划、广告文案、广告创意、广告设计等，提升人工智能与广告项目的融合度，以适应人工智能时代的快速发展。

① 张清. 当高等教育遇到人工智能［N］. 中国科学报，2019－06－12.

② 周进，安涛. “人工智能＋”教育：机遇与挑战［C］//第 16 届教育技术国际论坛暨首届智慧教育国际研讨会论文集，2017：159－161.

“智能 +” 时代广告发展与人才培养问题探析

吴文瀚　徐凤兰*

摘　要： 改革开放四十多年来，中国广告业发展迅速。但在互联网时代，规模与集群效应的红利已随着媒介形式的转换而变得愈加稀薄；“智能 +” 时代，广告业自我转型已成当务之急。社会形态的杂糅、媒介形态的熔融及文化形态的失焦是造成当下广告业裹足不前的背景性因素，而传统的品牌塑造法宝，规模效应、品牌忠诚度及公关传播的失语，则是当下广告业现实的窘境。即将到来的“智能 +” 时代，广告发展亟须打破学科壁垒，拥抱5G 时代；建立灵活的用人制度，形成多元的人员构成；压缩广告流程，形成良性竞争格局。而对于“智能 +” 时代的广告人才培养而言，大数据的抓取、分析与应用能力，媒介融合环境下的内容书写能力，图文、视频等视听艺术形式的创作能力，洞悉与把控舆论走向的口碑管理能力，对于大众文化进行分析与批判的思辨力是未来广告人才培养的指向。

关键词： 智能 +　广告发展　人才培养

2018 年以来，金立、ofo 等曾经名噪一时的企业轰然倒下，互联网 + 、共享等概念在现实中不断遭遇考验；以往作为广告产业核心依托的广播电视等大众传播媒体受到互联网与社交媒体的不断挤压，广告投放断崖式地下滑；在“消费降级” 的声浪中，品牌的广告投放越来越谨慎，受众的购买欲也愈发克制；老牌的4A 广告公司如扬罗必凯（Y&R）关闭了驻北京、广州的分支机构；智威汤逊（JWT）和伟门（Wunderman）合并，广告业面临大规模洗牌……对于传统广告业来说，似乎一夜间“凛冬将至”。

一、当下广告业面临的三大“迷阵”

造成传统广告业“凛冬” 的原因复杂多样，但究其根本，主要包括社会形态的杂糅、技术进步导致的媒介形态的熔融，以及多元价值导致的文化形态的失焦。社会形态、媒介形态与文化形态内部边界与外部轮廓的模糊，犹如一

* 吴文瀚，浙江传媒学院文创与管理学院教授；徐凤兰，浙江传媒学院文创与管理学院教授。

个“迷阵”，将广告业困入其中，方向不明。社会形态是一种统一体，即与生产力相适应的经济基础和上层建筑的发展阶段。改革开放四十多年来，经济形态的变革、城市化发展的加速以及由媒介技术变革导致的社会关系的转变等，带来中国社会形态形变迅速。这种形变不是一般意义的替代，而是一种杂糅，在经济发展的大潮中滚滚向前。传统的农业社会与之后的工业社会及当下的信息化、数字化社会交织混杂，如中国传统农业文明的族群意识、家族观念等，工业化生产带来的集体意识、阶级概念等，信息化、数字化带来的个体意识与自由价值等。社会形态交织与杂糅，必然导致社会价值体系的多元与社会需求的多变。近年来，以数字化为核心的传媒技术极速发展，在信息获取层面超越了以往任何时代。传统大众传媒带来的群体化认知大潮迅速被认知的多元化与个体化、圈层化撕碎，但这种撕碎仍不是取代式的，而是表现为一种多元交织——信息的生产者、传播者与接受者相互关联，界限模糊。单纯媒介迅速向融合化媒介形态跃迁，甚至万物互联，万物互媒。

媒介形态的熔融，一方面使信息获取的门槛降低，另一方面也必然使信息获取及知识生产失控。传统层面的知识体系的建构被不断打破，而新的理性建构又远滞后于信息结构的迭代，最终导致社会信息与知识需求处于庞杂而失序的状态。文化这一概念被英国马克思主义文化批评学者雷蒙德·威廉斯（Raymond Henry Williams）定义为“智力、精神、美学发展的一般过程，是一群人，一个时期或一个群体的某种特别的生活方式，是智力，尤其是美学所创造的作品和实践”。在威廉斯这里，文化被描述为一个智力、精神、美学三位一体的生产过程，这个过程包含人的外部实践与自我实践的双重过程，而实践主体则指向群体的实践过程。社会形态的杂糅与媒介形态的熔融打破了传统的认知，使得我们当下的文化形态呈现出模糊失焦的状态，信息、知识、实践等系统均需重新建构。在这种状态下，原本作为社会经济“晴雨表”的广告，在失去传统大众传媒的“庇护”之后，一下子显得茫然失措。

曾经叱咤数十年的广告大户被不断拉下“神坛”。截至 2019 年中期，宝洁的销售量已连续 6 个季度下滑，无奈之下，除 65 个核心品牌被保留，其余 43 个相关品牌被全部打包出售，保洁品牌陷入岌岌可危的境地。此外，诸如诺基亚、沃尔玛、家乐福、佐丹奴、美特斯邦威、麦当劳、肯德基等建立在大众群体消费基础上的传统核心品牌也正随着大众传媒的式微而成为消失的大多数。这是时代的物竞天择，无论你是否已经做好准备。品牌的更迭必然导致广告的形变。当下很难再说有哪一种广告形式是合理而完备的，影视植入、明星代言、黄金时段、巨额投入等被新的，甚至是颠覆式的广告方式取代，大众传媒时代曾经“一呼百应”的广告传播效果已经成为江湖传说。

二、失效的三大法宝

在大众传媒时期，规模效应、品牌忠诚度与公关传播是广告制胜的三大法宝。而当下，这三大法宝无异于“饮鸩止渴”。

1. 规模效应不再

规模效应是指产品生产数量越多，其产品竞争优势越强。但现在，则恰恰相反，表现在消费基础上，以往广告中常见的修辞句式“我们都爱×××”或某明星的一呼百应，已经无法获得曾经的效果。首先是消费个性，以前几个朋友一块儿出去，人手一瓶“恒大冰泉”，而现在必须问清楚每个人的口味才行，消费品成为个性的象征，而使用同一款产品意味着个性与品位的丧失，规模效应的消费基础不复存在。其次是产品使用周期，当下产品的市场周期表现为出生即死亡，新鲜刺激超过实用本身，二次消费已成昨日传说。产品的极速更新与升级是当下产品竞争力的核心。同是华为出品，但必须制造出风格的差异，于是 Mate、P、荣耀三个系列交叉升级，终于远超三星、小米，连曾经的老大“苹果手机”也被华为拉下了“神坛”。当下许多曾经的爆款品牌的极速滑落，显然都是产品升级无法跟上消费者厌倦的速度导致的。

2. 品牌忠诚度神话不再

大众传播时代，企业打造品牌的努力方向是建立用户的忠诚度。但在媒介泛化的当下，品牌忠诚度这一概念早已变成企业的一厢情愿，当下的情况是品牌忠诚于受众而非受众忠诚于品牌，选择太多，替代品更是不胜枚举，传统意义的群体价值已失去引领功能。品牌忠诚度这种看起来一劳永逸的办法，在商品如此丰富，人的信息、商品流动如此便捷的当下，早已是另一个江湖传说了。人生如钟摆，欲望与厌倦交替，没有什么比厌倦更可怕。在媒体的全面包围中，广告再也不是用以指导消费的稀缺性信息。受众对广告，尤其是传统广播电视中不断滚动的广告早已厌倦，曾经的明星、狂轰滥炸、反复灌输在信息过载的当下不但没有效果，反倒会让人厌烦。

3. 传统公关传播失效

曾经，公关费是企业广告支出的重要构成，但传统的公关行为在当下收效甚微。在信息泛化的当下，受众被教育得如此“现实”，甚至既有利益都无法说服他们，因为你可能永远也不知道他们从哪里获得了什么信息，做出了什么决定，甚至可能他们就是决定“佛系”地活着，什么也不要。无论公关再怎么高大上，消费者就是不信。信什么？朋友圈。当下，消费者的概念已被受众取代，口碑管理远比公关实用，前期阿里旗下的“钉钉评分危机事件”，如果还是花大笔钱利用大众媒体进行覆盖性传播，还不如鬼畜式的二次元“自黑”来得爽快。任何精准引导、关心用户的口碑效应，在大数据与算法面前统统如小儿科一般。

三、“智能+”时代的新需要与新方向

大众文化是大众传播的必然结果，作为大众文化的基本载体之一，广告在大众传播时代获得了充分的“滋养”，并获得了以产业命名的宏大体量，收视率是广告投放的试金石；在“互联网+”时代，传统商业模式被打破了，各类跨界电商层出不穷，人们的生活方式就此改变，一键下单、共享经济，甚至物联网的实现，人与人完成了数字虚拟层面的实时连接，注意力与流量是衡量广告投放的新标准；将来，在以“大数据+0损耗+算法”定义的世界中，数据流动的智能化将化解复杂系统中的各类不确定性，实现资源配比合理，进而支撑未来高质量发展的新经济形态。而随着人工智能、大数据、云计算等的快速发展，媒介技术的应用将不再受限于人与人的连接，而将是人与人、人与物、物与物的万物互联方式。广告业的发展也需要因时而动，获得新方向。这主要表现在以下方面：

1. 打破学科壁垒，拥抱5G时代

2019年，5G在全网实现试商用。4G改变生活，5G彻底改变社会。近年来极速发展的快手、抖音等短视频平台，都得益于当下互联网的迅捷与廉价。5G时代，以数据与算法为基础的“智能+”模式，必将颠覆既有的认知模式与认知体系，成为未来营销的新动力。如果说传统营销时代主要是文科生写广告，网络营销时代主要是理科生做营销，那么在5G时代则既需要数据洞察，也需要感性表达。新的传播赛道，会有新的规则和秩序，文理融合，跨界合作，才是未来所期。

2. 建立灵活的用人制度，形成多元的人员构成

大众传播时代，广告业主要采取代理模式与客户建立关系，“中间商赚差价”，赚信息不对称的钱。在“智能+”时代，当信息壁垒被完全打破，广告公司为客户提供的不能仅仅是单纯的广告创意、策划与制作了，面对越来越分散的受众，广告公司需要更灵活的员工制度与更多元的人员构成。在制度上，建立员工库，随需随聘（Staff on Demand），灵活用人方式；在构成上，除了传统广告人才外，善用社群与大众（Community Crowd）的营销人员；依靠算法（Algorithms）进行精准营销与直播带货；跨界合作，具有调动杠杆资产（Leveraged Assets）操作能力的财经人士等都应是未来广告公司的组成。

3. 压缩广告流程，形成良性竞争格局

传统广告公司效率不高已经是行业共识。工作制度凌乱、流程冗长，导致出品慢、效率低。只有降低流程税，以效率抓效益，才能跟上5G时代的步伐。另外，随着“智能+”的深化，对广告的需求已超出了既往的认识。比如，埃森哲、德勤、普华永道等咨询公司，以专业化的咨询为业务方向，纷纷发展广告业务；网易、腾讯等媒体公司“去中介化”，直接与甲方亲密接触；科技公司、数据公司“跨界打劫”，用资源和数据渗透。广告业多角竞争格局逐渐成形。“智能 +”时代，创新与竞争成为驱动智能经济发展双引擎。新产品：从商流、物流、现金流、信息流以及组织的所有关键要素全面在线化和数字化。新品牌：品牌由顾客打造，商家将在各环节实现智能决策。新模式：网络化，数据驱动的产品。“智能+”是不久的未来，也是未来的日常。要跟上媒介技术的极速发展，就广告业而言，抱着大众传播时代的产业红利不放，已使我们在“互联网+”时代措手不及。对于即将到来的“智能+”时代，广告教育与人才培养成为当务之急。

四、“智能+”时代的广告教育与人才培养

随着5G、区块链等媒介技术的迅速介入，依托互联网而生的各类电子商务将成为未来商务发展的主流。传统的以广告与推销为核心的市场营销模式已难以适应这种由媒介技术变革所带来的巨大变化。因而，洞察业界需求要点，强化新媒体内容营销人才的培养，已成为包括广告学专业在内的市场营销学科教学内容和课程体系改革的重点，包括培养目标、课程设计、教学体系、毕业要求、师资队伍和支持条件等。满足电子商务平台需求的新媒体内容营销人才的培养应当是适应媒介融合环境，掌握大数据与AR技术，能够对信息进行抓取、处理、生产、有效投放并测量的复合式广告与营销人才的培养。这就需要学生具备以下能力：大数据的抓取、分析与应用能力，媒介融合背景下内容的创意能力，图文、视频等视听艺术形式的创作能力，洞悉与把控舆论走向的口碑管理能力，对于大众文化进行分析与批判的思辨力等。从传统意义上讲，市场营销包含广告与销售两大环节，以广播电视为核心的大众传媒的普及使广告作为独立的产业形式被分离出来，广告与市场营销逐步分化为管理学科与传播学科的两个不同方向。但是，随着当下媒介技术对于媒介融合的推进，大数据与算法的普及，广告与市场营销又呈合并之势，新媒体内容营销在电子商务领域普及就是这一态势的必然结果。对于电商平台高度发达的浙江而言，传统的分隔式的广告与市场营销教育模式已经远远滞后于现实的需求，适应电子商务

需求的、以内容营销为核心的新媒体广告课程教学内容和教学模式改革成为迫切需要。

1. 植入大数据类课程，对既有的新媒体广告设计与营销课程进行改革

依据新媒体内容营销的能力框架，按课程性质对传统课程进行梳理，将大数据及其相关课程作为学科平台的基础性选修课程，从培养学生的大数据意识入手，要求学生了解不同电商平台的数据与技术工具特点，培养学生依托大数据进行广告创作、设计、信息投放及效果测量的能力。

2. 采取业界引入机制，强化实战引领，灵活教学内容

打造数字智能程序化市场研究平台，形成业界与学界的良性互动，帮助学生树立职业意识，体察业界前沿，培养融入能力。

3. 接轨业界前沿，建立实习实战基地，强化实践能力

与当下成熟的电商平台合作，以实习实训基地的方式，选送教师或优秀本科生、硕士生进入基地，参与新媒体内容营销实战并及时交流反馈，以案例总结方式为后续的课程提供案例，循序渐进，相互促进。“互联网 +” 为大众创业、万众创新提供了发展平台，那么“智能 +” 无疑会成为中国社会经济各领域、各行业与产业智能化升级的助推器，推动供给侧的产业升级，成为中国数字经济发展的新动能。拥抱“智能 +”，让广告重回文化的基点，进而塑造与记录一个时代的日常、品位与审美，需要广告业界与学界的共同努力。

【参考文献】

［1］周春燕．“智能 +”时代的营销革命［J］．销售与市场（管理版），2019（5）．

［2］高承远．2019 年广告业八大关键词［J］．销售与市场（管理版），2019（2）．

［3］德弗勒，丹尼斯．大众传播通论［M］．颜建军，等译．北京：华夏出版社，1989．

中韩广告学专业人才培养模式比较研究
——以暨南大学和东义大学为例

邢倩倩　段慧航　玉俊锡*

摘　要：本文通过比较研究方法，以贝雷迪（George Z. F. Bereday）比较四步法作为基本分析框架，通过描述、解释、并置和比较四个步骤，对中韩两所大学广告学专业人才培养模式进行了多维度比较，探讨了同处东亚文化圈层不同形态下的中韩广告学专业人才培养模式的优势以及问题所在，以期为培养数字营销传播时代的新型广告人才提供些许建议，并为异国之间广告学专业的比较研究提供一定的参考。

关键词：广告学　人才培养模式　贝雷迪比较四步法

一、前言

四十多年来，中国广告行业以及高校广告教育都取得了长足的进步，各大高校对于广告学专业人才培养模式也进行了许多有益的探索，但力度还远远不够，未能形成自有学科的特色和架构。尤其是在当今技术跃迁和思维范式转换浪潮的推动下，传统意义的广告转型升级为数字营销传播，广告行业已进入数字化、智能化营销传播的时代，如何使各大高校培养的广告学专业人才与业界需求的人才类型相匹配，是各高校广告学专业和整个广告行业共同的挑战。在各高校广告学专业人才培养模式方面，如何将这一现实境遇付诸广告学专业的教育实践，是一个值得深入思考的问题。本文以中国广州的暨南大学和韩国釜山的东义大学为例，观察分析两所学校在快速发展的数字营销传播环境中各自的现实境况及面对变化而采取的应对之举，通过对中韩两所大学的广告学专业人才培养模式的多维比较研究，为我国新型广告人才的培养提供些许可借鉴的参考。

本文以贝雷迪比较四步法为研究框架，对中韩两所大学广告学专业的人才培养模式进行多维度的比较分析。贝雷迪比较四步法是贝雷迪在其代表作《教育中的比较法》提出来的比较教育研究方法。他将比较教育的研究划分为

* 邢倩倩，韩国东义大学广告传播系 2018 级博士研究生；段慧航，暨南大学新闻与传播学院 2018 级硕士研究生；玉俊锡，韩国东义大学广告传播系 2018 级硕士研究生。

两个类型四个部分：一为区域研究，包括描述和解释。描述即描述所要比较的任务在不同区域的基本情况，收集广泛的材料；解释即对所了解的基本情况做出分析。二为比较研究，包括并置和比较。并置是将要比较的任务按照一定的规律格局排列起来，设立一定的比较标准；进一步进行资料的解析比较即对并置的材料进行结论性的总结。

二、文献综述

在信息化、数字技术和人工智能高速发展的时代环境下，广告行业发生了极大的变革；与此同时，广告学界及广告教育面临着前所未有的挑战，对高校广告人才的培养提出了新的要求。西方发达国家的广告教育在如何顺应新形势方面曾为我国广告学人才培养提供了许多可参考、可借鉴的经验，但针对中外广告教育的比较研究仍然相对有限。在 CNKI 中，以“广告教育”为主题的文章共有 1 583 条检索结果，而以“广告教育比较研究”为主题的文章仅有 15 条检索结果。从文献检索结果来看，目前学界对“广告教育比较研究”方向虽已有长期关注，但数量上严重不足。从文献的发表时间来看，相关研究多分布在 2015 年及之前，无法为当今时代的广告人才培养提供有价值的借鉴。

早在 2008 年，舒咏平就指出以数字化为核心的新媒体广告为广告教育提出了确立全新内涵的广告观、培养媒介融合的策略能力及形成数字化操作的表现力的三大挑战，并基于此提出了广告教育革新的路径①。郑苏晖和孔清溪对中国广告学专业教育的发展脉络进行了梳理，在分析广告学专业发展的影响因素之后，指出广告教育应注重学科本身应用性强的特点，树立面向产业、社会的开放式思想和办学模式②。陈培爱则从中国广告教育的发展状况、特点出发，提出了广告教育改革趋势的相关建议③。

与此同时，笔者对有关韩国广告教育情况的相关文献进行了回顾。Young Ju Jin、Se Sung Oh、Min Jung Kim 意识到韩国广告产业发展的新机会，提出了新的智能教育课程和人才供需方向④。Han、Kyoo-Hoon、Moon 等人分析了迅速变化的韩国教育环境、媒体环境、营销环境，并建议通过宏观和微观两个层

---

① 舒咏平. 新媒体广告趋势下的广告教育革新［J］. 广告大观（理论版），2008（4）：82－85.

② 郑苏晖，孔清溪. 广告教育：变革期的反思［J］. 现代传播（中国传媒大学学报），2010（2）：122－126.

③ 陈培爱. 数字化时代中国广告教育改革的思考［J］. 广告大观（理论版），2011（4）：31－36.

④ Young Ju Jin，Se Sung Oh，Min Jung Kim. 为广告产业发展提供新机遇　智能媒体人才培养［J］. The Korean journal of advertising and public relations，2014（7）：31－63.

面确立广告宣传教育的正确方向：一方面，专业教授的学会或学术组织作为教育改组的推动主体，重新界定和推广长期、全面的教育目标；另一方面，各学校的广告宣传学专业及所属教授应成为改进工作的主体，促进具体可行的目标教育和具备能动性的产学合作①。不难发现，无论是中国还是韩国，学界均已普遍意识到业界变革给广告教育带来了巨大挑战，并都期望通过相应的改革使广告人才的培养更加适应业界的变化趋势。

目前中外的广告教育比较研究还有以下一些特征：第一，中美的广告教育比较研究散落在各个时间节点中，且研究连续性不强。张幼斌比较了 20 年来中美两国大学的广告学本科教育，依次在教育理念、课程体系、教学方式、行业组织等方面研究了中美两国广告教育的优劣，建议中国应在保持自身特色、借鉴美国先进广告教育理念的同时，努力融入国际广告教育②。王明娟在新媒体环境下通过内容分析法，选取中美两国在广告教育方面各具特色和地位的十所高校为研究样本，深入比较了中美两国广告学的培养目标、课程设置、师资力量与实践教学等诸多观测点③。第二，一些学者关注中日、日美以及不同国家间、地域间的广告教育比较研究。如周华清通过比较广告教育相对发达的国家——美日两国，从其创新性的体现上对中国广告教育的教育理念、教育资源、师资来源、教育模式、知识体系等方面提出建议④。许天则通过梳理中日两国广告教育的历史脉络、发展现状和教育现行体系，从日本广告教育体系中总结了可供借鉴的经验⑤。曹灿安通过比较中国、美国、德国、英国、日本和新加坡多国的广告教育对于广告业人才需求状况的异同，对广告人才培养提出了一系列建议，包括利用广告学专业设置多元化的基础发展特色的广告教育，建立适当的跨领域平台以充实学生的跨学科知识等⑥。

通过文献梳理可以发现，相关的横向比较研究多以中美、中日为研究对象，尚未有关于中韩广告学专业教育对比的研究，遑论两国广告学专业人才培养模式的比较研究。中韩不仅处于同一文化圈层下，而且受益于地理优势，两国在人才、经济、文化等方面的交流更为密切。故本文以中韩两国广告教育为研究对象，更能凸显不同形态下广告学专业人才培养模式之间的趋同点和差异点，在两校广告学专业培养适应数字营销传播时代的新型广告人才的基础上，

① Han，Kyoo-Hoon，Moon，等. 广告宣传学专业地位重新定位的课程现状及方向性诊断［J］. The Korean journal of advertising and public relations，2016（1）：193－214.

② 张幼斌. 中美大学广告学本科教育比较研究［J］. 外国语文，2012，28（4）：142－144.

③ 王明娟. 新媒体环境下中美广告教育比较研究［D］. 重庆：四川外国语大学，2016.

④ 周华清. 美日广告教育模式比较研究［J］. 中国出版，2011（16）：75－78.

⑤ 许天. 日本广告教育体系及其借鉴意义研究［D］. 天津：天津师范大学，2015.

⑥ 曹灿安. 中外广告企业人才需求及培养模式比较研究［D］. 天津：天津理工大学，2009.

求得共识、相互借鉴，进一步为异国之间广告学专业的比较研究提供一定的参考。

三、区域研究：描述与解释

暨南大学广告学系（以下简称“暨大广告系”）与东义大学广告宣传系（以下简称“东大广告宣传系”）起步时间大致相同，都是在20世纪90年代末至21世纪初期建立的。在两系的培养目标上，暨大广告系与东大广告宣传系各有异同。暨大广告系历经从“学”到“系”，旨在培养德智体美全面发展，有强烈的社会责任感，坚持正确的广告导向，具有优良的道德素质、心理素质、文化素质和思维素质，拥有较强的市场洞察力、策略分析力、营销传播策划力、创意表现力、商务沟通力和活动执行力等，具备国际视野和创新精神，系统掌握营销传播学（特别是数字营销传播）和现代广告学的基本理论和方法，能胜任国内外广告公司、公关公司、互联网公司、新闻媒体广告经营部门、市场调查机构及企事业单位市场营销与宣传部门的调研、策划、创意、传播和管理等工作的“一专多能型”高水平广告人才。而东大广告宣传系是以培养具有前瞻性的思维和创意为基础，能主动应对全球信息化社会环境，为国家和社区发展做出贡献的营销传播专家为教育目标。为此，在对各种媒体和广告产业及理论的基本理解的基础上，通过多媒体、创意、策划、公关、营销、广告文案写作、销售、调研、演讲及预演等多维度的营销传播课程体系培养相关领域的实务性、专业性人才。另外，东大广告宣传系通过产学合作教育建立起以实务为中心的教育项目，培养广告宣传产业所需要的人才，提高人才的社会竞争力。特别是以在校期间一次以上的企业实习经验，各种广告、PR、营销相关比赛获奖经验为目标，为就业做充分准备。

从上述内容可以看出，从一定意义上讲，暨大广告系和东大广告宣传系的人才培养目标有诸多相似之处，如均将培养符合业界需要、具备从业能力的广告人才作为使命。为了实现上述需要和使命，两系所采取的措施也有一些异同点。这些措施落在课程设置、学术研究、师资力量、教学创新、学生就业等多维度，这些维度也正是广告教育不可或缺的组成部分。培养目标在广告学专业人才培养上具有提纲挈领的作用，上述众多维度是培养目标最基本的实现路径。因而亦可从培养目标下的各个维度观照暨大广告系和东大广告宣传系人才培养模式之异同。

四、比较研究：并置与比较

众所周知，广告学专业的高校教育以实践为价值取向，站在广告学专业实际角度看，培养学生专业能力和实践能力的课程设置之多、大学生广告赛事的参赛范围之广、参赛数量之巨，都具有极其强烈的现实意义。由于其实践价值取向超乎一般学科，故任何脱离实践的宏大议题和理论冥想都对学生和教学意义甚微。将同处东亚文化圈层不同意识形态下的中韩两所大学广告学专业人才培养模式的几个特定维度进行并置，按照一定的规律格局排列起来，通过比较后能够发现，暨大广告系和东大广告宣传系广告学专业人才培养模式均有可取之处，故二者可在相互了解的基础上相互借鉴，暨大广告系更应扬长避短、发挥优势，适应广告业界的深刻变革，从而培养具有强烈的时代使命感和社会责任感、拥有创新能力和国际视野的卓越广告人才。

（一）课程体系设置的并置与比较

基于教育理念、学科定位及具体社会环境，暨大广告系和东大广告宣传系的课程设置（本科生）有两个共同特点：

第一，课程体系设置都呈现出“厚基础、强实践”的特点。二者在课程内容的设置方面，无论是理论性课程还是实务性课程，都大体趋于一致，且双双走在广告学学科课程建构的前列。理论性课程上，二者都更加凸显营销传播及数字营销传播的理论视域，深入到业界数字化转型与重构的前沿。实务性课程上，一方面与新媒体企业、数字营销企业和信息技术企业联合大力推进专业工作坊建设，另一方面积极鼓励学生参与和数字营销传播相关的最前沿的赛事。

第二，都建立了符合信息化、数字化、智能化未来趋势的各类前沿知识群课程，不仅注重课程安排学科方向的规律性，还极大地丰富了学生的可选择性，使其对本学科课程体系的认知更鲜明，使自身的能动性得到充分的挖掘，真正做到既“能”且“专”。例如：暨大广告系的数字营销传播知识群、数字媒体创意与设计知识群、营销传播管理与沟通知识群、跨文化营销传播知识群以及创新创业知识群等知识群课程系列；东大广告宣传系的营销传播策划知识群、营销传播制作知识群、新媒体与媒介知识群等知识群课程系列（如图 1 所示）。

值得一提的是，东大广告宣传系对所授课程进行了统一的课程梳理，并制定了统一的课程学习计划书，对本学期该课程的基本信息、授课教师信息、学习目标、授课方法及进度、参考资料、考察形式、相关注意事项等进行系统说明，并于开课之初向每位课程选修学生分发。课程之间虽有差异，但通过对统一框架的梳理，不仅能够极大程度地保证课程的规范有序和质量，同时学生对于该课程以及整个学科的基本内容、所涉领域、学习脉络等信息也有了更为清晰的系统性认识，对于自身感兴趣的延伸内容也可在课下自主学习，有利于培养学生自主学习的能力和素养。国内高校可根据自身情况学习和借鉴此类措施。

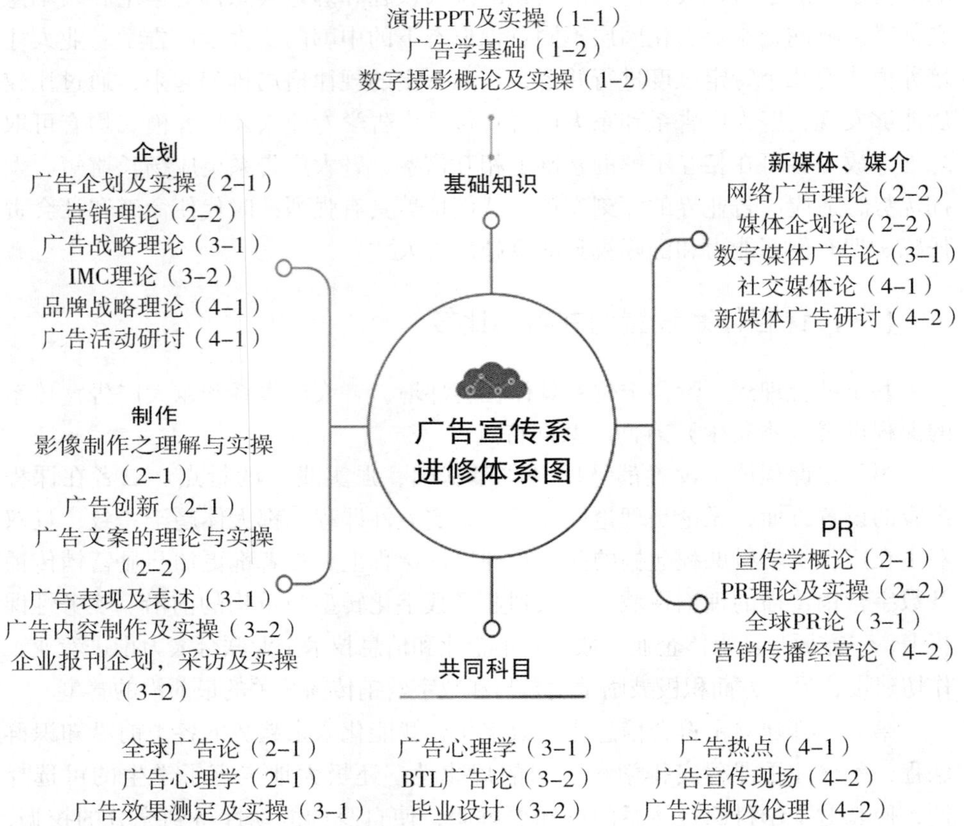

图1　韩国东义大学广告宣传系课程体系知识群

（二）实践教学的并置与比较

广告行业的发展催生了广告学专业，因而广告学专业成为一门实践性、操作性极强的学科。广告学专业教育一定要紧跟业界发展态势，这样才能培养出适应业界需求的广告学专业人才。暨大广告系和东大广告宣传系在广告学专业的实践教育上也体现了这一点。

第一，暨大广告系和东大广告宣传系在人才培养中对于实践教学环节呈现出一致的培养规划。二者都采取理论与实践相结合的培养方式，其中实践教学的学时占比均为25%，可见两者都认同实践教学环节的重要性。在具体的实施措施方面也大同小异，通常是通过与相关企业进行合作、学校的实验室课程以及专业课程中的实习环节、毕业实习、组织参加专业比赛等方式进行。例如，暨大广告系创办至今已有十余年历史的“岭南青年创意周”（原“广东大学生广告节”），由教师宏观指导、学生策划并执行，不仅提升了学生的创新能力、实战能力和自组织能力，也提高了学生的数字素养、拓宽了国际视野。与之相对应的，东大广告宣传系每年会与韩国釜山市警察局举行公益广告大奖赛，其组织形式和暨大广告系的“岭南青年创意周”几乎一致。这都体现了二者注重提升学生的专业实战水平和业务拓展能力的思路。

第二，暨大广告系和东大广告宣传系都积极引导学生参加各类专业竞赛，积极与业界进行更多的合作和交流。暨大广告系将专业竞赛项目引入教学中，使学生在实战中不断提高专业能力。东大广告宣传系则是学生自发组成了“新媒体学会 NeoDigm”“PR 学会 One To One”“营销学会 ForM”“视频学会 REC”等组织，根据自己的兴趣参加不同的学会，不定期组织各类型活动积极交流最新的咨询和学习经验，并以学会为单位，自发参加各类国内外专业竞赛。

通过分析两个学校的实践教育我们可以看出，新媒体环境下，二者在人才培养过程中注重实践教育，都非常重视新媒体元素在教学过程中的参与和引入。在建设广告学实验室和教学实习的环节，能够紧跟当下新媒体时代的潮流，积极引入最新设备，建设 VR/AR 工作室、短视频工作室等新型工作室。同时，根据最新形势，不断扩展与企业的交流。暨大广告系除了与老牌广告公司保持良好的合作与联系，还不断跟进新媒体营销伙伴。例如，会经常与抖音、时代亮风台、舜飞等新技术、新兴企业进行深入合作。同样东大广告宣传系也会通过与 YOUTUBE、KATALK 等企业开展各种类型的校企合作，让学生能够从各方面深入了解和参与广告行业新兴公司的运作和业界动态。

与此同时，我们通过深入了解得知，两所学校在具体的实践参与方式上存在一定差异。暨大广告系通常由学院牵头，通过统一与企业制订战略合作方案或者统一规划各类实践性项目等方式，为学生提供实践机会和平台并安排专业教师进行项目指导。而东大广告宣传系则与之相反，与企业间交流以及其他各类实践活动并非由学校统一制定。以校企合作为例，学校极少与企业事先签订合作协议，而是企业直接通过各项渠道在多个学校发布各类竞赛或合作通告，学生自发参与竞争，根据情况适当寻求教师的指导，类似的合作在韩国国内最为常见。两者在实际操作中各有差异，但也各有裨益。暨大广告系统一进行项目管理的做法，能够与课堂教学进行优势互补，在理论学习的同时通过实际的、有专业针对性的业界合作项目，增强学生的实操能力；再加上专业教师的指导，学生能够更为方便及时地与专业教师进行沟通交流，参与项目的质量更有保障。而东大广告宣传系则完全由企业和学生自主选择，学生项目参与的选择更多，并且由于完全自主且大都不局限于本校，学生的参与形式也更加灵活，校际合作、校企合作效果良好。

因此，也可考虑借鉴韩国高校的做法，设立更方便企业与学生直接交流的官方平台。如在校方引入项目的同时，增添企业与学生能够直接联系的可靠渠道，多方面为学生的实践活动提供支持。

五、结论

四十多年来，中国广告行业以及高校广告教育都取得了长足的进步，各大高校也一直探索广告学专业人才培养模式。尤其是在技术变革导致行业变革的当下，如何找到一条符合数字营销传播环境、适应当前时代需求的新型广告人才培养之路是高校广告教育面临的重大问题。对比中韩两国高校广告教育异同，对于我国广告人才的培养具有方向性的参考意义。

通过梳理和分析中国暨大广告系和韩国东大广告宣传系的人才培养模式，可以看出，两所大学的广告系在培养目标、课程设置以及具体教学内容等方面大体一致。但韩国的广告产业形成相对更早，带动了广告教育的发展；同时，广告学专业教师层次相对更高，教师大多具备业界从业经验，与广告教育中的实务教育贴合度较高。中国的高校广告教育虽然起步晚，但是经历了较长时间的积累和发展，现在逐步变得成熟和全面，与更早发展的国家相比，差距在迅速缩小。在人才培养目标的定位上，能够较为准确地贴合时代对人才的需求；在课程设置中，能够依从行业需求，重实践并设置符合信息化、数字化、智能化未来趋势的各类前沿知识群课程；在实践教育中，能够在重理论的基础上，重视多形式的与新媒体时代相契合的实践尝试，这说明中国高校广告教育的发展能够顺应媒体环境的变化和发展。

本研究的不足之处在于，一是对课程具体内容的比较分析不足；二是缺乏量化分析，如课程师生比、学分数、人均获奖数、教育资金投入等；三是局限于“头部”专业，没有充分考虑中国国内各地区、各校广告学专业的差距；四是未能完全体现出两国业界对广告学专业人才的需求异同。这些不足之处将在后续研究中逐步完善。

“互联网+” 时代广告学专业
——以学习者为中心的人才培养模式构建

李连璧*

摘　要： 本文探索在“互联网+”时代背景下，应用“以学习者为中心”教育理论，构建以学生为主体的专业人才培养模式。通过对国内高校广告学专业人才培养现状的分析，以及对“以学习者为中心”理论的梳理，在人才培养方案、理论与实践教学体系、教学效果评价等几个方面探讨了广告学专业的人才培养模式构建路径。

关键词： 互联网+　广告学　以学习者为中心　人才培养

广告学专业是一门实践性很强的应用型学科。伴随着中国经济的崛起，广告行业人才需求旺盛，广告学专业也形成了较为完备的人才培养体系。近几年来，传统媒体日渐衰落，移动互联网迅速普及，程序化购买、原生广告等数字营销模式成为主流，新的媒介技术不断涌现，“互联网+”时代广告的内容和形式、消费心理和行为都与以往大不相同，广告行业发生了翻天覆地的变化。新媒体时代的广告学专业更加需要培养能够满足行业需求的、具有自主学习能力和应变能力的复合型人才，这就要求教育者转变角色，重塑教学关系。在这样的背景下，“以学习者为中心”教育理念为“互联网+”时代广告学专业的教学改革和人才培养提供了一个有效的切入点。

一、“以学习者为中心”教育理念与广告学专业人才培养

“以学习者为中心”教育理念是由美国人本主义心理学家卡尔·罗杰斯（Carl Ransom Rogers）提出的，他将非指导性心理咨询疗法应用于教育领域，创立了“以学习者为中心”理论，提出教学应该以学习者为中心，强调学习者在教学活动中的主体地位。“以学习者为中心”的关键在于转变教育思想，从以教师为中心真正转变为以学生为中心，改变传统的“我教你学”的教学方式，激发学生的主动性和自觉性。近十年来，国内开始对“以学习者为中

* 李连璧，中国传媒大学广告学院博士，黑龙江大学新闻传播学院副教授。

心”理念进行相关研究，一些高校开始实践这一理念。黑龙江大学广告学专业在人才培养中遵循“以学习者为中心”教育理念，在课程改革、理论教学、实践教学等方面做出了探索和尝试，并取得了显著的成效。

二、“互联网 +”时代广告学专业人才培养的现状

目前，国内已有 300 多家本科院校开设了广告学专业。面对互联网和新媒体的冲击，广告学专业人才培养面临以下几大问题：

（一）人才培养进化速度与行业不匹配

“互联网 +”时代广告行业的快速更迭以月为单位，而广告学专业人才培养方案修订却以几年为一个周期。最新的广告理念和广告技术（如大数据、程序化购买等）无法迅速进入广告学专业人才培养体系，也没有相匹配的师资资源，这种不匹配情况一定程度上导致了人才培养与行业需求的脱节现象。

（二）师资力量稀缺

师资力量的稀缺表现在专业教师人数的缺乏；也表现在教师实践经验的缺乏，缺少行业一线的从业经历，没有对广告市场和策划、创意工作的直观感受；还表现在专业教师缺乏对新理念、新技术、新业态的研究和了解，无法将最新的理念和知识传递给学生。由于新的行业热点均集中于北京、上海、广州、深圳等一线城市，这一问题在地方高校显得尤为突出。

（三）实践教学效果有待提升

一些高校地处偏远，当地广告行业不发达，广告学专业实践教学多为模拟操作，教学方法单一，存在闭门造车的现象，无法将理论转化为实践中的生产力，也无法有效调动学生的积极性。

三、广告学专业“以学习者为中心”的人才培养模式的构建路径

（一）构建紧跟时代发展的人才培养方案

面对瞬息万变的广告行业，广告学专业人才培养方案需要在完整覆盖基础

理论知识的基础上，体现一定的包容性和前瞻性，根据行业需求的新变化适时调整课程体系，以适应新媒体、大数据、数字营销等重大行业趋势。黑龙江大学广告学专业在修订 2015 版人才培养方案时，在人才培养目标中明确提出以新媒体与大策划为核心的专业特色，依据行业需求设置了网络与新媒体概论、数字营销等课程，增加了新媒体有关课程的学分和课时量，并在选修课中增加了融媒体制作相关课程，学生自主选择修读课程，以增加对互联网和新媒体的接触和熟悉程度。这一修订版人才培养方案经过 3 年多的运行，在学生对前沿动态的掌握、对新技术和新理念的适应能力等方面发挥了提升作用。

（二）构建以学生为主体的理论与实践教学体系

广告学专业的理论与实践密不可分，传统的教学方式以教师为主体，以讲授为主要授课方式，学生被动地参与课堂。“以学习者为中心”的广告学专业教学体系更加强调学生的主观能动性，教师除了理论讲解之外，还需要引导、鼓励、支持学生参与课堂互动，参与专业实践。互联网的普及让信息的共享更加顺畅，一定程度上消除了地域差异，给地方高校广告学专业的实践教学带来了巨大的想象空间。黑龙江大学广告学专业在这一领域具有较多的探索和尝试。

黑龙江大学广告学专业提出“以赛促教，以赛促学”的教学理念，把国内外的广告创意大赛与课堂教学结合起来，组织学生以小组的形式，针对大赛中的真实广告主和真实广告命题展开策划、创意和设计，教师全程指导。学生团队自己负责选题、创作和课堂提案，充分发挥主动性。专业教师持续 3 年推动这一模式，取得了丰硕的成果。学生团队先后获得 2017 年 One Show 中华青年创新竞赛银奖、2018 年金犊奖最佳金犊奖（全场大奖）、2018 年中国大学生广告艺术节学院奖春季赛金奖和全场大奖入围。

以学生为主体的教学体系还可以拓展到课堂之外，旨在培养学生的综合素质。黑龙江大学广告学专业拥有由学生自创、自我组织的校级活动：黑龙江大学广告创意文化节在每一年的秋季由大三年级学生组织举办，这一活动让学生以团队形式经受历练，不仅是对专业知识和技能的考验，更是对团队协作、沟通能力等的全面考验，受到本地业界和社会的广泛瞩目。

（三）构建多元化的教学效果评价体系

传统教学效果评价以任课教师为主体，评价方式较为单一。多元化的教学效果评价体系应整合各方资源，引入多个主体，更加客观地呈现教学效果。在黑龙江大学广告学专业的教学实践中，教师评价、学生互评、业内专家评价、网络数据评价都是较为有效的评价方式。教师评价着眼于学生对本门课程知识和能力的掌握程度以及实践作品的创新性和完成度；学生互评可以有效提升学生参与感和责任心，具体可采用同班同学评价、跨年级同学评价等几种方式，通过规则的建立规避非理性的评价倾向；业内专家评价一般邀请本地传媒和广告、公关行业人士走入课堂，参与实践作品的讨论和评价；网络数据评价适用于网络传播的广告作品，可通过视频播放量、文章及图片点击数等精确数据来衡量传播效果，有助于激发学生之间的竞争意识。

"以学习者为中心"代表一种教育思想和教育观念的转变方向，在"互联网+"时代这一理念更加具有现实意义，在这一领域的探索将为未来广告学专业人才培养提供新思维和新方法。

【参考文献】

［1］沈月娥，马俊华. 高校广告学专业教育现状及特色发展研究［J］. 教育教学论坛，2018（9）.

［2］贺武华. "以学习者为中心"理念下的大学生学习力培养［J］. 教育研究，2013（3）.

［3］刘献君. 论"以学生为中心"［J］. 高等教育研究，2012（8）.

数字时代广告教育的本质与突破

张春蕾*

摘　要： 当前，全国开设广告学专业的高校已经超过400所，广告学已然成为新闻传播类专业中的第一大专业。在为社会输送了大量优秀人才的同时，中国广告教育也面临着巨大的学科挑战与威胁。如今，中国经济正处于向高质量全面转型之际。本文回顾了广告教育的价值，并从自身所处教育环境与现状着重探讨了新时期广告教育的人才培养创新与突破。

关键词： 广告教育　广告学专业　人才培养　数字时代

广告教育的转型、广告教育方法的创新与发展是在互联网背景下广告教育中提及最多的问题。广告教育已经有多年的历史，几乎所有从事广告教育的工作者都在思考这样的问题：怎么样让这一门专业学科不与现实脱节，学生毕业后就能适应工作环境、具备相应的基本专业技能？诚然，广告教育为国内外广告行业的发展输送了不少的优秀人才，广告行业由原来的非专业人员占据半壁江山到现在的专业化人才居多。但是，优秀的人才是少数的，由于高校硬软件之间的差异、学生能力的差异等原因，广告学专业学生毕业后的表现也是参差不齐的，甚至有些不尽如人意。

笔者作为广告学专业科班出身的学生，一直在寻找如何成为一名优秀的广告人的答案，学习如何学有所用、学有所成；作为广告行业曾经的工作者，也一直在追问中国广告教育是否满足了业界的需求，如何满足；作为广告学专业教师，在重庆三峡学院任教期间，一直在思考和探索如何更好地完善广告教育模式，如何让我们培养的学生满足业界的需求，如何让广告学专业毕业学生摆脱“毕业即失业”的“魔咒”，也如何让学生、家长、社会不再戴着“有色”眼镜看待广告学，即如何让专业培养与应用型实践锻炼通过高校教育完成，不让广告在互联网背景下失去其存在的合理性。

一、广告教育的状况与本质

中国广告高等教育是在改革开放之后逐渐恢复起来的，随着改革开放的进

* 张春蕾，重庆三峡学院传媒学院广告学专任教师。

一步发展与深入，广告教育也呈现出欣欣向荣之势。

（一）学科发展整体情况

据中国广告教育研究会统计，截至 2013 年 8 月，全国共有 412 所设有广告学专业的高等院校。1983 年厦门大学创办首个广告学专业，几十年来，我国高校广告学专业数量逐步增长。广告学专业数量快速增长与市场的需求密切相关。除此之外，广告学专任教师数量、硕博点建立数量、出版书籍数量、专著数量、发表学术论文级别数量等也快速增长，不仅是数量方面的增加，质量也得到了提高。2010 年下半年，在学科级别上，广告学专业从原来的传播学科下面的三级学科上升为二级学科，这对广告学科建设而言具有里程碑的意义，大大提升了广告学科地位，也为广告学专业教师发展、人才引进、师资队伍壮大等提供了广阔的空间。

（二）具体分析

1. 学术论文增长较快

本文以“广告教育”为关键词，在国内几大主要学术网站上包括中国知网 CNKI、万方数据知识服务平台、维普期刊资源整合服务平台收集相关学术期刊论文，其结果如下：

在中国知网 CNKI 共收集到 1 485 条结果（1986—2018 年 7 月），从论文发表年度趋势（见图 1）来看，2008 年发表论文数量达到高峰，年发表数量在 137 篇，但随后呈现出下降的趋势。随后本文在搜索结果中，对其“来源类别”进行限制，主要从 SCI 来源期刊、核心期刊、CSSCI 期刊中查找，共找到 160 条结果（1997—2018 年 7 月），如图 2 所示，2010 年发表核心及以上论文数量达到了最高峰——19 篇。从这两个趋势图上可以发现，2008—2010 年关于广告教育的学术论文增长较快，其数量和质量都是近几十年最高的。

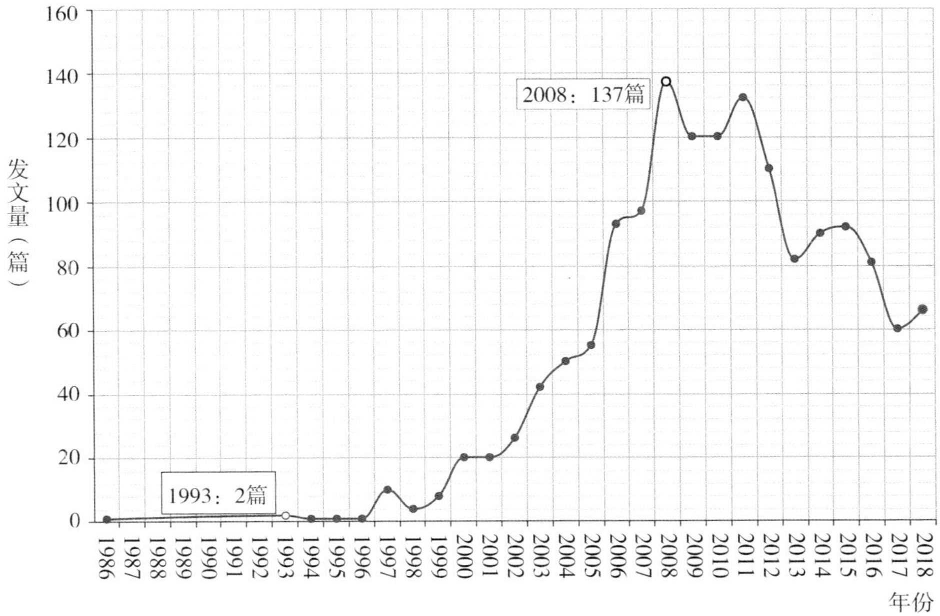

图 1　中国知网 CNKI“广告教育”主题论文发表年度趋势

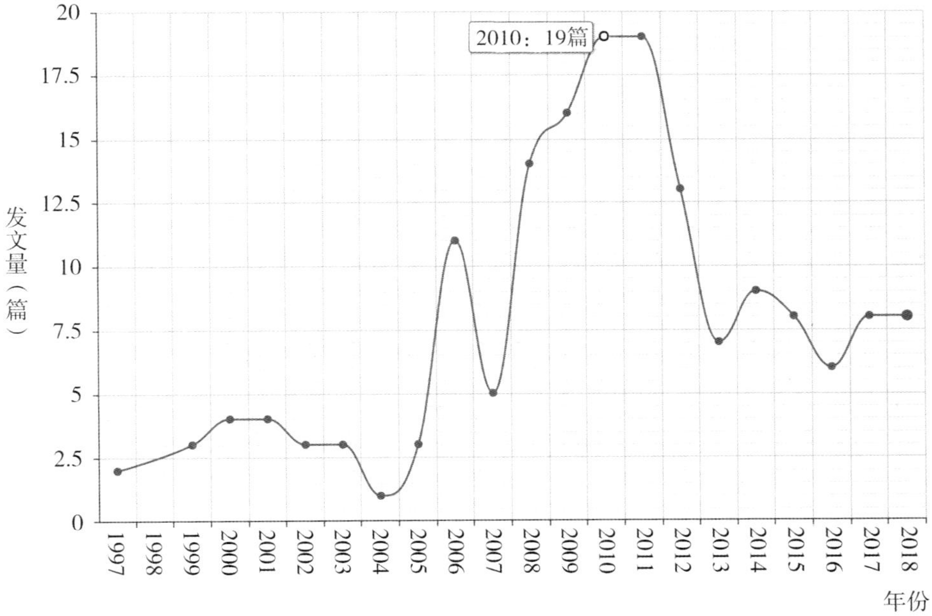

图 2　中国知网 CNKI“广告教育”主题论文核心期刊发表年度趋势

同样，以“广告教育”为关键词，在万方数据知识服务平台共收集到15 028 条结果（1989—2018 年 7 月），其中期刊论文 12 756 篇，学位论文 1 694 篇，会议论文 282 篇，专利 132 篇，科技成果 97 篇，法规 65 篇，地方志 1 篇，科技报告 1 篇。如图 3 所示，2009—2015 年，每年的发文量超过 900 篇，其中 2014 年发表量达 1 505 篇。以“广告教育”为关键词，在维普期刊资源整合服务平台共搜索到 1 099 篇论文。

年份	文献量（篇）	百分比（%）
2018	213	1.42
2017	714	4.75
2016	889	5.92
2015	1 338	8.90
2014	1 505	10.01
2013	1 322	8.80
2012	989	6.58
2011	1 179	7.85
2010	1 023	6.81

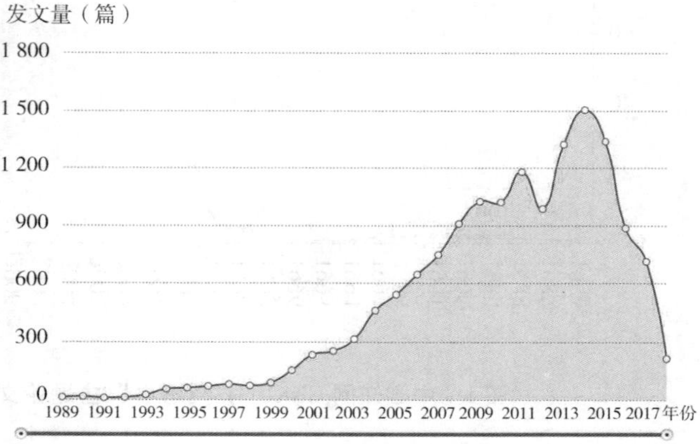

图 3　万方数据“广告教育”主题论文发表年度趋势

2. *研究内容和方法多元化*

对广告教育的研究内容主要包括：其一，探讨国外教育对我国教育的借鉴意义。查灿长（2008）探讨了美国的广告教育理念；王润泽（2002）则对日本的广告教育进行了探讨；周华清（2011）对美日广告教育模式进行了比较研究。其二，对不同时期我国广告教育发展的研究。陈佩爱、杜艳艳（2010）对五四时期广告教育、广告学研究进行了初探；祝帅（2017）以国立大学、私立大学、职业学校与海外留学为中心，重点探讨了民国广告教育的四种途径；肖雪锋（2010）对 1983—2008 年我国广告教育研究进行了总结与思考。这些研究对我国广告教育具有重要指导意义。其三，探讨新环境下广告教育的转型。陈刚（2017）对广告教育的数字化转型进行了深入思考；祝兴平（2006）则指出了全球化背景下中国教育面临的若干问题；陈月明（2012）对中国广告教育体系进行了反思与批判，提出了广告教育体系的重构；何平华、李骅（2013）则从课程设置角度看我国高校教育的“学”与“术”；曾振华、李铁锤（2011）提出了全媒体时代广告教育的师资培养。在研究方法上通过文献综述、实例分析等定性、定量研究方法进行分析，提高了研究结果的可信性与可行性。

3．师资队伍和培训机会增多

国内广告学专业设立之初，师资队伍极度匮乏，接受过系统广告学专业训练或者拥有经济学、营销学背景的教师是很少的。随着中国广告教育的快速发展，1993 年，当时的北京广播学院（现在的中国传媒大学）开始着手广告学方向的研究，2000 年中国传媒大学开始招收首批广告学博士生。随后，武汉大学、厦门大学、中国人民大学等国内多所高校获得了广告学博士点招生资格。这些都为广告学专业教师的选拔和师资队伍的建设提供了机会。除了高学历人才培养以外，还为高校广告学教师提供相关的培训和学习机会，或是参加学术探讨，或是进入企业实训，一方面能够让高校教师快速适应教学需要，开展相关学术研究；另一方面也为高校教师的能力扩展创造了条件与空间，极大地提高了中国广告教师队伍整体素质与综合能力。

4．教材建设与交流平台增多

专业教材对于广告教育具有不可忽视的作用。当前一些优秀的教材也被很多高校使用，例如“21 世纪广告丛书”系列教材、“珞珈广告学丛书”系列教材、“博学广告系列”、“广告学精品教程”、“21 世纪新闻传播学系列教材”、“龙媒广告选书”等，这些都有助于提升全国广告学专业教育质量与水平。中国高等教育学会新闻学与传播学专业委员会广告学研究分会、中国广告协会学术研究会、中国高等教育学会广告教育专业委员会等教育交流平台的构建也在很大程度上促进了我国广告高等教育的发展。

（三）广告教育的本质

认清广告教育的本质是提高高等院校广告学专业水平的前提与基础，所以应该从教育的参与多方切入，即广告学专业教师、广告学专业学生以及用人单位，通过平衡三者之间的利益来透过现象看本质。第一，广告学专业教师方面，其利益主要来源于对教育的执着与热爱，掌握最新的广告学专业理论和技术，结合广告实践，不断补充和提升自己的“知识新鲜度”。另外，也希望通过对理论与实践的总结与反思，提高专业敏感度，更新专业知识储备，把握时代发展的前沿，提高专业性。第二，广告学专业学生方面，学生最大的利益来源于对知识的渴望与“消化”。通过接受学校系统的专业教育与实践，学生在毕业后能从事相关专业工作。换句话说，学生一方面能够有专业的知识结构，另一方面能够具有实践应用能力。第三，用人单位的根本利益在于人才创造的价值。用人单位与高校广告教育有几对矛盾，即“专才”与“全才”、“创意”与“执行”以及“管理”与“设计”，尤其是第一对矛盾直接影响着广告高等教育，特别是本科教育。从这些来看，广告教育尤其是对于数字时代的广告教育而言，必须要把握不同利益体的根本利益，认清广告教育的本质，才能更好地促进专业建设与发展。

二、数字时代广告教育的难点

广告教育四十多年来获得的成绩是辉煌的。但是昨日之光彩并非今后的保障，广告学专业要发展、要茁壮，就必须不断更新与改革。而且，当前的媒介环境、社会环境等环境发生了重大变化，数字时代广告教育再次遇到了新的问题。笔者根据自身的学习与教学经历谈一下数字时代广告教育的难点，其主要表现为以下几个方面：

（一）专业建设困难重重，缺乏专业认证评估机制

首先，师资队伍方面，尽管目前已经有400多所高校开设了广告学，但是各个高校的师资队伍建设参差不齐。其中也不乏被“拉”来教授广告学的教师，甚至有些教师缺乏系统的广告学专业体系教育与训练。另外，教师自身能力的培养也缺乏体系与平台，虽然目前部分高校已经具有广告学博士点，但是毕竟“僧多粥少”。除此之外，资金方面不足，例如实验室的建设、软硬件的购买等缺少资金，这些都给人才引进带来了不少的阻力，也不利于师资队伍的成长。再者，学科建设上没有严格的专业论证评估机制。部分高校在开设广告学方面具有一定的盲目性和“跟风”现象。

（二）教育理念落后，课程设置缺乏科学性

诚然，如今已经进入数字时代，广告教育在数字时代面临着巨大的挑战。广告教育必须紧跟数字时代浪潮，这就要求广告人具备一些前所未有的素质。关键是，目前很多广告活动已经改变传统的制作和运营方式，更多是基于全球化市场运作，这就要求广告教育同样为全球舞台上操作的广告活动做好准备。然而，纵观我国当前广告教育，主要还是停留在传统的运作和教育方式上面。国内的广告学专业主要分布于美术学院、工商学院和新闻传播学院，尤其是新闻传播学院开设广告学居多，缺少对营销学、经济学知识的“软”层面的教育与提高。在课程设置方面也是问题重重，课程设置是否科学、课程是否能找到相应的教师完成课程教学等，这些问题都是当前广告教育过程中亟待解决的。

（三）过分强调实践操作，学生综合能力普遍不强

2014 年提出加强应用型人才培养，要引导一批本科高校向应用技术类高校转型。2015 年国家教育部门印发的《关于引导部分地方普通本科高校向应用型转变的指导意见》中，也提出了转型发展是深化高等教育领域综合改革的重大举措。所谓应用型人才就是能将专业知识和技能应用于所从事的专业社会实践的一种专门的人才类型，其熟练掌握社会生产或社会活动一线的基础知识和基本技能。在这样的指导背景下，全国高校广告教育积极探讨与思索应用型人才培养道路。实践、实训、实验课程增多了，但是，能否达到理论应用于实践的目的和效果却不可而知。笔者从自身了解的情况来看，虽然当前的高校专业教育与行业之间的鸿沟正在逐渐缩小，学生实践能力确实得到了一定的提升，但是综合能力却仍然没有达到对应用型人才的要求与标准。

那么，广告教育在数字时代该何去何从呢？

三、数字时代广告教育的突破

（一）引例——重庆三峡学院广告教育情况

笔者将以重庆三峡学院为例，探究数字时代广告教育的突破。

重庆三峡学院传媒学院广告学开设于 2013 年，文理招生，绝大多数学生无设计/美术基础，学院侧重于对学生创意、设计、策划、文案能力的培养，目前已经有两届毕业生，就业率高达 95%，在全校就业率排名位列前茅。但对学生就业的单位与专业进行调查发现，高达 70% 的学生选择了非广告行业。也就是说，真正从事广告行业的人屈指可数。究其原因是多方面的，或是因为“自己专业太差”或是“不喜欢广告”等。但笔者对 2015 级准毕业学生的调查结果是不同的，超过 70% 的学生选择了广告行业作为实习或者工作的单位。专业能力上，从获奖数量、创意与策划能力、设计能力等方面来看，2015 级学生都普遍高于前两届毕业生。之所以会有这样的差异，是因为人才培养的差异以及课程设置方面的区别。2015 级采用的是 2015 版人才培养方案，其制订过程除了依照相关教育文件规定，注重应用型人才的教育与培养外，还邀请了不少行业工作人员与专家，经过多方论证最终确定 2015 版人才培养方案。而 2013 级、2014 级广告学专业实行的人才培养方案一方面是课程设置大部分照搬他校的经验，没有从本校学生出发；另一方面是缺少行业专家的意见与建

议。由此可见广告教育过程中人才培养方案的重要性。重庆三峡学院存在的问题与难点可能是目前很多高校都遇到的，毕竟拥有较好广告教育资源的高校数量并不多。所以，笔者以此为例，深入探讨当前我国高校广告教育的突破点。

（二）突破——创新性策略与方案

张金海教授在2017年中国广告与传播教育的转型与创新学术会议上指出，广告的核心知识体系依然没有过时，必须开展以策划和创意、市场调研与分析为核心的广告高等教育，打造“技术＋传播”型教育模式，由广告代理服务走向广告信息服务，由营销传播的末端走向前端，由执行走向规划。同时他还重点提出了互联网技术、大数据分析技术是未来广告学专业的两大核心技术，互联网的营销传播技能、大数据背景下的品牌传播管理技能是广告学专业的两大核心技能，学生在掌握核心知识体系之后就能够自我辐射，而不只是一个匠人。黄升民教授强调大学教育需要用特色专业培育强势专业，用强势专业建构相应学术群，广告与传播学高等教育也必须回应产业需求。金定海教授则强调了广告连接着市场主体和消费者，内含着经济，体现着艺术，彰显着文化，广告的本质是传播，广告的灵魂是创意。新形势下，要让创意为广告赋能，让故事为内容添彩，让形象为品牌增值……以上这些观点从广告教育出发，从不同角度诠释着广告教育的“变”与“化”。所以，或许我们可以从多年从事广告教育的学者的研究中寻找到适合本校广告教育的人才培养模式，寻找到广告教育的突破点。

1. 转变教育理念，厘清数字时代广告产业的变革

广告行业是一个智力服务型行业。数字时代的到来，广告流程的各个方面包括创意、策划、设计等都在发生翻天覆地的变化，这些概念在数字时代都将被重新诠释。传统的广告媒体环境发生了颠覆，以前谁占据传统媒体资源谁就能拥有市场，电视、报纸、杂志、广播都是广告代理公司的宠儿。但如今，随着新媒体的快速发展，社群、微博、短视频、微信、游戏等正在快速占据过去传统媒体的资源。所以，广告主/品牌商将更多的资金投放到新媒体市场。这是数字时代广告产业的变革之一，广告人才更加需要提高数字营销能力。变革之二就是融媒体的发展与转型。变革之三就是传统广告行业竞争激烈，但是业务与盈利每况愈下，亟待转型，包括一些国际知名的4A广告公司也面临着来自一些小型数字广告公司的威胁与挑战。广告教育的出发点与终点是行业需求，因此数字时代广告行业的这些变革是广告教育过程中不可规避的问题。教育不是“掩耳盗铃”，不能忽视市场和行业的变化，因此作为高校广告教育工作者就必须改变之前对广告的认识与了解，从新的媒介环境与行业变革中转变

教育理念。

2. 更新升级广告学专业师资队伍，制定相关数字传播课程

从学术论文数据可以看到，目前我国广告学者的数字营销传播研究成果较少，这一方面反映出广告学专业教育中教师对数字营销传播的重要性认识不足，另一方面则是相关教师的缺乏或者是教师缺乏数字营销传播的知识体系。一线教师作为广告教育的传播者，如果自身缺乏相关的专业技能与知识，就很难培养出专业能力强的学生。首先，教师的专业敏感度很重要。教师只有敏锐地捕捉到行业变化与需求，才能在今后的教学过程中与时共进，才能培养出适合的应用型广告学专业人才。其次，教师自身能力需要提高与升级。有些高校的人才培养方案从表面上看很符合市场的需求，能够培养出专业能力强的学生，但实际上，有些课程是“面子”工程，根本就没有相应的教师去承担教学任务，或者有些只是应付式地将知识传递给学生，根本没有达到课程的目的与效果。因此，教师的专业知识储备对于人才的培养具有关键性作用。专业教师要及时更新自己的专业知识，并通过进修、学习等多种形式提高和完善专业体系和实践能力。最后，在课程设置上，各个高校会有所不同，或是偏向于策划、创意，或是偏向于设计，但无论是哪种，都应该制定新媒体营销与策划、数字传播等相关课程，及时把握数字时代广告教育的变化。

3. 理论与实践并重，提高以赛促改的效果与质量

应用型人才的培养过程中侧重学生对知识的实际操作能力和应用能力。马克思主义哲学强调了实践与认识的作用：实践是认识的基础、是认识的来源、是认识的目的。广告教学过程中，学生是否真正掌握了知识，则需要通过专业比赛或行业实习等多种实践形式来检验。目前，实践课程一方面能提供实习机会与平台，让学生可以“走出去”，减少学生对专业、行业认识的空白；同时能够让学生及时了解行业最新动态，培养学生专业敏感度，站在行业领先位置正确认识自己专业的重要性。另一方面则是通过指导学生参加各级专业竞赛，以赛促改，学生通过参加比赛了解自身专业的“短板”，从而查漏补缺，及时更新自己的专业技术能力、巩固专业知识点。这几年尤其是国家级广告比赛，例如全国大学生广告艺术大赛、中国大学生广告艺术节学院奖等，从命题、评选过程、评选结果及奖励方面都发生了较大的变化，这与专业教育的效果相辅相成。不过，以赛促改的效果当前来看也比较有限，所以高校专业教育要不断探索一条适合本校发展的实践教学道路。另外，过于强调实践往往存在忽视理论知识牢固性的弊端。

4. 变革与反思同行，注重学科建设与发展

专业教育的发展是变革与反思共同作用的结果。创新—变革—反思—再创

新—再变革—再反思，这是一个不断循环的过程。尤其是在数字时代，媒体与技术不断发生着重要变化，广告主/品牌商的广告观、营销观也发生了变化，专业教育不能忽视外界环境的变化而“刚愎自用”。因此，总结经验、紧跟行业需求与趋势、敢于创新与变革是当前广告教育的关键点之一，这可以从以下几方面着手：其一，构建学科群或者学科团队。教育绝对不是一个人的事情，一个学校的专业也不可能靠一个人就可以发展，它必须依赖于团队，一支拥有高学历、高职称、丰富教学经验的专业教学团队。尤其是要注重数字营销方面、经济方面教师的加入。除了完成教学团队的建设，更重要的是科研合作，群策群力提高科研能力、科研水平，并提高理论研究成果转化率，推动广告产业发展与繁荣。其二，相关专业教材的编撰与出版。教材是专业教育中非常重要的一个要素。从当前来看，广告系统丛书尤其是优秀的教材比较少，而且由于各个高校的情况各有不同，现有的教材即使是那些优秀的教材也并非一定适合每个高校。在这样的背景下，高校应该结合自身以及行业趋势需求，适时编撰和出版专业教材，注意内容的时效性与灵活性。其三，笔者认为学界与业界二者的关系应该是互帮互助的，学界需要“走出去”，业界需要“走进来”。聘请业界专家来高校作为外聘教授讲授课程或者开讲座已经不是新鲜的事情，且效果一般，究其原因在于邀请业界专家讲授课程或者开讲座往往流于形式，没有弄清楚邀请的目的。邀请行业专家目的在于让学科建设更完善，双方尤其是学界更要主动沟通、常沟通。

四、总结

互联网技术正在推动着社会变革，也在不断冲击着广告产业和传统广告教育，全球广告教育都面临着巨大的挑战与变革。北京大学新闻与传播学院广告系教学改革创新的核心指导思想是：“产业发展形成新的模式，学术研究形成新的思想新的理念，基于新的理念和新的模式，广告教育才能沿着正确的方向创新发展。”当然，全国各高校的广告教育现状不一样，广告教育要树立全球视野和数字营销观念，促进广告教育和谐、平衡发展。

【参考文献】

[1] 廖秉宜. 中国高等教育三十年的反思与变革 [J]. 新闻界，2014 (1).

[2] 华中农业大学研究生. 2017 中国广告与传播教育学术大会巨星云集精彩迭现 [EB/OL]. http://www.sohu.com/a/147795705_657712.

[3] 陈刚. 走向数字营销实战的广告教育创新 [J]. 青年记者，2016 (9).

［4］姚曦，李春玲. 互联网、大数据、营销传播结构主义视角下我国高校广告教育体系的解构与重构［J］. 新闻与传播评论，2016（2）.

［5］杨懿. 广告高等教育对外开放的探索与实践：以“中日广告教育交流项目”为例［J］. 青年记者，2017（1）.

［6］CAMDEN M，SMITH R，TURTURICI M，et al. Countermeasures to prescription and over-the-counter drug-impaired driving：pharmacy & medical and education & advertising［J］. Journal of transport & health，2018（6）.

第三部分　“大广赛”与广告人才培养

“大广赛” 在广告教学中的渗透与广告创新型人才培养

王　晔*

摘　要：全国大学生广告艺术大赛（简称“大广赛”）将专业教育、实践教育和创新教育贯通，扩大了广告教育的辐射力和影响力。从办赛主旨到创作过程再到实现结果，“大广赛” 无一不贯穿着创新、创意，对广告创新型人才的培养起着良好的桥梁作用。在此基础上，广告教学也需要在教学理念、教学实践、师资配备、平台建设和激励制度等方面进行全方位的创新型改革，将“大广赛” 和广告学专业教学相互融合，互相促进，最终实现广告创新型人才培养目标。

关键词：“大广赛”　广告教学　创新　人才培养

一、“大广赛” 平台的发展概况及其核心价值

自2005年创办至2019年，“大广赛” 已经成功举办了十一次。在教育部高等教育司、全国各教育厅（教委）的指导下，“大广赛” 的影响力越来越大，每年参赛的高校数量逐年增长，参赛的作品呈爆发式增长。2019年，一共有1 504所高校的学生参赛，作品数量达40多万组。“大广赛” 已经成长为规模大、覆盖广，参与院校及师生数量多、参赛作品水准高的国家级大学生赛事，同时成为企业、高校、广告界精英荟萃的重要沟通平台。

表1　历届“大广赛” 参赛院校数量和作品数量

	院校数量（所）	作品数量（组）
2005年第一届	534	20 926
2007年第二届	628	31 611
2009年第三届	861	41 086
2011年第四届	868	55 526

* 王晔，武汉大学新闻与传播学院讲师。

（续上表）

	院校数量（所）	作品数量（组）
2013 年第五届	2 200	107 321
2014 年第六届	2 426	110 010
2015 年第七届	2 304	149 103
2016 年第八届	2 311	176 957
2017 年第九届	1 301	173 870
2018 年第十届	1 449	251 656
2019 年第十一届	1 504	404 662

"大广赛"是以"创意"为核心概念，以"创新"为育人目标的广告学专业实践竞赛。经过十四年的高速发展，"大广赛"已经在全国高校和业界塑造了良好的声誉和产生了广泛的影响，成为企业、高校、社会等多方面认可的以"创意""创新"为核心概念的全国性赛事。"大广赛"的运行模式能使学校、企业、社会进行全方位、多角度的充分沟通。在创作过程中，大学生通过挖掘、了解、分析、创作企业命题，一方面使企业得到最鲜活的原创作品，获得灵感；另一方面让企业的理念、产品在大学生这个庞大的群体中产生深远的影响和有效的传播。同时，"大广赛"平台为在校大学生提供了更多参与真实题目创作的机会，不断激发全国高校青年学子的智慧和创造力，对于培养大学生的创新意识和解决实际问题的能力起着至关重要的作用。全国上千所高校的学生参与竞赛，使"大广赛"逐渐发展成了一个高校教学与研究的平台。这促进了广告教育不断创新与发展，也促进了广告教育资源均衡而有序地流动。

二、"大广赛"在广告教学中渗透的可行性

1. "大广赛"的办赛宗旨与广告教学目标的一致性

"大广赛"的核心宗旨在于"促进教改、启迪智慧、强化能力、提高素质"，并在此基础上培养学生的创新能力、综合能力以及实践能力。"大广赛"核心宗旨中强调的创新能力、实践能力及综合能力，对广告学专业的教学改革和广告学专业学生知识体系成长形成了一种可持续发展的长效机制。从广告教学目标层面而言，广告学专业具有学科涉及面广、实践性强的特点。从目前市场经济对广告学专业的素质和能力要求来看，广告学专业的学生一方面需要掌握广告运作的基本原理，另一方面需要具备较强的广告实务运作能力。无论是

广告公司还是企业的广告业务部门，都需要相关从业人员同时具备广告学理论与广告设计实践能力，这种理论与实务运作兼备的专业人才是广告教学最终的落脚点。

可以看到，“大广赛”的办赛宗旨与广告教学目标存在较强的一致性，参加学科竞赛可以使学生在课堂上接触的广告学理论与实际的广告创意落地相结合，也能提高学生学习的自主性以及积极性，从而将学生培养成为理论与实践、创新与创意兼备的新时代广告人才。

2.“大广赛”的创作过程是对广告教学技能的深度复盘

广告学是一门理论与实践兼备的学科，其间涉及广告市场调查、广告策略与创意、广告经营与管理、市场营销等多门理论课程，也涉及广告设计与制作、广告素材创意等相关实践动手技能。无论是原理的掌握还是技能的使用，都需要在实际项目的执行中融会贯通和灵活运用。“大广赛”项目的创作要求学生能根据已有的广告学专业知识有针对性地分析和解决问题，并进行创新性思考。从“大广赛”的命题中选题、前期资料的收集和讨论，创作作品、迭代作品并最终产出作品的整个过程，也是一个完整的从创意到实践的过程，这个过程是学生独立思考和创新能力形成的过程。以策划类为例，“大广赛”的创作，首先需要学生基于对命题单位需求的理解，在深刻理解企业文化内涵和当前命题的核心问题下，运用广告教学中的市场研究相关原理进行全面的市场分析，了解企业及品牌当前所处的市场规模、市场环境、竞争对手、发展趋势和前景等，再结合产品优劣势、用户特征及需求等提炼和创作出相应的推广策略、媒介策略和公关策略。在这个过程中，“大广赛”将学生变成主体，极大地发挥了学生的主观能动性。这种在学习中提升实践能力、在比赛中强化学习能力的创作过程，是对广告教学多个课程的综合检验，也是对广告原理理解、广告技能释放的一次深度复盘。经过近几年的实践，武汉大学广告教学探索出一种“赛中学”的培养模式。以“大广赛”为依托，在全校范围内将不同专业背景、有着共同兴趣与追求的学生聚集起来，组团参加学科竞赛，组织学生组团讨论、头脑风暴，使学生不但能出色完成竞赛命题要求的核心诉求点，还能因积极思考产生诸多创新思维，进而提高综合素质和创新思维能力。反过来，这种模式和氛围又会吸引一大批学生不断加入后续赛事，形成良好的竞赛氛围和竞赛团队。这种“赛中学”的模式为广告人才深度复盘和灵活运用课堂上学习到的知识提供了较好的平台，促进了一批又一批的学生在“大广赛”中深度复盘专业理论课中的各种知识，不断增强创意思维能力。

3.“大广赛”的创作实践是对广告理论教学的有力补充

传统的教学模式是以教师为主体的单向教学模式，教师向学生讲解广告学原理或者传授相关广告技术，属于一种信息的单向流通。至于学生掌握程度如何，能否融会贯通、能否灵活运用到其他主题上，都很难得到反馈和监测。而“大广赛”的创作手段正好弥补了这个缺陷，给常规教学提供了一种全流程的创新教育功能。“大广赛”的选题范围包括平面广告、视频广告、动画广告、广播广告、策划案等几大类。其中，视频类为了适应移动互联网时代的需要，细分出来有传统影视广告、新型微电影广告和移动短视频广告三种广告形式。文案类细分为广告语和长文案两种。“大广赛”丰富的创作形式意味着丰富的创作手段。无论是策划类、文案类创作，还是视频类、平面类创作，创作手段都需要不断推陈出新，然后自己动手将想法落地，这将不断优化实践教学建设，将传统的单向教学转变为学生占主体地位的主动式教学。因此，“大广赛”的实践性是对广告理论教学的一种有力补充。

三、“大广赛”在广告教学中的渗透对于广告创新型人才培养的作用

1. 创新型人才培养的必要性

创新是一个国家进步的源泉，培养创新型人才是大学教育的重要任务。大学生创新能力教育是国家创新驱动发展战略的要求，也是高等教育深化改革的方向。《国家中长期教育改革和发展规划纲要（2010—2020年）》提出要“提高自主创新能力，建设创新型国家”①。党的十九大报告提出“加快建设创新型国家”，明确“创新是引领发展的第一动力，是建设现代化经济体系的战略支撑”，强调“坚定实施科教兴国战略、人才强国战略、创新驱动发展战略”。② 习近平总书记指出，发展是第一要务，人才是第一资源，创新是第一动力。在现代社会结构中，高校作为各类人才培养的最主要基地，其重要使命之一就是培养同时具有创新性思维和实践动手能力的高素质人才。作为高校教育中的两大主题，教师与学生都有能力也理所应当地要成为创新的承载者和引领者，为国家在各个层面实施创新战略提供全面的经验积累与智力支持。

2. 目前综合性广告教学理念对于学生创新性培养仍有较大提升空间

综合类高校的广告学专业理论课程包含了传播学、市场营销学、心理学等

① 国家中长期教育改革和发展规划纲要领导小组办公室. 国家中长期教育改革和发展规划纲要（2010—2020年）［M］. 北京：人民出版社，2010：6－7.

② 习近平. 决胜全面建成小康社会夺取新时代中国特色社会主义伟大胜利：在中国共产党第十九次全国代表大会上的报告［M］. 北京：人民出版社，2017：29－30.

学科。其中包括基于市场营销环境的判定与广告模式及广告策略的提出，也有基于认知心理和行为心理学的消费者洞察，还有基于创造性思维的广告创意策划、基于媒介研究的媒体投放策略、广告宏观社会效果评估和微观传播效果测算等。广告学是典型的边缘性学科。在这样的背景下，综合类高校的广告教学往往相对偏重于理论知识的构建，将各个学科中蕴含的广告学理论进行全方位整合，将学生培养成为具备广告学理论、传播学知识、营销学背景，能在媒体的广告部门、广告公司、信息咨询行业以及企业广告部门从事广告经营管理、市场营销策划及市场研究工作的广告学高级人才。在这样的背景下，综合类高校的培养目标和培养方向相对更侧重于综合性能力和综合理论素养的培养，相对缺乏实践性的训练，而创新性思维则正是基于不断的实践性训练而形成的一种思维能力。

"大广赛"从选题到作品落地的过程正是学生从深入理解广告运营原理开始、灵活地将广告学理论与广告创意实践相结合的过程。"大广赛"的作品在评审中一般比较看重创新、实用、技术先进性等元素。在作品的创作过程中，学生首先需要查阅相关资料以拓宽视野，并在此基础上进行发散性思维。广告创意的产生需要学生在思考问题时潜移默化地以超越常规的方法或视角去探索，在此基础上形成对创意主体新的认识、新的发现，并提出耳目一新的解决方案。不管是平面广告还是影视广告、广播广告，都要经过创意、设计、测试，某些适应于移动互联网相关的作品还需要程序开发等较高层面的技术，这都需要较强的综合创新思维能力和实践能力。

3. "大广赛"从出发点到实现过程再到最终结果都体现了创新能力

学科的竞赛过程，就是学生对专业知识深入理解、系统整理和实际运用的过程，也是创新思维、创意能力和实践能力培养的过程①。"大广赛"重要的目标之一就是要培养大学生创意力、实践力，在此基础上为优化人才培养提供可行的经验与方向。从实现过程来看，"大广赛"一般要求参赛者在符合命题企业要求的核心诉求点的前提下，利用新的表现手法、新的摄影语言、与众不同的画面等完成作品。这是完全独立自主的创作过程，从选题的确定到最终的作品落地，需要学生不断构思方向、讨论细节、制作执行、修改完善，这个过程中的每一个环节都需要进行大量的分析和尝试，遇到问题或者方向不明时，需要学生去主动探索、主动尝试、主动迭代。这个过程能有效地锻炼学生处理问题的综合能力，大幅度提升其创新、创意、创造水平。这种真题真做的形

① 谭文才，刘志军. 基于学科竞赛的大学生创新能力培养研究［J］. 创新科技，2018（9）：53 - 55.

式，是学生在短暂的大学实践课程中不可多得的创意平台，一定程度上也是一种超出教学大纲的特殊考试。

从最终结果上看，“大广赛”作品的产出是一个学生综合所学理论，制订合理的项目方案，创造性地解决问题的过程。“大广赛”最后产出的作品，无一不是经过了查阅大量的广告设计资料、看大量的广告视频作品，通过多种方法进行分析、理解、尝试与迭代等多个环节的历练。作品的完善过程，是学生自主学习能力不断提高的过程，也是学生专业知识不断运用和创造的过程，这个过程对激发学生的创新创意能力有着立竿见影的效果。

四、“大广赛”如何与广告教学进行渗透从而更好地培养创新性广告人才

1. 教学理念层面：增加以学科竞赛为目标导向的人才培养模式

教学改革首先需要从教学理念和教学目标入手，新的教学目标需要秉承创新性人才培养理念，以实践课程改革为突破口，构建适应数字传播时代的广告学专业竞赛教学的实践课程体系。在大的方向上，可以尝试将学科竞赛纳入人才培养方案，从教学理念层面树立起实践教学的榜样。这个理念要求学科竞赛和专业课程体系建设同步融合，教师的教学理念也需要一定程度的更新，需要在传统理论教学的基础上，时刻注意融入学科竞赛以及其要求的相关能力培养，在教学目标、教学手段、教学内容等多个环节，将创新思维、创新意识、实践能力培养穿插其中。同时，这种实践教学在理念上需要更加突出学生的主体地位，改变过往以教师单向讲述为主的局面。只有学生在各个环节中主动参与和探索，才能更好地促进理论思维与创新思维培养的有机融合。这是一种与传统授课时的教学理念有着明显区别的新理念。

2. 教学实践层面：结合“大广赛”与广告培养目标，设定相关的项目制课程

具体到教学实践层面，可以考虑开设以“大广赛”典型案例为主要内容的课程体系，通过项目制教学（案例教学）扩大创新教育普及范围。项目制教学可以直接以某选题为例，将课堂知识与实践创作结合起来，这样能使印象更加深刻。同时还需要根据学生不同学习阶段以及掌握的专业知识的深度，设置不同层次的项目目标（比如大一、大二学生偏重某一个细节，大三、大四学生偏重全局的掌控），在这个过程中逐渐实现学科竞赛与创新教学相互促进。

项目制课程主要分为学科专业基础课和学科竞赛课两个部分。学科专业基础课主要是针对具体的项目设置的对应课程，例如策划类设置“市场营销基

础”“媒介调查基础”“传播学基础理论”“广告策划”等基础课程。这些课程设计给学生提供充分的多学科思维基础和视野，建立多维的知识结构体系。学科竞赛课以实务为主，如“创新思维方法”“经典广告策划案例分析”等课程。这些课程的设置注重突出“实践、知识、素质、能力、表现、执行”的培养与训练，强化课程体系的内在逻辑性和衔接性，全方位培养学生实践动手、分析问题和解决问题的能力。

“大广赛”以具体的竞赛命题作为载体，要求参赛学生对广告学、广播电视学、网络传播学等学科知识有深入的理解，灵活运用创造性思维。在这个课程体系下，需要建立起各类学科竞赛的项目体系，针对不同学科竞赛项目的特点，以竞赛项目案例的形式对学生的创新能力进行针对性的培养。例如“数码摄影”“平面广告设计”等课程，可以针对“大广赛”的平面类作品进行案例讲解，在“数码摄影实验”“平面广告设计实验”课程中增加平面类、视频类、互动类、动画类等竞赛类别案例。竞赛项目案例与知识点的有机结合，既可以提高学生学习兴趣，又可以增强课堂教学效果，同时还可以有效达到培养创新性人才的目的。

3．师资配备层面：建设和健全学科竞赛师资平台

“大广赛”是一个将学科与业界直接打通的平台。在这个平台上，教学师资是其中一个重要环节，起着重要的引领和推送作用。以武汉大学为例，近年来，为了让指导教师更深层次地理解并把握企业命题的核心诉求，掌握和理解市场上对于广告学专业人才的核心素质要求，学校会选派部分教师外出学习、培训或者参与企业实践。这能有效帮助指导教师及时转变教育观念、更新教学模式并把握最近的教学重点，使学生能力和市场需求完美地接轨。

除了专业教师这一平台，竞赛背景下的广告创新性人才培养，还可以考虑探索并建立起一种广告学专业的创新教学模式——“全参与教学模型”。这需要调动广告教育所涉及的特定人才和机构，主要包括学校主讲教师、校外广告行业专家、企业营销传播专家、有代表性的广告营销传播公司等，将这些有着丰富的实践经验和知识积累的业界精英请进课堂，以选修课的形式补充课堂教学的新鲜血液，构建教师、学生、课堂、公司“四位一体”的教与学的互动平台。在“大广赛”举办期间，武汉大学新闻与传播学院曾先后邀请中国广告协会学术委员会副主任、法国戛纳创意节评委、中广协长城奖评委、全国大学生广告艺术大赛资深评委董立津先生做“策略制胜”的主题演讲；邀请艳遇中国首席设计师、蓝道广告执行创意总监江少雄先生做“欲罢不能——谈谈创意所能”的主题演讲；邀请卓越创新传播集团首席创意官薛振添先生做“置身于不同之处”的主题演讲。

有了以这种专业教师为基础的师资平台，再辅以业界关系紧密的理论与实践熏陶，学生自然能在实践中逐渐训练和培养起良好的创意思维。

4. 影响力平台建设：从学校层面建设赛学一体化的平台，增加影响力

一直以来，武汉大学都很重视各类学科竞赛，高质量的学科竞赛不仅能丰富课堂上的教学内容，促进教师更新教学手段，同时更引领着高等教育中的专业建设方向。2017 年底，武汉大学为深化教育教学改革，贯彻落实“成人”教育理念，根据《武汉大学关于深化本科教育改革的若干意见》[①]《武汉大学关于进一步加强通识教育的实施意见》[②] 等文件精神，进一步加强通识教育，重构通识课程体系。在这样的背景下，武汉大学新闻与传播学院第一批将“经典广告案例赏析”“现代媒介传播概览”“影视作品创意与制作”“广告设计创新思维与制作”等几门课程正式纳入本科生通识教育课程体系，同时把学科竞赛、创新创业项目等也纳入了培养方案，形成了学校层面的指导性、方向性意见。同时，还明确了基于学科竞赛的创新创业教育应当树立“教学是基础，双创是核心，实践是关键”的理念。

5. 建立健全赛学一体化的激励机制

基于“大广赛”的创新教学平台建设，离不开大力度的激励机制。这一方面涉及相关的经费制度，另一方面则是对获奖师生的直接奖励。

在组织学科竞赛活动中，我校采用了“学校领导、学院管理、专业实施”的三级管理体系，在广泛宣传动员基础上，由竞赛团队申报、学校本科生院立项，根据竞赛背景、影响范围、赛事特点等综合因素，对影响力较大的学科竞赛划拨一定的竞赛经费予以支持。有了经费支持，就能对参赛的学生和教师形成有力的激励机制，充分调动参赛师生的主动性和积极性，同时可以保证竞赛的高水平和广泛性。另外，通过经费支持扶持专业性强、技术含量高、特色比较明显的项目，对于学校的平台建设和长远的影响力打造也有较大的作用。

武汉大学本科生院一直重视各类学科竞赛，鼓励学生积极参与、开拓创新，同时对学科竞赛中获奖学生给予较大力度的奖励。“大广赛”是唯一一项国家级的文科生赛事，每年湖北省教育厅发文立项，同时被武汉大学本科生院设立为国家级的学科竞赛，学校因此也出台了相关的奖励政策。例如，参加“大广赛”获奖之后，学生在评奖学金和保研加分时按照学科类竞赛加分；同时还有现金奖励，对获得省级奖和国家级奖的学生给予不同数额的现金奖励。

---

① 武汉大学本科生院. 武汉大学关于深化本科教育改革的若干意见 [EB/OL]. (2018 - 12 - 12). https://news.whu.edu.cn/info/1002/52922.htm.

② 武汉大学本科生院. 武汉大学关于进一步加强通识教育的实施意见 [EB/OL]. (2017 - 04 - 06). http://ugs.whu.edu.cn/info/1202/4911.htm.

这种强有力的激励制度，极大地调动了学生参与赛事和创新的积极性，也让学生在创作的过程中实现了理论与创作的融会贯通，对整个教学改革起到了良性的循环作用。

五、结语

十几年来，“大广赛”在丰富和完善赛事的基础上，时刻将创新能力和实践能力培养放在重要位置，这给激发和培养学生的创意思维，促进相关专业教学改革和广告创新人才培养都提供了现实的道路和实验的平台。新环境下的广告学专业创新型人才培养，需要进一步与“大广赛”进行融合和渗透。在教学理念层面，可以增加以学科竞赛为目标导向的人才培养模式；在教学实践层面，可以结合“大广赛”与广告培养目标，设定相关的项目制课程；在师资配备层面，考虑建设和健全学科竞赛师资平台；对于影响力平台建设，可以从学校层面建设赛学一体化的平台，增加影响力，并建立健全赛学一体化的激励机制。

从实训与激励角度将“大广赛”嵌入教学的路径的探索

——以“影视广告创作”实训课程为研究对象

王阿蒙[*]

摘　要： 随着短视频等视听媒体形式的兴起，视频广告的创意和制作能力训练也受到诸多学校的重视。影视广告创作是一门强调应用能力培养的实训课程，与“大广赛”的赛事目的有着非常高的结合度。本文以广告教学的相关专业作为学情、课情研究对象，以影视广告创作实训课程与“学科竞赛”（本文指“大广赛”）的结合为研究内容，从学校的政策制定到具体的课程设计等诸多层面进行分析、实践，逐步形成了“项目式实训”加“综合型激励”的教学思路。同时，连同教学中遇到的问题、思考、设想等形成此文，希望可以给其他类型的广告创作教学工作和教学研究带来一些建议和启发。

关键词： 影视广告　实训　以赛促学　项目式实训　综合型激励

2019 年第十一届“大广赛”新增了 15 秒的短视频创作类别，并首次联合抖音、图虫创意发起“2019 大广赛抖音短视频挑战赛”①。当下，随着短视频在传媒领域影响力的加强以及其在营销效果方面广受认同，这个具有时长短、创意因素强等特征的视频节目类型越发受到社会、学界和业界的关注。同时，在教学中，与短视频教学“血缘关系”最近的“影视广告创作”课程也更加受到重视。

为了更好地提高广告课程的教学质量、培养广告人才，一直以来，很多教师和学者在“以赛代练”“以赛促学”等方面做了较多的研究与实践，取得了较为丰硕的研究和实践成果。本研究以浙江财经大学传播学科相关专业和“影视广告创作”课程作为研究对象，对如何将“大广赛”嵌入广告教学活动的路径与人才培养进行了深入的研究。

* 王阿蒙，浙江财经大学人文与传播学院讲师。

① “大广赛”官网新闻，http://www.sun-ada.net/news_xqs1001.html?lid=2.

一、基本校情、学情背景梳理

将“大广赛”嵌入教学从原则上来说是非常可行的，很多院校也进行了各有特点的实践。这是一个系统性的工作，涉及学校相关政策制定到具体教学设计等层面，其中教学政策的制定与学校的特点和定位有密切的关系。浙江财经大学坐落于浙江省会杭州，是一所以经济、管理学科为主体，经、管、文、法、理、工、艺、哲等多学科协调发展的财经类高校。作为浙江省重点建设高校，其确立了“应用型、复合型、创新型、创业型高素质人才”培养目标。学校的人文与传播学院下设“广告系”和“网络与新媒体系”（原数字媒体艺术系）两个传播学科相关专业，广告学专业从2002年开始招收本科生，数字媒体艺术专业从2006年开始招收本科生。整体来讲，传播学科的专业不是学校的“拳头专业”，但是由于近些年媒体行业的飞速发展，相关学科的设置和教学工作受到学校高度重视。

浙江财经大学广告学专业和网络与新媒体专业面向全国招生，文理兼收。2018年录取分数显示，浙江财经大学人文传播大类在浙江省招生的分数最高620分，最低610分，最低位次为31 563名①，其他省份的录取情况也类似。整体较高的高考录取分数带来的是学生的整体文化素质较好，学习的目的性和自觉性较强。不过，大多数非艺术类的生源缺少美术、音乐等艺术技能的系统训练和艺术审美培养。很多学生在平面设计、影视广告创作等强调视听觉传达能力和艺术感染力的课程学习中显得形象思维能力不足，而绘画、摄影、摄像、剪辑等方面的课程大多从零起步，基础较弱。学生毕业后在广告、媒体等行业或岗位就业的情况占大多数，也有相当比例的学生选择了在其他行业工作，或者考研和留学。

二、广告教学与“大广赛”

浙江财经大学广告学专业和网络与新媒体专业都开设了如广告策划、平面设计、影视广告创作等课程，根据专业培养方向不同，各有一定侧重。例如广告学专业开设了广告创意与策划、电脑图文设计、广告摄影、广告调查、广播电视广告、数字摄像基础、非线性编辑、广告音效设计与制作、平面广告创作、电脑动画设计等课程。网络与新媒体专业开设了广告策划、电脑平面设

① 浙江财经大学官网，https：//zs. zufe. edu. cn/info/1010/1982. htm.

计、动画设计、影视广告创作、微电影创作、数字摄像基础、非线性编辑等课程[①]。可见，培养学生的媒体内容创意、制作和营销推广能力是相关专业实验实训教学的主要目的。本研究所涉及的“影视广告创作”课程是一门融策划、文学、摄影、摄像、剪辑、美术、音乐等诸多元素于一体的综合型实训课程，课程性质为专业选修课，安排在大三下学期，每周2课时，每班约30人。其教学目的是让学生融汇所学，掌握视听各种元素的基本性质，运用影视创意思维，创作出能够有效传达信息且具有艺术感染力的影视广告作品，形成业务实战能力。原则上要求选修此课的学生提前上过“数字电视摄像”“非线性编辑”等相关课程，有一定的影视创作基础。

浙江财经大学各级教学部门对于学科竞赛非常重视，对“以赛促学”“以赛代练”的认识较为深刻。近十年来，学校积极参加“大广赛”，共取得了影视类、平面类、策划类、互动类、广播类等国家级奖项18项，省级奖项50项左右。通过积极申报，目前“大广赛”已经于2016年被我校立项为“国家级A类”赛事，并成立校竞赛委员会，获得了学校的高度认同和重视。

严格的评审制度和程序，充足的项目资金保障，为“大广赛”的开展和推广提供了有力支持。学生参加“大广赛”的方式也从最初的学生自发参加、教师课余指导逐步开始有组织地引入课堂教学环节。同时竞赛与教学内容、课程考核、荣誉和物质激励等相结合，激发学生学习的动力和参赛的积极性，进一步提升了学生的创作能力和实战经验。

三、“大广赛”嵌入教学的路径

众所周知，“大广赛”以“促进教改、启迪智慧、强化能力、提高素质”为宗旨，成功举办了十一届十二次赛事，全国1 400多所高校、数十万学子参与其中。这是一个比拼智慧和创造力，培养创新意识和解决问题的能力，展示新一代大学生的学识水平和精神风貌的舞台。一方面，“大广赛”强调“真题真做”，注重实战，这也正好为高校的传统实验实训教学提供了一个参与实战和展现能力的平台。另一方面，更多的高校、专业、学生、指导教师加入“大广赛”，也会增加参赛的广度、深度，提高竞赛作品的质量，进一步扩大竞赛的影响力，吸引更多、更好的学界、业界资源进入竞赛的运营和组织工作，为学生提高更广阔的平台与更全面的学习、实践和就业机会。“大广赛”的终极目的与高校的教学方向是一致的，竞赛与教学具有良性互动、共赢成长

① 浙江财经大学官网，https：//jwc. zufe. edu. cn/info/1144/5700. htm.

的基础条件。

"大广赛"如何嵌入广告教学活动的路径研究是一个系统工程，这其中包括学校层面的人才培养定位、竞赛组织工作、师生激励制度、课程设计、教学与竞赛的协调等多方面内容。如何更好地找到广告课程与"大广赛"的结合点，形成互相促进的积极效果？本研究通过对已有政策和措施的思考总结，同时结合在"影视广告创作"课程中进行的实践和探索，综合考虑了目的与手段，基本形成了"项目式实训"加"综合型激励"的"大广赛"嵌入教学的模式。

（一）项目式实训环节

"大广赛"贵在"实"字，真实的企业、真实的命题、真实的创作。本研究调查发现，长期活动在校园的学生对接触社会、接触行业、工作实践的愿望非常强烈。由于"影视广告创作"实训课本身就是以影视广告创作实践作为教学内容，所以将"大广赛"的企业命题作为课程教学训练内容吻合度较高。课程中可以充分模拟商业环境：将课程班级想象成一个影视广告公司，教师是创意总监，学生形成一个个项目组，第一创作人是"项目经理"。"大广赛"的命题企业就是一个个客户，命题就是一个个"case"，每周的课程就如同公司例会。创意总监通过线上线下的沟通解决问题、指导工作，广告作品质量是期末成绩的重要衡量标准。当然，公司式运行只是考虑强化广告创作工作的行业代入感，作为课程来说，实训流程包括前期导入—选题确定—概念创意（形成概念和文案）—创意表现（形成影视脚本以及拍摄计划）—创作执行（完成作品）—效果反馈（点评、成绩、激励）六个环节。作为参赛作品，要注意在校竞赛评审和官方竞赛截止日期前完成。

1. 前期导入

影视广告是技术比较复杂的类型，有其创意和表现的专业要求，同时"大广赛"的竞赛规则也需要学生学习。如果学生没有创作和参赛经验，提前对他们进行基本培训，进行一些课程导入的工作就非常有必要。由于影视广告创作的协作特点，课程班级要进行分组，每个项目组 3 人为佳，最多不超过 5 人，以"大广赛"人数要求为上限，要求成员按照文案、制作等完成基本分工。上课的时候，组员必须按组集中就座，加强对团队的认同感，也便于探讨和管理。通常，"大广赛"的命题在 3、4 月陆续发布，所以刚开课的时候，没有必要过早确定选题，此阶段课程内容为影视广告创意和创作的基础知识学习以及经典作品和往届"大广赛"获奖作品分析。同时，建立课程班级微信群，保持线上的交流。

2. 选题确定

进入4月，随着“大广赛”各个命题的发布以及“大广赛”宣讲的开始，这时候可以初步确定选题了，各个创作组可以首先确定3个初步选题。此环节要注意引导学生敢于挑战不熟悉的命题，要对所有选题充分研究之后再确定，不要直接选择最熟悉常见的产品命题。实训课程不仅仅要训练学生的业务能力，还要训练其严谨的工作态度。要提醒、要求学生在充分吃透命题单、了解命题素材的基础上做出选择，找到自己最有感觉的选题。

3. 概念创意

此环节的目的是形成影视广告的核心概念，也就是我们常说的“idea”。关于创意的获得，以往已经有了较多研究，在此不做赘述。但针对“大广赛”的命题要特别指出，尽管有些命题已经给出了主题，如2019年第十一届“大广赛”的大众汽车命题，其主题是“天生自信”；爱华仕箱包命题的主题是“劲，不重Young”，而且在大多数情况下，这些主题本身也可以作广告语，可实际上，获奖的作品更多是在这个主题基础之上，通过聚焦、联想、演绎等产生二次创意。特别要向学生指出的是，创意不是“拍脑门”行为，而是经过充分调查、思考得来的。要培养学生正确的调研和工作态度，避免将创意简单理解为灵光一闪。作为指导教师，此时不要急于肯定学生的想法，要让他们再想一下，再深入调查一下，如加入命题企业的微信群以更深度了解客户的需求。经此环节，各小组选题更加明确，直到将抽象的概念形成广告文案，以此为工作节点。

4. 创意表现

很多学生的画面想象力很强，甚至直接从画面的创意入手，形成非常有形式感的影视镜头。但是凭感觉、“跟着感觉走”不是我们训练的目的。通常我们要求学生考虑如何将广告的概念（idea）可视化为视听元素，其表现手法是多样的，是按照通常的剧情套路讲个故事，还是直接外化为一种情绪的表达，抑或用特殊的表现手段（如剪纸、年画、投影、借代物等）使普通的创意显得夺人耳目？最终，形成影视脚本以及拍摄计划，以此为工作节点。

5. 创作执行

在影视脚本的基础上，各创作组将着手影视制作。一般情况是，在具体拍摄的实施过程中，学生会发现之前在脚本中的设想未必能够实现，可能是硬件场地原因、拍摄和后期技术原因，也可能是服装、化妆、道具无法满足，还有可能是演员的选择和表演不到位等。艺术创作是不可能完美的，在此环节，应该有一种“容错”的心态，要看到学生在亲自创作和解决各种问题过程中的成长。通过粗剪、精剪、音乐、字幕、特效包装等流程，直到完成影视作品为此环节的节点。

6. 效果反馈

节目制作好后，会自然进入“大广赛”报名的环节。对于一部好的影视广告作品，课程成绩、比赛成绩、获奖的荣誉和奖金等，都是很好的激励和反馈（在后面激励板块详细说明）。从育人角度来说，一定要对作品进行点评，这是学生能力提高的重要途径。最后一两节课，可以组织作品点评，让班级所有学生做评审，对各小组完成的广告作品进行点评。点评成绩分为“很棒”“还行吧”“改一改能用”“不给钱”四个档，最终教师进行归纳，课后形成结课作业成绩。如此方式，使得课堂气氛活跃，实战代入感强，对学生业务提升效果较好。

（二）综合型激励模式

一项教学活动，某种意义上也可以说是一个“游戏”，反馈和激励是非常重要的环节。对于教学工作来说，激励不是目的，而是促进学习的手段。事实上，对于学生来说，获得各种形式的激励是很多学习行为的目的。作为教育者一方，要正确理解和使用激励手段，实现培养人才的最终目的。通过总结和思考，本研究将“大广赛”嵌入教学的激励归纳为学业激励、物质（奖金）激励、精神激励三种模式。

1. 学业激励

（1）在“影视广告创作”课程中创作的“大广赛”参赛影视作品可以同时作为本课程的结课作业，这是“以赛代练”思路的体现。其他如“平面设计”“广告策划”“广告文案”等课程也可以参考。学生作品由主课教师打分，合格及以上可以得到相应的学分。

（2）当下很多学校的教学体系中都设立了“创新创业”实践的内容，学生必须要修得相应的学分才能完成学业。浙江财经大学广告学系和网络与新媒体系的“创新创业”学分为3个学分。“大广赛”作为“创新”实践的一种形式，本专业学生参与此活动，达到一定标准则可以获得相应的“创新创业”学分。

（3）短学期也是一些应用型大学中比较普遍采用的教学形式，它让学生走出校园，放下课本，弥补课堂教学的不足，更强调以实践为主的学习。以我校人文与传播学院实施情况看，短学期安排在暑期，时间长度为3～4周，内容有经济社会调查、“三下乡”等，占5个学分①。“大广赛”同样有条件嵌入

① 浙江财经大学官网，https://jwc.zufe.edu.cn/pyfa.htm.

到短学期环节之中，比如增加学科竞赛辅导为短学期教学内容（目前已经在我学院实施），充分利用“大广赛”命题企业的资源，组织学生深入企业进行调研、实习等，在为企业完成一定简单工作的同时，也可以深度了解一个命题与企业的关系，得到更为系统的认知，从而实现学生、学校、企业、竞赛组织方的多赢。

（4）论文替代。写论文是大学生毕业获得学位的通常途径，但是对于应用性较强的专业，在本科阶段是否要以论文的方式获得“学士学位”在学界也有一定的争议。2014 年发布的《浙江财经大学本科生科研作品替代毕业论文（设计）办法（试行）》中第六条指出，“学科竞赛作品替代学生个人以科研作品的形式（论文或设计）或研究报告的形式，参加学校认定的国家级及省级大学生学科竞赛，并获省二等奖（含）以上，可申请替代。参加视同省级的全国竞赛，获全国二等奖（含）以上，可申请替代。以团队参赛的获奖项目，省一等奖（含）以上（全国优秀奖除外），可申请最多不超过三人替代。省二等奖仅限负责人申请，且需经指导教师及小组其他成员签字同意授权。视同省级的全国竞赛，获全国一等奖（含）以上最多不超过三人替代，获全国二等奖仅限负责人申请，且需经指导教师及小组其他成员签字同意授权”[①]。以科研作品替代毕业论文（设计）是一个比较务实的办法，会对大学生产生较大的激励作用，他们可以其获奖作品的创作阐述作为论文的内容，这大大降低了选题、论述等难度。但要注意的是，在具体执行过程中，即使是论文替代也一样要经过开题、答辩等环节。

（5）考研加分。本科生考硕士研究生是对学业的进一步追求。作为比较强调应用的新闻传播学相关专业，无论是学术硕士还是专业硕士，都希望学生能有一定的动手实践能力。因此，可以考虑对获得过“大广赛”（或其他赛事）一定级别奖项的考生在复试环节予以加分。

2. 物质（奖金）激励

物质激励可多可少，可钱可物，要根据每个学校的基本情况而定。浙江财经大学公布的《浙江财经大学大学生竞赛管理试行办法》中的浙江财经大学大学生竞赛奖励标准如表 1 所示[②]。

---

① 浙江财经大学官网，https：//jwc. zufe. edu. cn/info/1035/1479. htm.

② 浙江财经大学官网，https：//jwc. zufe. edu. cn/content. jsp？ urltype = news. NewsContentUrl&wbtreeid = 1049&wbnewsid = 1660.

表 1　浙江财经大学大学生竞赛奖励标准

（单位：元）

奖项	国家级	省级	省学会级
特等奖	30 000	10 000	2 000
一等奖	20 000	5 000	1 000
二等奖	15 000	2 000	600
三等奖	10 000	1 000	300
优秀奖		300	

表 1 内容体现两个特点：其一，重奖高级别的奖项。我校鼓励学生奋力拼搏、勇攀高峰，对学科竞赛的奖励比较高，尤其体现在国家级、省级等高级别的奖项上。作为一个普通的省属院校，能够在高级别学科竞赛中获奖，不但是对教学水平和学生学习成果的肯定，有利于教学评估等工作；而且对提振师生士气、提升学校在学界和业界知名度有很大帮助。其二，刺激广泛的参与度。从表 1 中可见，国家级优秀奖没有奖金而省级优秀奖却有单项 300 元的奖金。我们可以这样解读，国家级优秀奖就是为鼓励“拔尖”设定的，而奖励省级优秀奖则是对参赛“广度”的鼓励。对于广大学生来说，能够获得国家级奖项的难度非常大，可以说是小概率事件，很多人经过努力也未必能够如愿。对于相对低一级的省级优秀奖进行奖励则鼓励了参赛积极性，促使更多人参赛。相对而言，追逐省级奖项要比国家级奖项难度系数低很多，获得奖项的概率也大很多。“大广赛”具有国赛、省赛、校赛三级的竞赛选拔程序，也对应了各级比赛，这种同时兼具参赛广度与奖项高度的奖励措施比较有效果。

3. *精神激励*

精神激励主要是授予竞赛获奖师生荣誉，如表彰会、光荣榜、荣誉册等形式，简单说就是上会、上墙、入册。

当然，对指导教师的激励也不能忽略。很多学校都明确了对于指导教师的相应奖励，如配发奖金、折抵工作当量、教学评优、职称评定等。整体来说，只有充分调动指导教师的积极性，才能更好地完成“大广赛”的组织和指导工作，才能为学生参赛带来更好的条件和氛围。

四、反思

诚然，无论是作为学校、教师，还是学生，通过参加高水平的学科竞赛争取奖项和荣誉是一个有明确“收益”的事情。但是，学校的终极目的还是教书育人，“大广赛”的教学和训练过程也应该是一个育人的过程，其目的在于通过对学生进行专业和品格的综合提升，培养学生成为有道德、有知识、有能力、和谐发展的人。针对如上问题，本研究做了如下反思：

1. 正视参加竞赛的功利性

古人云，“君子爱财，取之有道”。学校、教师耗费时间、精力、资金组织广大学生参加学科竞赛，当然希望得奖。对于参赛的师生来说，这也正是比赛的乐趣所在，更何况获奖之后还有各种激励。但是教师必须清楚，参加竞赛是学习手段，而不是学习目的。在参赛训练过程中，一方面，教师要传授广告创作的知识；另一方面，教师更要通过指导比赛发现学生存在的问题，尤其是普遍性的问题要重点关注。育人是目的，参赛是途径，获奖是学习成果的一种体现方式。

2. 正确认知竞赛成绩

通常，“大广赛”分为校赛、省赛、国赛三个级别，逐级评选。在低一级竞赛中取得好成绩的作品在高等级比赛中名落孙山是经常发生的现象。作品个性化、内容情绪化、评判主观化是“大广赛”等偏向文科、艺术类的竞赛的普遍特点，也是游戏规则，学生不必对竞赛成绩耿耿于怀。没有得奖的原因是多种多样的，可能是自己作品本身的创作问题，也可能是评审过程的主观评判问题，没有必要自我否定。学生要看到在参赛过程中，技能水平、实战经验、团队协作都得到了提升，面对困难的心理得到了磨炼，即使没有得奖也不等于没有收获，要做到胜不骄败不馁。

3. 教与学中的“批判精神”

在分析经典案例或者往年获奖作品的时候，我们经常侧重分析其成功的因素、优秀的部分。实际上，每个作品都不尽完美，都未必是对命题最好的创意解读。所以，在课程中要培养学生的批判精神，要勇于发现优秀作品，尤其是获奖作品的不完美之处，从而正确认知一个优秀的作品，这也可以激发学生的创作欲，提升其创作的信心。

4. 鼓励“原创精神”

无原创，不创意。在广告创作教学中，首先要鼓励学生原创，而不是模仿。学生必须经过一线的亲自调研，获得切身体验，并大胆开动脑筋，从而找到新颖精彩的创意。教师在指导过程中，要善于发现学生创意中与众不同的闪光点，鼓励其大胆创新的行为。在中规中矩的合格创意和与众不同的特别创意中，我们宁可选择后者。或许那些与众不同的特别创意可能会带来评审者差异性很大的解读，造成成绩很大的不确定性，获奖的风险也可能会大一些，但是由此养成的原创品质、与众不同的创意精神会使其终生受用。

本研究通过以“影视广告创作”实训课程作为实践和研究对象，对“大广赛”嵌入广告教学活动的路径与人才培养进行了仔细的研究。虽然相关的观点和方案等是从“影视广告创作”实训课程中获得，但是也希望对于“广告策划”“广告设计”“广告文案”等其他相关参赛类别所涉及的课程有一定的参照意义。回望学科竞赛育人的初心，展望媒体内容创意产业的广阔市场，“大广赛”有必要与教学有机融合，成为“以赛代练”“以赛促学”的典范，促进大学生学以致用，为国家社会的经济文化发展做出贡献。

（本文已经扩充为《学科竞赛嵌入教学的选择、流程和激励模式的研究——以大广赛嵌入影视广告创作课程实践为例》一文，发表于《财经论丛》2019 年增刊，第 100 页）

可行与可能：大学生广告类大赛嵌入教学活动的路径与人才培养探讨

方 姝*

摘 要： 著名教育家顾明远教授提出“学生既是教育的客体，也是教育的主体”。“在深化产教融合，促进校企合作”的大背景下，教师和学生在教育工作中同为“双主体”，这是当下应用型大学的重要教育观念，需要年轻人对广告行业满怀热情和好奇心，明确就业目标，在跟踪行业动态的过程中，加大课程改革力度，进行多元化课堂设置。通过走出去、引进来，学习先进的培养模式，开展项目驱动式教学，实现教学成果的有效性；通过协同育人等产学研合作提高办学水平，最终形成行得通、可实行的人才培养方案。

关键词： 广告类大赛 教学活动 人才培养

学校在教学中注重培养适应融媒体时代需要的专业广告人才，努力践行于“融媒体时代背景下广告类课程教学模式的新探讨”，积极构建有利于智慧创作型人才培养的课程体系，采用先进的教学方法与手段，成功产出大量的广告类作品。近年来，在“电视广告创意与策划”这门课中，不断训练学生的创意创新能力，与“大广赛”、中国大学生广告艺术节学院奖（简称“学院奖”）密切合作，组织学生积极参赛。在这种富有特色的理论与实践相结合的教学理念下，“以创作促教学，以公开参赛检验教学”为广告教学活动的实施路径，以项目化教学为主，达到运作模式的综合、开放、多元的实验实践教学体系，强调学生艺术素养和技术的完美呈现。

具体来说，是以理论性的讲解、举例、讨论、启发、提问、练习等方式为主完成课堂内容，通过问题探讨、训练与实践来完成内容的讲授。本文的主要研究内容是围绕课内、课外教学模式的创新，探索应用教学转型与改革的有效方法来拓宽教学的新路径，并结合广告类大赛贯穿于教学大纲实施的全过程，从而进行有针对性的专业知识讲解。在考核大纲中，根据广告类大赛的命题要求设置每学期的课程考核内容，极大地提升了教学质量。

* 方姝，河北传媒学院在职研究生、助教。

一、课内教学的实践创新

着力于将更多的实践案例融入课堂，实现在课堂中线上互动和线下应用的协同发展，鼓励学生把课堂所学知识有效地运用到实践创作中来。

（1）启用“云班课”App 应用，形成课堂线上互动，答疑解难；开设讨论题，让学生积极参与、发表个人观点。如设置问题“让学生每人回忆 1～2 条品牌产品的广告语”，以发送短消息的形式，在课堂上形成良性互动，加深学生对广告语的认知和记忆。根据教学计划所规定的教学内容，让学生分组，布置任务，每组在平时作业中完成一份广告策划书的撰写，在完成作业时加强学生对理论知识的理解。同时要求学生以锐利的创意和精彩的文字表述来传达感官世界的物质或产品功能和服务，使广告信息得以有效传播，从而增强学生对广告学习的热忱。

（2）根据学校的办学理念，适应应用型传媒人才培养的实际需要，引领项目制课程，结合各类广告大赛，以真实企业制造的产品为对象，让学生按照实际广告业务的操作流程，模拟广告公司的提案机制，进行广告创意，并以 PPT 的形式进行课堂提案展示。

“大广赛”是一个可很好检验学生学习成果的平台，这个大赛是由中国高等教育学会、教育部高等学校新闻传播学类专业教学指导委员会主办的。“大广赛”是被纳入教育部教学评估实践教学评价指标、创新型人才培养评价指标、双万计划一流专业评价指标的全国性高校文科大赛。“大广赛”一直遵循以“创意”为核心概念，以“创新”为育人目标，凭借“以赛促教、以赛促学、以赛代练、以赛育人、以赛促改”的原则，不断释放学生的创意创新能力，不仅促进了广告艺术教育的实践教学，而且收获了极高的竞赛知名度和社会影响力。

明者因时而变，智者随事而制。从“大广赛”第十届和第十一届公益广告单元的命题策略来看，其积极推动了高校思政教育与实践教学的深度融合，紧跟时代步伐，弘扬主旋律、正能量，树立正确的价值观。第十届“大广赛”的公益命题是“善心　善言　善行”，积极响应新时代新征程，共创美好精神文明家园，树立良好的正确道德准则的号召。“行善积德”“勿以恶小而为之，勿以善小而不为”，秉承社会主义核心价值观中的“友善”，集中表达中华民族对真善美的追求，推动广大青年心怀天下，承载梦想，存善心，纳善言，践善行。对于创意表现的内容要突出行善乐善的高贵品质，反映时代特征，契合民众需求，引领文化方向，从而实现人人行善，促进社会和谐。2019 年恰逢中华人民共和国成立70周年，把握历史趋势下新时代奋斗目标，实现民族的伟大复兴，我们每个人都要为之奋斗。因此，第十一届的公益命题是“责任与担当”，目的则是引发年青一代对责任的思考，引导大学生从自我做起，立足当下，用广袤的视野、发展的眼光看待自己的责任与担当，尽职尽责为推动整个社会与民族取得更大成功做出贡献。

结合两届“大广赛”的公益命题要求，笔者在“电视广告创意与策划”这门院系选修课中，动员2015级和2016级广播电视编导专业的学生积极参与投奖。选择“大广赛”公益广告的命题作为课程考核的内容，一是体现了公益广告的价值所在，为了引起公众的共知共鸣，在宣扬历史传统文化的同时，帮助人们树立正确的世界观，起到了积极的价值导向作用；二是能够积极地营造和谐的社会和校园文化，服务于社会主义文明建设，是国家对青年主流价值观的引导。因此，在课程考核内容的设置上，要求学生5~6人一组，先制作公益广告的提案PPT，当堂课汇报完选题后，通过的组方可进行拍摄和制作。经过修改，作品质量较好的则推荐参加“大广赛”，以检验教学成果。

表1为第十届和第十一届“大广赛”河北传媒学院影视艺术学院的获奖情况。

表1　第十届和第十一届“大广赛”河北传媒学院影视艺术学院的获奖情况

（单位：个）

	河北赛区（公益广告命题单元）				全国赛
奖项设置	一等奖	二等奖	三等奖	优秀奖	优秀奖
第十届“大广赛”	1	1	2	8	
第十一届“大广赛”		1	2	10	1

“大广赛”为激发当代学生创意创新的能力提供了一个很好的出口和平台。其依据企业命题要求分析营销项目的背景，与教学相结合，洞察调研，制定策略，现场提案，做到了教学与市场的对接；为提升学生的实践和创新能力，形成线上、线下的互动分享，使得大学与企业、行业对接，从而产生大量的优秀作品。这种方式不仅激活了企业年轻化的品牌形象，还让企业文化理念深入到了学生这个庞大的群体当中，得到了有效的传播，产生了深远的影响。

这种与专业的广告赛事相结合的教学方法，不仅实现了以专业基础知识为学习的依托，而且详细解读分析了大学生广告竞赛命题的要求，让学生更加了解了市场需求，加深了学生对相关专业理论知识的理解和掌握，拓宽了学生的知识面。

二、课外实践教学形式的多样化

1．与业界合作项目的开展

由国家广播电视总局传媒机构管理司发起，中国传媒大学全国公益广告创新研究基地与广告人文化集团共同组织，中国大学生广告艺术节学院奖组委会协办，天津创意星球网络科技有限公司全程执行的公益广告征集活动专门组织了专题创作培训班。培训班现场创意与提案，专家评委对提案进行点评并给予提升建议，然后由参加培训的教师将初步成果带回校园，指导学生形成二次创意并完善提升，最终形成的创意丰富和高质量的脚本为重要成果。河北传媒学院影视艺术学院学生李英华的“我的父亲”创意脚本就在此次大赛中荣获优秀奖。

以此为鉴，可以看出开展与业界的深度合作，进行专题研究，对学生参与实践有着非常重要的意义。笔者的广告教学活动不仅结合了“大广赛”的命题进行公益广告创作，而且多次组织学生参加“学院奖”的大赛，不断拓宽育人新路径，共同实现培训学习、项目植入、校企合作、传播推广、教研辅助、创新生态等产学研项目价值。

表 2 为近些年河北传媒学院影视艺术学院在“学院奖”中的获奖情况。

表 2　近些年河北传媒学院影视艺术学院在“学院奖”中的获奖情况

（单位：个）

奖项设置	第 15 届春季赛	第 16 届春季赛	2019 年春季赛
优秀奖	14	10	11
佳作奖	28	23	
入围奖	1		33
人气大奖		1	
组织奖	最佳组织奖	金牌组织奖	最佳组织奖

以 2019 年“学院奖”春季赛为例，各类作品的参投及获奖情况如表 3 所示。

表 3　2019 年“学院奖”春季赛各类作品的参投及获奖情况

（单位：个）

作品类别	营销策划	广告文案	影视广告	短视频
参投个数	58	204	24	3
获奖个数	6	29	8	1

通过让学生参与大学生广告类大赛，从实践能力到专业素养均有提高。量化大学生广告类大赛的数据，不难发现此做法对高校人才培养所产生的影响是非常积极的，其促进了学生学习热情。对于企业来说，这也是一种发掘人才、挖掘创意、拓展营销思路的良机，同时其对提升学生的沟通能力、企划能力、创意能力、执行能力有着积极的促进作用，对增强学生的职业素养和社会责任感也有很大的帮助。

2. 实习实训平台的创新

凤凰网和广告人集团推出的“未来契约 YOUNG SDGs”项目是国内首个基于联合国可持续发展目标的青年设计赛事。为调动青年创意思维，促进高校产教融合，提升青年学子创新实践能力，在河北传媒学院影视艺术学院的 2018—2019 学年小学期实践中，开展了以命题创作为依托的作品征集，得到了学生的积极响应。这项活动为学生创建了展示作品的平台，在产教融合的机制体制下也为校企合作搭建了桥梁，通过校内专业理论教学和行业实践教学的结合，实现了广告类课程教学路径与人才培养的对接，满足了市场的需求。

互联网信息科学和技术的广泛应用已融入教育的多个方面。激发学生自主学习的动机、告诉学生学习目标、帮助学生回忆预备知识、呈现学习内容和实例、提供练习和反馈、总结是非常必要的一个过程。按照成员分组先进行前期调研，展开讨论形成创意，然后让想法可视化，形成影视脚本，设定拍摄计划，经过打磨最终完成作品，这对学生进行自主创作有很大帮助。尤其是在作品成型后，教师要进行点评，给出成绩，并设定激励的奖励机制。学院与广告公司或一些企业单位联合，推出适当的实践项目，让课程内容与岗位对接，利用课程倒推法来建立课程体系，比如以获取广告公司的实习岗位、举行公益广告展播等活动来促进学生的创作和学习欲望。

总而言之，学生在实践过程中，能力的培养是知识储备向应用技能的转化和内化的过程。在这个过程中，知识技能不断完成迁移，策略性知识的构建必须转化为灵活的思维方式。当知识技能与思维方法能够充分运用到新的情景中时，学生的综合能力和素养才会得到显著的提高。在教学过程中，教师应坚持拓宽当代大学生的国际视野，坚持以人为本，以教学成果质量为核心，以培养应用型创新人才为目标，强化艺术与科学的结合，不断提升学生的创作能力和科研能力，实现教育、教学和人才培养的科学发展、创新发展和可持续发展。把教师和学生作为“双主体”，运用好各种教学方法，从而更好地建构产教融合和创新人才培养机制，促进高等艺术院校教学方法体系的转型升级，为实现应用型人才培养提供保障，确立人才培养教育方针。

【参考文献】

［1］南锋. 大广赛命题策略对高校广告专业学生专业意识和实践能力的影响分析［D］. 长春：吉林大学，2018.

［2］陆劲. 论大广赛影视获奖作品视觉表现的共性特征［J］. 赤子，2016（19）.

［3］黄琴. 以“大广赛”为支点实施广告技能训练实践教学——以湖南文理学院美术学院为例［J］. 艺术教育，2016（1）.

比赛嵌入广告学教学活动的路径和人才培养探讨
——以“大广赛”为例

张冰霖*

摘　要：广告学从传播学等相关专业中汲取养分，并分化出来成为独立的学科。作为市场发展的产物，广告学创立之初就与传播学、营销学等学科有着密不可分的联系，同时给广告学专业的人才培养带来难题。在具体的广告教学活动中，如何充分发挥现有资源优势，使课堂理论与实践操作有机结合，成为广告学发展过程中的重要话题之一。面向广告学专业在校大学生的各种比赛层出不穷，本文以全国大学生广告艺术大赛为例，探讨比赛嵌入广告学教学活动的可行路径。

关键词：教学路径　广告教学　广告人才　“大广赛”

一、广告人才培养的局限

长期以来，广告学以服务市场为主，培养社会经济发展过程中所需要的高等人才。但同时，由于广告学是一门复合型学科，将传播学、艺术学、心理学和管理学等的部分相关理论综合，学术差异化相对较小，也难看出广告学专业的专业性和精髓所在。由于市场对研究型的学生敬而远之，轻学重术的培养思想伴随着广告学的发展。“在妨碍培养创新型广告人才的因素调查中，除‘教学体制’外，学界比较倾向于选择‘师资力量和水平’‘教学条件’等教学硬件；而业界则比较倾向于选择‘教学观念’　‘教学方法和手段’等教学软件。”① 即学界在培养人才受什么阻碍的观点上偏向于先天条件不充分，而业界出于人才的实用性考虑将阻碍归咎于学校教学的观念、方法和手段不当。无论是硬件跟不上，还是软件不合适，都使广告学专业的教学陷入沉思。

传统的广告课堂教学充斥着理论的简单灌输，多数教师照本宣科，教材怎么写教师就怎么教，体现不出课堂的生动活泼。广告创意课采用批量化教学，年复一年，教师除老旧内容外，教不出“新”东西，严重阻碍了学生创新能力的发展。广告学是一门更新速度快，随着市场需要而发展的学科。进入新时

---

* 张冰霖，华南师范大学教育信息技术学院硕士研究生。

① 杨先顺，朱磊．中国广告创新型教育模式研究［M］．广州：暨南大学出版社，2017：6.

代后，传播方式突飞猛进，传媒技术革新速度加快，媒介融合思想也推动着广告学专业人才培养思路的转变。如何紧跟时代步伐，将广告理论学习转化为实践操作，提高学生在校动手能力，使其教学发展更加适应社会经济发展的需要，成为广告学教育探索过程中迫切需要解决的问题。

二、理论与实操，课堂内外相结合

传统广告学课程既包含中外广告史、广告学概论、文案策划、经营管理和公共关系原理等基础理论，也涉及平面设计和影视制作等基本技能的教学。但大多数高等院校的广告学被划分在文学大类，本科毕业授予文学学士学位。由于学生大多没有经过艺术培训和考试，这给教学带来一定困难。在教授基础技能的同时，应尽可能地将培养设计专才的职能交还给艺术类设计院校，广告教学的完善要在专业特色方面寻找突破口。由于广告学集多种交叉学科于一体，将新知识整合，有利于复合型人才的培养。大众传播新技术在发展，相应的课程和教学方式也应进行更新，从而提高学生综合能力。革新教学观念，理论应与实际相结合。“理想的广告教学效果应该是使学生在广告教学中既能清晰地感受到广告实践对于广告理论的检验和印证的作用，又能使他们真切地体验到广告理论在广告实践中的指导作用。”① 在课堂讲授之余，还可以与大量的实践活动相结合，使学生充分理解课内知识，并掌握实际操作过程中广告活动制定的方法。课程大致可分为模拟的练习、真实的实践和大赛的实战三个阶段。

其一，在模拟的练习阶段，以课程进行中的练习为主，注重理论转化和平时经验积累，如概论学习、文案写作和案例分析等，通常在大一大二完成。以“广告策划”课程为例，教师通过课本上经典案例的讲授启发学生并梳理策划流程，再以某类命题为作业供学生进行阶段性练习，如房地产广告策划。教师在学习委员辅助下，将班级成员划分为若干小组，可采用自愿组队原则，每组成员不少于三人且不多于六人。小组内部自行分工，合作完成一份策划，包括前期准备工作、中期活动策划和后期反馈评估以及全程宣传推广安排，有利于培养学生团队协作能力，提高情商。多人讨论可利用头脑风暴等形式，相互启发构思出来的方案较个体而言思路更开阔。然而，受课时限制，小组交流的方法在课堂上不易施行，但可以通过课后作业对广告学专业教学进行补充。建立合作学习小组，通过综合评价和互评机制对学生学习效果进行考核。时间条件允许的情况下，可以再按小组顺序依次汇报。此阶段的广告作业在背景分析、

① 赵霞．谈广告教学中的案例教学［J］．北京教育，2006（5）：61－62.

市场环境、媒体投放等方面是通过查找资料，基于对目前市场行情的判断来进行策划的，数据的可操作性有待印证，但在目标客户沟通反馈和效果评估等方面仍处于模拟现实的状态。

其二，在真实的实践阶段，坚持校企合作、产教融合的理念，学校应积极与周边企业建立良好的合作关系。可在大三或大四实习前、校内课程较少的时候展开，带领学生进入公司参观。以广告的经营和管理课程为例，条件允许的学校每周可开设一次实践课，由教师带队，学生进入公司参观，接触行业人员，了解客户具体诉求，进行沟通维系和及时接收反馈，以便根据市场对症下药，学生于课后撰写策划和设计方案并在每周其余课时中组织汇报。这一阶段需要借助社会资源，给学生创造实践的条件，让学生走进企业，让企业走进学校，让广告学教学真正进入供需协调的实践状态。但与此同时，出于经费和安全等因素考虑，这也是多数学校较难组织完成的一个教学任务。

其三，是大赛的实战阶段。近年来，面向在校大学生的各类比赛层出不穷，与广告专业相关的主要有时报金犊奖、“大广赛”和“学院奖”等。通过参加广告类比赛，可以实现以赛促教。之所以把广告学专业相关的大赛放在广告教学过程中的重要位置，是受其本身性质影响。全国性的比赛吸引了各地知名的大型企业以及旗下的知名品牌，如一汽大众、七度空间、碧生源、锐澳、薇婷等，比赛给大学生提供一个广阔平台，使其有机会提前接触众多知名企业，通过互联网交互式传播，最大化满足产和教的不同需求。比赛命题商品涉及食品、药品、日用品等各种品类，并且随着合作企业的增加不断丰富。

三、比赛嵌入实际教学活动中，以“大广赛”为例

“目前，各类赛事都致力于以国际先进设计创意理念和具有原创性、本土精神的设计作品推动中国艺术设计教育的发展；更致力于用高水准的参评标准启发、引导大学生的设计思维与理念。”[①] 以“大广赛”为例，2005 年创办至 2018 年，已成功举办十届，赛制逐渐完善。第五届后改为每年举办一届，时间和周期相对固定。“大广赛”作为含金量高的国家级大学生赛事，由中国高等教育学会主办，面向全国高等院校在校大学生和研究生，以企业直接命题的形式拉近与参赛者的距离。通过评选的方式，在高校、政府和业界之间搭建一个良好的平台，促进广告学专业内部教学方法革新以及各相关学科之间的交流。“以赛促学”的人才培养模式，缓解了教学和实践过程中信息滞后和不对

① 雍生．高职广告教学中“引赛入教”探索［J］．职业技术教育，2013（29）：67.

称等问题，促进学生创新能力发展。

首先，在“大广赛”自身建设方面，除传统的线下宣讲形式外，“大广赛”拥有自己的官方网站、微博、微信公众号和讨论群等多种新媒体渠道，保证了信息发布的时效性。其合作企业种类多，且多为知名企业，为师生提供优质资源。不同于传统比赛，“大广赛”命题内容和形式随着传媒技术进步而变化，命题类型与时俱进，包括文案类、平面类、视频类和互动类等，既有适合传统媒体的，也有适合新媒体投放的，使双向沟通成为可能。如参赛者在命题中选择交互式广告，更加注重用户情感体验，深入对象群体，实时获取反馈信息。在评选方面，大赛组委会对流程和质量严格把关，一份作品从学校到分赛区，经过层层报送进入总赛区并由专家评审，保证比赛的公平、公正、公开，提高办赛水准和权威性。

其次，在学校办学方面，广告学专业的学生在教师的引导下通过平时作业模拟练习，积累了一定理论知识和专业技能，运用所学主动参与到“大广赛”的实战中。学生进入官网，通过网站内的板块指示下载当年企业命题，并根据具体命题要求进行相应创作，使之更有针对性。在此期间，学生通过网络媒介查找有关信息，通过官网或“两微”有利于进一步了解企业文化和产品定位，深入内涵寻找创作切入点。这不仅能提高学生信息收集能力和动手实操能力，而且有利于培养学生勤于思考的习惯。但对于涉及设计的作品，其构思方案可能较为理想化，实际操作却存在一些偏差，这就涉及专业设计等问题。但只要参与其中，即使设计制作过程中效果不尽如人意，也能使学生自身动手能力得到一定提升。“创新要在丰富的实践基础之上才能完成，一位设计师没有前期大量设计作品的铺垫，很难实现创新。”① 提高专业素养应当抓住手头资源和现有机会，多思考、多学习。

最后，在企业需求方面，“大广赛”的合作企业可根据实际需要，拟定符合当下市场发展潮流的命题，以提高产品竞争力为出发点，对参赛者提出合理诉求。企业应明确自身卖点，以便在收到来自全国千所高校的上万件作品后从中择优，并直接与创作者对接，选拔对口人才，实现校与企之间的双赢。

在校大学生参与“大广赛”的命题创作，提交已完成的作品，整个流程秉承自愿原则，容易出现知道比赛的人多，但是其中真正参与的学生比较少的情况。换句话说，面向在校生的大小比赛，难以达到对学生的百分之百覆盖。“大广赛”作为全国性的综合赛事，在多数高校的教学体系中依旧是额外的课外竞赛活动，并没有真正融入课堂教学。参赛个体以学校为单位，向组委会提

① 肖德荣. 创新教育：广告教学的本质［J］. 湖南师范大学教育科学学报，2006（3）：114.

交作品，评选再对接企业，与来自全国一千多所高校的师生交流创意点是广告学教学过程中一种可行的方法，也是评价高校教学效果是否理想的表达方式之一。

换种思路，传统课程教学计划通常是按照课本教材和教学大纲对学生进行理论知识的讲授，如大一、大二开设的“广告学概论”和“大众传播学”等；而“大广赛”与社会实际需要接轨，给在校师生提供教学参考和实战演练的平台，来自不同大型企业的多角度命题也可以作为对在校学生进行阶段性考查的天然项目，二者应当优势互补。众所周知，市场对广告人才的需求已由单一的广告制作转向整体的传播服务，对学生综合能力提出了更高要求。了解广告主现实需要，将实践引入课堂，让作品多元化，如教师让学生登录“大广赛”官网自行选择，并下载感兴趣的命题进行创作，同时将这份限时完成的作品用于对学生专业课实践成果的考核。教师可沿用之前的小组合作法或让学生独立完成一份相关设计或策划，遵循“大广赛”创作要求，模拟参赛流程。采用这两种方法各有利弊，如小组合作虽能集思广益，但浑水摸鱼现象屡见不鲜；个人独立完成虽能考查学生具体掌握情况和能力发展，但不利于思路的开发和扩展。具体任务如何安排，教师在实际操作中要根据教学需要加以区分。与此同时，学生可拿完成的这份阶段性考核的作品自愿参赛。

“如果学生过于追求比赛结果，而忽视了比赛的内容与意义，这样的作品就不可能得到评委的青睐。”[①] 在“大广赛”引入广告教学的过程中，教师首先要端正学生的态度，弄清创作与比赛的关系。出于锻炼学生能力的角度考虑，应是先根据命题完成心仪的作品，其间可以“让学生分别以企业主、广告设计人员、消费者的角色，对产品、企业、广告等进行分析，确定广告创意的合理性”[②]，再从众多作品中挑选参赛。单纯为拿奖而进行选题创作，容易引诱学生投机取巧的思想。

四、对广告教学进行相应整合

“大广赛”等国内重要赛事嵌入广告教学活动，可作为课堂教学的补充，但依然存在广告教学等于广告学专业的误区。首先，广告教学离不开学生的人文学科素养和沟通合作等综合素质，应将专业素质整合到营销传播中，以推动

① 唐娟．试论全国大学生广告艺术大赛的“以赛带练”［J］．美术教育研究，2015（19）：104.

② 苏颖，张跃华．以“大广赛”为平台提高广告设计与制作专业［J］．职业教育，2017（3）：122.

复合型人才发展，培养适应时代要求的高质量广告从业者。教学模式不应仅仅是几门课程的简单嫁接，甚至是不同课程或相同课程的不同章节衔接，如文学类、艺术类、营销类等课程的机械式组合。广告教学应注重整体传播效果，培养目标应大于传授基础理论和完成基础设计。“如‘大广赛’突出了广告运作的核心，在比赛中将策划全案纳入比赛，从以往展示视觉形象作品，到现在展现品牌战略思想，这是对广告教育的一个全面性推动。”① 对大赛中广告策划命题的整体经营把握，策划者应熟悉活动流程，努力达到预期的效果，而不局限于如何利用广告设计“吸睛”。其中也涉及媒介和公共关系等复杂成分，尤其是媒介智能化的“窄播”阶段，如何选择才能让广告投放更加精准，挖掘潜在客户的同时也节约广告成本，以及万一出现问题，不符合预期时，如何选择备选方案和采取公关行动，这些都是策划者所要考虑的因素。因此，广告教学是个较为宽泛的概念，以培养符合社会需求的复合型人才为目的，而不仅仅围绕文案和设计来发展。其次，教师展示案例，尽可能通过多种方式鼓励学生参与其中，提高学生积极性，激发创作欲望。再次，加强校企合作，带动周边产业的同时，也应以大赛中企业命题为参考，多了解市场行情，避免教学活动与实际需要脱节。最后，学生应秉持坚持不懈的态度，鼓足后劲，而不是三分钟热度；做出令自己满意的富有创意的作品，而不是为了迎合市场，一味从众。

广告学专业创办多年，广告教学探索也从未停止。“大广赛”与广告学专业之间的对接虽不算完美，但也在发展中逐渐磨合。参与广告学专业相关的比赛，无论采取哪种形式以及获奖与否，不可否认的是“以赛促学”对实际教学切实起到了推动作用。

---

① 齐爱荣，由磊明，姜帆．广告学专业实践教学机制研究——以全国大学生广告艺术大赛为例［J］．中国成人教育，2015（2）：146.

第四部分　智能时代的营销传播与品牌战略

中国互联网时代智能广告模型与营销传播

顾明毅*

摘　要： 智能广告（AI advertising）尚属新生事物，全球对智能广告的研究尚处于初始阶段。本文在智能广告学术前沿和中国产业实践基础上，归纳提出中国智能广告模型（IAM），提出“用户—互联网平台—品牌”由内而外的三层次特征，智能广告核心竞争力在于“识别—定制—匹配—投放—互动—留存”的六阶段循环模型。本文解释智能广告如何从洞察创意和媒介投放的传统广告职能，延伸到营销与客户关系，智能广告的闭环创新引发广告业变革。

关键词： 智能广告　可识别消费者　智能技术　营销传播　互联网平台

全球范围内互联网企业所创建的智能广告产品已经改变了广告业版图。2018 年美国有 2 000 亿美元广告市场，其中 51.5% 由数字互联网广告贡献①；同期中国广告市场达 7 000 亿元，其中数字互联网广告占比达到 53%②。互联网数字化背景与智能技术不断促进数字技术广告的增长。对于拥有大数据的互联网公司来说，机器学习已经被运用到开发创新广告服务中③。如何从理论上界定智能广告，并研究互联网时代从数字营销向智能广告升级的基本业务模型，已经成为行业前沿学者关注重点。

一、人工智能与广告发展

人工智能 AI 是科学，由模仿人类使用神经系统和身体器官去感知、学习、推理和行动的计算技术集合构成④。人工智能应用在未来型产业的增长，包括了自动驾驶、健康诊断、定制化教育，可预见其将成为支柱产业⑤。最明显的

---

* 顾明毅，上海外国语大学广告学系副教授，国家广告研究院研究员。

① MAGNA. MAGNA advertising forecasts（winter update）[EB/OL].［2020 - 01 - 15］. https://magnaglobal. com/magna - advertising - forecasts - winter - 2018 - update/.

② 中关村互动营销实验室. 2018 中国互联网广告发展报告［R］. 2019 - 01 - 10.

③ CHEN G, JACOB H, COX A, et al. In - depth survey of digital advertising technologies［J］. IEEE communications surveys & tutorials, 2016, 18（3）: 1.

④ STONE P, RODENY B, ERIK B, et al. Artificial intelligence and life in 2030［R］. One Hundred Year Study on Artificial Intelligence: Report of the 2015 - 2016 Study Panel. LA: Stanford University, 2016.

⑤ 彭兰. 假象、算法囚徒与权利让渡：数据与算法时代的新风险［J］. 西北师范大学学报，2018（5）：20 - 29.

人工智能变革发生在媒体板块，整个行业都通过投入社交网络平台来分享和浏览信息，包括视频、照片和生活者发布的创意内容①。不断有创新的互联网科技公司设计来创造新媒体平台，提供社交媒体服务和盈利的广告业务②。人工智能应用依赖于对不同领域技术开发，包括自然语言处理 NLP、信息提取、图像识别、众包、机器学习③。正如智能广告技术的发展过程，人工智能技术持续地进入到一个个行业中。人工智能的机器学习技术，广泛应用到智能广告产品开发，瞄准营销技术和品牌技术增长的未来④。在 2019 年 3 月美国广告学会年会智能广告分论坛上，李海容将智能广告定义为，以消费者为中心，数据驱动和算法介导的品牌传播行为⑤。

检索智能广告领域的研究文献发现，大量结构化和非结构化数据智能开发，为营销者和广告主提供了新的竞争力，以人工智能大数据识别有价值消费者，人工智能广告增长了发现和触达消费者的新机遇⑥。复杂数据获取和强大计算能力已经使得管理核心竞争力关注到品牌传播、促销，客户参与体验管理升级了客户关系管理（CRM），广告业数字营销升级也在其中⑦。

随着渐趋成熟的程序化广告和计算广告⑧，智能广告有效地将数字品牌传播提升到一系列用户数据驱动和算法加强的信息定制化服务。智能广告被用来提升品牌的整体效果，并不只是为互联网平台或自动购买广告位服务。品牌可以通过智能广告领域获得用户数据，从而实现基于接触点的品牌整体价值优化。

---

① 陈刚，石晨旭．数字化时代广告公司形态研究［J］．湖北大学学报（哲学社会科学版），2016（2）：25－31.

② 姚曦，李斐飞．精准互动——数字传播时代广告公司业务模式的重构［J］．新闻大学，2017（1）：116－124，152.

③ ABADI M，PAUL B，CHEN J M，et al. Tensor flow：a system for large－scale machine learning［R］. In 12th USENIX Symposium on Operating Systems Design and Implementation，Savannah，2016：265－283.

④ NEFF J. Unilever launches“trusted publisher”list to vet digital players［EB/OL］.［2019－04－29］. https：//adage. com/article/digital/unilever－launches－trusted－publisher－list/317148/.

⑤ LI H. The exploration of intelligence advertising［R］. Panel at the 61th Annual Conference of America Academy of Advertising，Dallas，2019.

⑥ KIETZMANN J，JEANNETTE P，EMILY T，et al. Artificial intelligence in advertising：how markerters can leverage artificial intelligence along the consumer journey［J］. Journal of advertising research，2018，58（3）：263－275.

⑦ 顾明毅．百年广告定义研究辨析：朝向品牌传播的未来［J］．现代传播，2018（4）：122－129.

⑧ Internet Advertising Bureau. How an ad is served with real－time bidding［EB/OL］.［2019－04－29］. https：//www. socialdigitaldirect. com/videos/how－an－ad－is－served－with－real－time－bidding－rtb－iab－digital－simpli.

二、中国智能广告模型的诞生

越来越多的专家认为数据资源等同于原油，成为战略资源和数字营销传播企业的竞争力[1]。数据驱动营销传播转向经由算法训练加强的智能广告，从而指引品牌价值数字化增长。

本文提出的中国智能广告模型（Intelligence Advertising Model，简称 IAM）（见图 1）是按照“用户—互联网平台—品牌”层次化来构造，理论源自美国西北大学马特豪斯（Malthouse）教授创新的“品牌—新触点—消费者”模型，也来源于中国发展迅速的智能广告实践总结，在 2019 年智能科学与广告发展国际会议和广告教育专业委员会广告教育论坛发表。

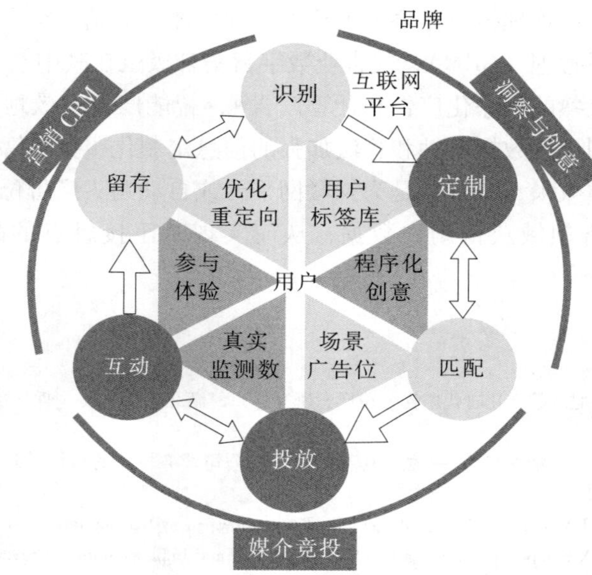

图 1　中国智能广告模型

中国智能广告模型，建构智能广告（数据）产品结构与过程。研究智能广告，面向广告产品与广告过程的变革与创新。

中国互联网时代智能广告模型围绕着互联网终端的用户数据而生成，核心

---

① MALTHOUSE，OWSKA E M & FRANKS J. Understanding programmatic TV advertising [J]. International journal of advertising，2018，37 (5)：1 - 16.

是用户。用户作为流量个体，是以数据形态出现在互联网平台，对品牌产生可以由数据描述的“用户—品牌”价值关系。用户数据因此构成了智能广告和未来营销的“原油”。品牌位于外圈，需要借助互联网平台的各种智能广告产品来实现品牌传播和产品营销，而不仅仅是购买广告位进行投放，这就进一步有别于传统广告商和媒体的商业模式。“用户—互联网平台—品牌”构成了智能广告模型参与者由内而外的层级。

智能广告运作的闭环包括六个顺序关联过程：识别（Identify）、定制（Customize）、匹配（Match）、投放（Bid）、互动（Engage）和留存（Retain），最终留存数据通过用户下次登录，连接识别形成闭环过程。由于互联网平台掌控分配统一的用户识别码 UniID，用户数据行为被完全追踪记录下来，并且在平台连接的所有智能广告产品对象都得以使用，达成麦肯锡专家①发现的通过数字技术锁定互联网使用行为习惯的消费者忠诚。

本文对智能广告六大过程做出详述如下：

一是识别过程，由互联网识别用户形成的标签库成为首要的智能广告产品，智能广告模型中的可识别用户数据信息丰富，构成了初始用户画像。互联网天然数字化特征将登录用户转化为用户标签库，这就形成了第一个智能广告产品。

二是定制过程，从微信、淘宝和抖音开始，越来越多互联网平台达成了实时生成用户页面内容的定制化信息流。大量内容供给从素材库中实时抓取和生成，这就形成第二个智能广告产品——程序化创意。广告商参与到互联网平台，为用户定制内容，正在成为智能广告增长的新突破点。

三是重要的匹配过程，互联网平台向用户提供内容信息，既具有用户需求驱动特征，也带有平台和品牌推荐系统的特征。匹配是对用户接受信息效果的优化。本阶段智能广告产品是实时动态广告位，本质是由独立个体的用户数据生成的。广告位需要兼顾价格优势和用户满意度（历史记录和预测值）。

四是投放过程“真实可见”，互联网平台和广告商将定制和匹配完成后的内容信息投放给单个用户界面，用户接触到信息。传统广告投放的印象数 Impression 从来就是预估数字。智能广告投放过程形成了真实监测数产品，使得品牌主投放实现了点对点计数。

五是互动过程，创新地具有直达营销活动的能力。阿里 2019 年将其命名为 AIPL 模型（注意 Awareness，兴趣 Interest，购买 Purchase，忠诚 Loyalty）。

---

① EDELMAN，DAVID & MARC S. Competing on customer journeys［J］. Harvard business review，2015，93（11）：88 - 100.

本阶段智能广告产品是丰富的参与体验 Engagement，参与互动体系使得营销活动组合，能够将从广告印象到品牌购买的全链路衔接起来。

六是留存过程，指流量用户接受智能广告过程后，最终以“用户—品牌”互动数据记录形式，在互联网平台上留档，从而形成优化重定向的智能广告新产品。品牌主显然对自己客户在互联网平台上的优化重定向数据产生需求，品牌主也对竞争品牌在互联网平台的优化重定向数据产生需求。

以上智能广告模型的六阶段，不仅实现了“识别—定制—匹配—投放—互动—留存”营销链路化，而且“留存”为了导向新的“识别”，使得智能广告实现了闭环营销模型。通过成功建立起闭环模型，互联网平台赋能融合营销和传播，一举摆脱了以往营销传播漏斗模型的限制，开创出消费者旅程数字变革的智能未来。

三、中国智能广告模型的创新价值

中国智能广告模型，具有“用户—互联网平台—品牌”三层次结构；以互联网平台为智能广告产品的主力开发者，吸取了数字营销多年发展经验，形成了“识别—定制—匹配—投放—互动—留存”的六阶段闭环过程，使用户数据生产出用户标签库、程序化创意、场景广告位、真实监测数、参与体验集、优化重定向代表各个阶段特色的六种智能广告产品。品牌主和广告商参加智能广告业务，除了广告内容生产和广告位购买，更为重要的是采购智能广告产品，在用户数据运营的智能广告流程基础上，重建品牌的数字营销运营。

传统广告业务流程，包含了洞察研究、策划创意、媒介计划与效果评测的基本阶段。行业归集为洞察创意和媒介采买执行的两大职能。这两个核心职能，构成了长久以来的广告竞争力，也是广告业赖以生存的业务收入的主要来源。

互联网时代的智能广告模型，具有洞察与创意职能板块、媒介互动职能板块和创新的营销 CRM 板块。它不但将传统广告业务数字化升级，将数字广告业务推进到“可识别的消费者”的细粒度智能，而且开辟了互动和留存过程的营销 CRM 职能板块。智能广告的出现，意味着互联网平台为首的技术创新了商业模式，重组了广告与营销传播的职能。从数字营销开始的广告技术发展路径，已经形成具有全新竞争力的智能广告模型。互联网推进企业数字化转型和品牌数字化转型。

在使用智能广告模型通往未来营销进程中，还需要从智能广告六大过程中区分主要过程和次生过程。

主要过程由识别、匹配和留存三阶段组成。其中，识别过程，形成用户标签库是互联网数字广告发展到智能广告的基础，也是品牌数字化市场运营和未来营销技术开发的基础。匹配过程，形成的广告投放位成为核心的智能广告产品，对某些关键高价值客户的稀缺广告位资源，广告位人工采买让位于机器智能采买。留存过程形成的优化重定向，驱使自动学习用户行为数据成为通用级广告技术，为互联网识别消费者增添了永恒动力。这三个主要过程是互联网智能广告的支柱，也是机器算法引领广告数字升级的必由之路。

次生的智能广告过程包括定制、投放和互动过程，这是基于品牌主不断增加需求而互联网平台面向品牌（代理商）开放的智能广告阶段。在定制过程，广告商品牌主以及营销技术公司可以参与到程序化创意中。在投放过程，互联网平台接受品牌主第三方监测与营销技术公司积极参与。在互动过程，互联网平台向品牌主广告商和营销技术公司开放更丰富的互动技术和场景创建。主要智能广告过程，基本由互联网平台牢牢把控，直接对品牌主广告商售卖智能广告产品，而不开放合作创建。次要智能广告过程和主要智能广告过程的差别不在重要性层面，而在于品牌主参与创造智能广告产品程度的不同。互联网平台“数字花园”的深井 Silo 是由智能广告的主要过程——由谁创造价值决定的。

全部六个智能过程都有紧密联结的智能广告产品，互联网平台可以使用各种人工智能技术，开发不同的算法来处理用户数据；广告商和品牌主也能够使用不同人工智能技术，开发不同算法来使用和创建部分智能广告产品。

主要过程中智能广告产品基本由互联网平台或附属数字营销企业提供，次生过程中的智能广告产品（创意产品、验证产品、参与体验产品）可以由互联网平台提供（如阿里的鹿班系统），也可以由联盟的第三方服务和广告商提供（如筷子科技的程序化创意）。这就补充了智能广告系统闭环的产品组成，提供给品牌处理灵活高效的数字营销。在智能广告模型之外，还有大量营销技术公司，以互联网平台联盟的角色服务品牌主和广告商，满足更多数字化营销传播需求。创新的智能营销产品，也需要“用户—互联网平台—品牌”的多层次使用来提升智能化营销传播效果。

四、中国智能广告模型的广告产业创新

中国互联网营销的主流研究方向在于互联网平台给用户的展示系统界面中品牌内容的融入与优化。因此，重点研究的不是品牌广告“内”的创意内容问题，而是传统广告之“外”，即“用户体验”中的体验流与品牌内容合一问题。这就涉及广告业根本问题之用户媒介使用应当具有目的性。

传统大众传播的用户媒介使用行为是第一目的，广告暴露（exposure）和作用于（effect on）用户是第二目的①。中国互联网企业的品牌传播有一个重要导向就是通过技术优化（使用智能识别和匹配）将用户第一目的和第二目的在展示系统中合流，并且使用智能技术升级（自然语言处理）创新地设计广告刺激（stimulus）来引导用户参与体验（engagement）并保持用户在互联网平台内的高水平活跃程度。互联网企业作为数据采集者和数据处理者致力于创造出积极用户体验和用户对互联网媒体平台的忠诚（重复到访和媒体使用）。这是中国互联网企业保持增长的指导原则，也是其日益增长的对品牌方谈判力量的源泉。

事实上，互联网企业更倾向于将“广告”转换为任何其他形式，只要用户更喜欢和容易接纳。吸引大量用户数量到互联网平台（时间及访问频次），可以增加互联网企业的竞争力。智能广告模型不仅是数字技术支持的广告系统②，在中国，智能广告能发展出任何形式的品牌传播，因为其得到了IAM系统“高速运行的营销闭环”中数据检验应用创新的验证。

用户行为数据支撑了每一项智能广告产品转化为互联网平台给品牌的商业机会。品牌主的广告营销策略，在互联网平台上呈现为品牌主之间商业机会的把握和比拼。

美国整合营销学者马特豪斯是第一位使用闭环模型的广告学者，他研究了未来由接触点组织的品牌主与消费者关系③。随着互联网平台开发进度，细粒度级接触点在超越媒体，承载品牌互动型内容，实现数字化智能广告处理。智能广告推动广告产业引领数字化品牌变革，技术和人文创意成为品牌升级和企业数字化转型的两大支柱。

中国智能广告模型的建立，加深了营销传播一体化特征和互联网数字化运营基础，从而促进数字广告产业链的革新升级。中国智能广告模型图示了数字闭环结构联结起来的“用户—互联网平台—品牌”关系。中国智能广告模型重点构建六个智能广告过程和智能广告产品，品牌主对数字营销技术与日俱增的兴趣，也体现在对智能广告产品的购买和使用上。与此同时，数据隐私问题和伦理也经由智能广告模型而充分暴露出来。

---

① MCQUARRIE，EDWARD F & BARBARA J P. A rhetoric theory of the advertisement［M］//Advertising theory. London：Routledge，2012：227－240.

② CHEN G，JACOB H，COX A，et al. In－depth survey of digital advertising technologies［J］. IEEE communications surveys & tutorials，2016，18（3）：2124－2148.

③ MALTHOUSE E. Customer relationship management strategy：more important now than ever before［J］. The new advertising：Branding，content，and consumer relationships in the data－driven social media Era，2016（1）：111－135.

最终，人工智能正在通过改变人与技术互动的方式来改变品牌传播的面貌。与其他人工智能应用一样，人工智能在广告中的使用将有助于在允许的情况下提醒他们未来的风险，同时提供为消费者量身定制的服务。

（本文为《中国智能广告模型研究》论文节选版，全文修订版发表于《现代传播》2020 年第 7 期）

营销变革还是传播变革?
——“企业媒介化”现状调查研究

倪 琳 易旭明*

摘 要: 本研究以从事企业传播相关业务的从业人士为调查对象,对“企业媒介化”现状展开调查。调查发现,多数受访者感知到“企业媒介化”的新趋势,并且公司在组织结构与制度建设方面对该趋势进行了积极回应。但多数公司仅将“企业媒介化”视为一种营销传播层面的工具变革,并没有认识到企业与媒体关系发生重构时需要进行传播的整体变革;多数公司已经配置了专门部门或团队以加强内容上的社会化传播,但对于媒体矩阵的关系建立与维护、专业媒体与企业的关系调整等还缺乏战略层面的认识。

关键词: 企业媒介化 自主传播 营销变革 传播变革 专业媒体

一、研究缘起

在当今社会,商业价值必须通过传播加以实现和提升。可口可乐公司成立了新闻编辑室北美社交中心,该部门主要负责所有可口可乐品牌(如健怡、芬达、雪碧)的社交媒体营销传播工作;能量饮料品牌“红牛”也越来越像媒体,它制作电影、电视节目、线上内容,并发行一本围绕运动、文化和生活方式的杂志。非信息类企业正不断转变为信息的主动传播者,成为各种内容的生产者,与员工、消费者、公众、合作伙伴、媒体机构、政府等利益相关者进行跨平台多渠道的直接沟通,重塑新型的多方商业传播关系。企业运用自媒体、以自有媒体自主生产并传播内容的新现象,被称为“企业媒介化”。

“企业媒介化”的传播实践带来了一系列的可研究问题:企业掌握了哪些对外传播媒介工具?企业是否意识到自媒体传播对企业原有传播结构的影响?企业与专业媒体的关系会发生哪些变化?在企业营销、公关与战略传播方面,对原有的专业性大众媒体机构的依赖是否越来越小?公司自有媒体运行和内容制作是怎样的?企业自主传播对利益相关者产生了哪些沟通力和影响力?今后

* 倪琳,上海商学院广告学系主任、副教授;易旭明,上海师范大学影视传媒学院副教授。

的企业是完全建立在传播之上的媒介化企业，并且是围绕传播和媒介尤其是互联网而建构的生产组织吗？为了回答“企业媒介化”带来的一系列深层次的理论性疑问，首先需要对“企业媒介化”背景下的企业传播现状展开调查研究。

二、相关文献综述

国内最早提出并关注“企业媒介化”现象的是众多媒体人、自媒体人及企业家。他们在结合行业前沿动态与相关传媒实践后提出，专业媒体在信息传播中的中心地位正在被颠覆，曾经需要专业媒体才能提供的商业信息服务将变成企业经营管理的基本职能。最有代表性的言论是小米联合创始人黎万强2014年的演讲“每个公司都是自媒体”。《中国报业》也在2014年汇集行业人士观点，做出了“互联网带来企业媒体化”的论断，栾春晖则发表了《企业媒体化　媒体实业化　企业金融化》的文章[①]。

最早对企业媒体化进行系统研究的理论文献，当属李伟豪的《企业媒体化趋势初探》。他在文中较完整地对企业媒体化的概念与特征、表现形式、形成机制、社会影响和后续发展进行了研究，指出企业媒体化的基本特征包含四个要点，即“企业自主掌控新型传媒手段、企业实现专业化的信息传播、企业对外输出社会化内容、企业逐渐具备传媒公信力”，指出“企业媒体化”与一般意义上的“企业自媒体”概念不同，企业媒体化具有更加丰富的内涵与外延，对应着更高的应用层次[②]。然而文中关于“企业媒体化”的文献资料大部分仍来自国内外记者、商界人士的观点与观察。邓理峰在《新媒体环境里新闻专业主义的重建：企业的能动性与可能性》中，虽然假定新媒体环境里企业对媒体专业化可能具有积极贡献，但对“企业媒体化”绕开专业媒体的内容生产与传播提出质疑——“（企业媒体化）有可能使涉事企业短期获利，但长远而言却是扼杀信任，破坏市场环境的短见之举”[③]。郭静、胡翼青的《媒介化企业的兴起：基于资本转换的理论视角》则借助布尔迪厄（Pierre Bourdieu）的文化资本理论分析了“企业媒体化”现象，指出当下的企业组织

---

① 栾春晖．企业媒体化　媒体实业化　企业金融化［J］．新商务周刊，2014（11）：32－33．

② 李伟豪．企业媒体化趋势初探［D］．长沙：湖南大学，2016．

③ 邓理峰．新媒体环境里新闻专业主义的重建：企业的能动性与可能性［J］．现代传播，2016（4）：122－126．

结构并不支持媒介化企业形态，亟须结构性变革①。

放眼国际学术界，索尼亚·列文斯通（Sonia Livingstone）在2008年就任国际传播学会（ICA）主席之时，发表了一篇题为“论所有事物的媒介化”（*On the Mediation of Everything*）的演讲。这一演讲为“企业媒体化”的研究设定了一个“媒介化”理论的国际学术背景。戴宇辰对媒介化研究学派进行了较系统的介绍，认为其中的代表学者及观点有：斯蒂格·夏瓦德（Stig Hjavard）的“制度性要素”和“媒介逻辑”、温弗里德·舒尔茨（Friedrich Krotz）的“元进程”（meta-process）、安德斯·夏普（Andreas Hepp）的“塑造力量”（moulding force）、克劳斯·布鲁恩·延森（Klaus Bruhn Jensen）的开放式迁移等②。这一学术流派强调传播研究应从“作为媒介的技术”转向“作为实践的传播”，从而考察特定的媒介与传播实践将对社会组织产生何种影响。那么，企业作为一种社会组织，从相对微观的层面也应受到学者的深入研究。

在国外文献中，“企业媒介化”对应的英文是“Mediatization of Corporation/Company”。Ihlen和Pallas给出的“企业媒介化”定义为：媒介化是企业对媒介的逻辑、实践和偏好的适应，公司过渡到一个新的媒介化阶段，其特点是将媒介生产和媒介逻辑结合到公司中以适应这种转变③。Pallas等人编著的《组织与媒体：在媒介化世界中的组织》中有不少章节涉及商业化组织的媒介化的理论问题，例如，Laura Illia等人合写的“企业传播中的框架印象：企业信息的媒介化”（*Framing Impressions in Corporate Communication*：*The Mediatization of Corporate Messages*），Josef Pallas等人完成的“媒体和组织：图像、实践和组织化”（*Media and Organizations*：*Images*，*Practices and Organizing*）以及Lars Engwall的“公司治理与传播”（*Corporate Governance and Communication*），均指出企业正在适应媒介的逻辑与媒介的偏好④。

① 郭静，胡翼青. 媒介化企业的兴起：基于资本转换的理论视角［J］. 当代传播，2018（5）：76－79.

② 戴宇辰. 走向媒介中心的社会本体论？——对欧洲“媒介化学派”的一个批判性考察［J］. 新闻与传播研究，2016（5）：47－56.

③ IHLEN O & PALLAS J. Mediatization of corporation［M］//LUNDBY K（Ed.）. Handbook on mediatization of communication. Berlin，Germany：De Gruyter Mouton，2014：424－425.

④ PALLAS J，STRANNEGARD L & JONSSON S. Organizations and the media：organizing in a mediatized world［M］. London：Routledge，2014：1－249.

三、研究方法

对于媒介化理论的研究，近年来不少学者主张逐渐转向中观和微观层面，更加注重实证研究，如使用人类学方法、焦点小组调查、问卷调查等方法研究不同领域的媒介化的具体过程①。企业作为社会全面媒介化过程中的一个重要的经济机构，虽然已有一些业界人士提出“企业即媒体”口号，但总体上还缺乏调查研究。为了解“企业媒介化”与企业传播现状，本研究采取了问卷调查与实地访谈两种研究方法，其中问卷调查采用了线上与线下问卷调查相结合的方式。课题组于 2019 年 3 月至 6 月，通过参加上海的招聘会、企业营销活动等，现场回收问卷 48 份，线上回收问卷 12 份；通过微信向企业管理人员、营销人员、策划人员发出邀请并回收有效问卷 71 份，总计获得 131 份有效问卷，从而形成最终调查样本数据。调查样本所属传媒行业分布基本情况见表 1。

表 1　调查样本基本情况（$N=131$）

类型		频次	百分比（%）
所属行业	完全信息/内容类公司	21	16.03
	主营信息/内容类公司	49	37.40
	非信息/内容类公司	61	46.56
公司规模	微商	14	10.69
	小公司	51	38.93
	中型公司	32	24.43
	大公司	20	15.27
	超大公司	14	10.69
所处岗位	高层（分管传播事务）	29	22.14
	中层（管理传播事务）	38	29.01
	基层（从事传播事务）	64	48.85

本问卷共包含 30 道封闭式选择题，主要由三部分组成：企业基本情况、

① 侯东阳，高佳. 媒介化理论及研究路径、适用性［J］. 新闻与传播研究，2018（5）：35.

企业自主媒体的使用情况、企业与专业媒体的关系，针对企业中分管传播事务的公司高管、管理传播事务的公司中层、从事传播事务的基层人员等进行问卷调查，有针对性地收集了最新一手数据。课题组对所获取的131份有效问卷数据主要使用了简单描述统计方法，从实证研究的角度，了解当前从事企业传播事务的人员对“企业媒介化”所引发的企业传播新动态的认识与判断，以及对“企业媒介化”关联观念的集中看法。研究者还走访了3家有代表性的大型公司，对公司高管/中层领导、基层营销/广告/传播等部门工作人员进行实地访谈，收集质性素材，调研企业界对商业传播的最新理念与实践，了解企业界对“媒介化改造”的认识程度与应对措施，从而为下一步理解专业媒体转型与商业传播变革等问题积累一定的业界最新动态信息与实证数据。

四、调查结果

（一）企业自有媒体的使用情况

企业自有媒体可分为两类：第一类是企业自有传播渠道，其本质特点是企业对媒体的所有权与使用权相统一。自有媒体不仅属于企业的内部资产，而且其传播入口直接归属于企业。第二类是企业自媒体渠道，其本质特点是所有权归第三方平台所有，但企业可以自由进入平台与消费者建立直接联系。长远来看两者呈现一定的融合趋势。为了有效地整合传播资源，企业也会将社交自媒体传播账号归入企业自有媒体的范畴之内。调查结果显示，企业自有传播渠道中企业微信是目前最重要的企业传播方式，然后依次是手机移动端环境下的企业微信（移动办公平台）、企业App、企业信息化管理系统、企业刊物和企业报（如图1所示）。企业在第三方平台上的自媒体渠道首先是企业微信订阅号，其次是企业微信服务号、企业官方微博、电子商务网站、企业论坛（如图2所示）。整体而言，企业自行掌控的媒体资源较为丰富，企业对生产、经营、管理、公关等各个环节的沟通流程与传播活动较为重视。

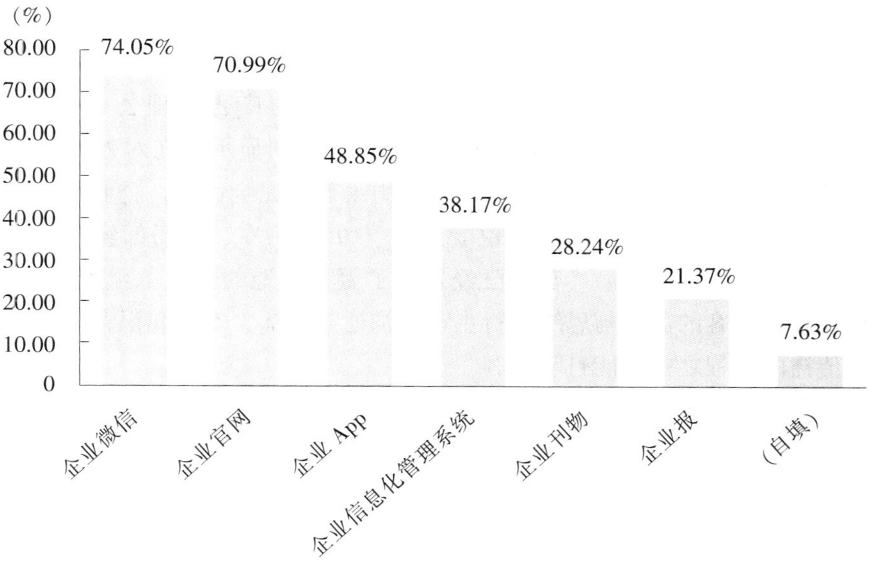

图 1　企业自有媒体渠道

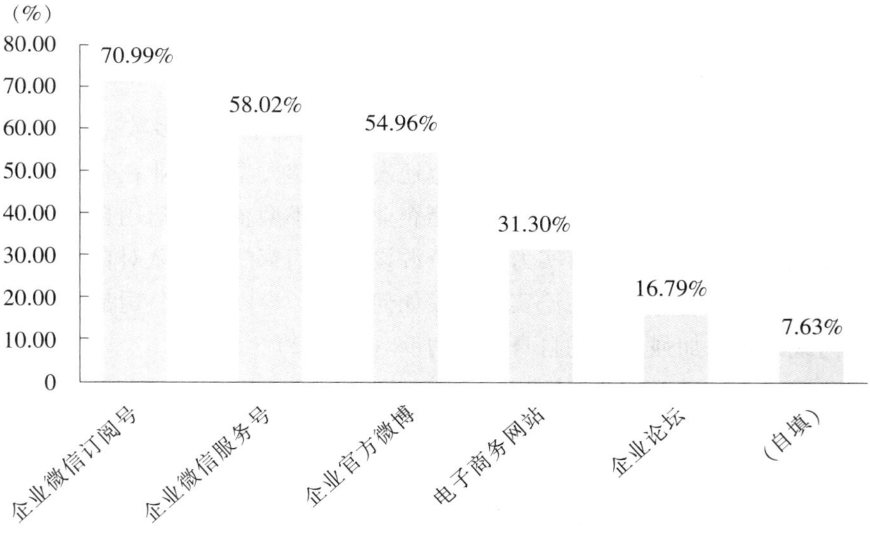

图 2　企业在第三方平台上的自媒体渠道

(二) 企业试图成为主动的传播者

在企业自有媒体的建设投入方面，22. 14% 的受访者认为公司在自有媒体的建设与投入情况将会大幅增加，50. 38% 的受访者认为公司在自有媒体的建设与投入情况将会小幅增加，即七成以上的受访者认为公司会加大自有媒体的建设与投入。在问及对外广告投放方面，44.37%的受访者表示由公司广告部门全权负责，44.18%的受访者表示由广告部门与广告代理公司合作完成，11.45%的公司由广告代理公司全权负责，这组数据显示出在对外的商业传播业务上，甲方越来越倾向于主动介入而非由第三方完全代理，企业作为传播者的角色与地位更加鲜明。正如一位受访者（女，55岁，市场部经理，在公司工作5年）强调的那样："营销已经发生了翻天覆地的变化。至少在银行业，我们要根据顾客的需求与思维进行主动的沟通与传播，专业知识背景要介入沟通与传播的过程之中才能打动顾客。"

在自有媒体内容的产生来源上，表示公司采取配备专门人员采写的内容生产方式的占67.18%，表示来自普通员工的投稿的占13.74%，表示出自管理层投稿的占11.45%，表示采用消费者投稿的占4.58%，这组数据反映出不少企业已经开始将一定的资源配置于企业自媒体内容的生产与传播，把企业发展与社会公益活动联系起来。一位企业受访者（女，42岁，公关部门编辑，在公司工作3年）说："我们报道的内容和故事表明我们关心社会与行业发展，这让客户认为如果这个企业关心社会与他人，这个企业也很可能关心我。"

在对外信息发布与传播制度等配套制度的建设与完善方面，64.89%的受访者回答"是，已经制定"，14.5%的受访者回答"否，但准备建立"，20.61%的受访者回答"否，暂无制定计划"，数据显示出多数企业已经开始重视对外传播的制度化管理。本次调查还发现，越大型的企业在企业传播制度的建设方面越为健全与规范，并且大型企业比中小型企业在运用自媒体传播方面更加积极主动，也更加有实力、有资源设立专门部门或团队对自有媒体进行管理与运营。整体上看，无论实力规模如何，有一半以上的公司都在组建专门的部门或团队以加强企业的自身传播力度（见表2）。

表2　对自媒体传播的重视程度

公司规模	已设立专门传播部门或团队	未设立专门传播部门或团队	准备设立专门传播部门或团队
微商（1~10人）	6（42.86%）	6（42.86%）	2（14.29%）
小公司（11~100人）	28（54.90%）	13（25.49%）	10（19.61%）

（续上表）

公司规模	已设立专门传播部门或团队	未设立专门传播部门或团队	准备设立专门传播部门或团队
中型公司（101～1 000 人）	24（75.00%）	4（12.50%）	4（12.50%）
大公司（1 001～10 000 人）	15（75.00%）	3（15.00%）	2（10.00%）
超大公司（10 000 人以上）	12（85.71%）	1（7.14%）	1（7.14%）

（三）对“企业媒介化”的认知与理解

“企业媒介化”是一个较新的概念，从理论的角度看与西方的“媒介化理论”相关联，但也体现在营销传播等实践领域。本次调查中，多数受访者对“企业媒介化”的概念表示陌生，但又表示基本上能够理解该概念的含义。从数据来看，对于当前的多数企业经营管理者而言，促进企业主动传播的行为主要是适应新媒体传播方式进行市场营销，提高产品与服务的销售量，对于自媒体的运用仍停留在营销变革的层面上（见表3）。

表3 “企业媒介化”（企业自主传播）的目标

“企业媒介化”的目标	比例（%）
适应新媒体传播方式进行市场营销	64.89
实现企业正面宣传，树立良好的企业形象	64.12
加强企业品牌建设	58.02
加强企业文化建设	46.56
公共关系维护	22.90
公司战略发展	12.98

当将“企业媒介化”的概念分解成具体的观点时，74.05%的受访者赞同“成功的企业，越来越具有媒体化的趋势”；67.18%的受访者赞同“随着传播技术的发展，企业有能力自行生产并传播专业化内容与社会化内容”，有位受访者（男，45岁，传播部门职员，在公司工作3年）透露，“公司高层准备聘

请 2 ~ 3 名媒体人组建具有内容生产、传播的类似媒体的职能部门"；73.28% 的受访者赞同"在竞争激烈的条件下，企业主动传播可以产生新的商业价值"（见表4）。

表 4 "企业媒介化"的概念分解（部分）

"企业媒介化"的概念分解	态度倾向	比例（%）
成功的企业，越来越具有媒体化的趋势	非常赞同	26.72
	比较赞同	47.33
	中立	22.90
	比较不赞同	1.53
	非常不赞同	1.53
随着传播技术的发展，企业有能力自行生产并传播专业化内容与社会化内容	非常赞同	19.85
	比较赞同	47.33
	中立	26.72
	比较不赞同	5.34
	非常不赞同	0.76
在竞争激烈的条件下，企业主动传播可以产生新的商业价值	非常赞同	23.66
	比较赞同	49.62
	中立	20.61
	比较不赞同	4.58
	非常不赞同	1.53

当问及"贵公司向外传递商业信息，对于传统大众媒体的依赖程度"时，受访者表示大幅下降、小幅下降、保持不变、小幅上升、大幅上升之比为 18.32%：39.69%：26.72%：12.21%：3.05%。与之相比，问及"向外传递商业信息，对于新兴自媒体或社会化媒体的依赖程度"时，受访者表示大幅上升、小幅上升、保持不变、小幅下降、大幅下降之比为 17.56%：45.04%：26.72%：5.34%：5.34%。虽然多数受访者认为企业对广电报刊等大众媒体的依赖程度下降、对自媒体的依赖程度上升，但对于"在网络自媒体条件下，企业可以绕开传统广电报刊媒体"这个观点，受访者表示非常赞同、比较赞同、中立、比较不赞同、非常不赞同之比为 12.98%：23.66%：32.4%：28.66%：2.29%。换言之，受访者的态度较为势均力敌，即赞同、

中立、不赞同大约各占三成。有位受访者（男，50岁，广告部门职员，在公司工作6年）直言，“如果企业的产品在自媒体上做得有一定的粉丝量与规模时，还是会选择在传统的大型电视台上投放品牌广告”。

五、讨论

此次调查的调查对象主要是在企业从事传播事务的工作人员，虽然样本量较小，但也从一个微观的实证角度较为及时地了解到“企业媒介化”现状。从结果上看，多数企业已经有意识地加强企业传播的组织结构优化，以及加强制度层面的建设；多数企业已经意识到企业传播正面临着一个重要转变，由于趋利的本性，企业在适当削减传统专业媒体的投入的同时，积极加大对新媒体传播形态的应用与投入，与专业媒体原有的间接式传播的合作模式正在发生变化；多数企业已经认识到传播在商业价值提升上的重要性，认为企业需要通过一定的传播手段赋予产品与服务以新意义，从而提高产品与服务的竞争力。

较多企业面对商业传播的变革趋势，态度相当务实保守，并未出现过于激进的观念，例如完全抛弃传统媒体的传播力量，或者完全抛弃传统的二次售卖的广告商业模式等。对于业界人士而言，虽然已经感知到“企业媒介化”对企业生存与竞争带来新的影响，但对于“企业媒介化”的认识主要集中在“营销方式”的变革层面，而对于企业战略层面与组织层面的结构性变革缺乏整体认识，对企业与媒体关系的重新调整也缺乏深度预判，未能完全体悟“媒体关系作为公共关系的重要组成部分的概念正在改变，这种变化包括运用自有媒体、媒体网络进行生产和分销而产生的新的过程、技能与组织能力，尤其是新数字媒体成为影响利益相关者的关键工具”①。因此，尽管建立企业自媒体传播并不意味着放弃传统的媒体传播实践，但如何规划企业传播战略，以及如何理解媒体矩阵、创建和管理自有媒体、制作传播内容、拓展与传统媒体的关系等，都是中国企业在“企业媒介化”趋势下不可回避的紧要问题。

（本文系上海商学院校级重点课程“广告法规”的阶段性研究成果）

① SAVIC L. Mediatization of companies as a factor of their communication power and the new role of public relations [J]. Public relations review, 2016, 42 (4): 613.

品牌角色的娱乐化简史：从品牌形象、虚拟代言到品牌资产

邱文中*

摘　要：在社会文化的泛娱乐化背景下，品牌与娱乐融合的趋势越来越显著，而品牌角色的娱乐化是其核心。现代品牌角色的发展历程可以分为三个阶段：品牌形象聚焦期、虚拟代言专属期及品牌资产娱乐期。品牌角色就是通过这三个时期的聚焦化、专属化以及娱乐化实践，成为最终的品牌资产，以此为品牌发展提供全新的路径选择。

关键词：品牌角色　品牌形象　品牌虚拟代言　品牌资产

从1898年米其林轮胎的必比登品牌角色（Brand Character）的诞生，到2010年中国互联网“IP”泛娱乐概念的兴起，品牌发展经历着不断深化的娱乐化历程。那些独具魅力的品牌角色有着天然的娱乐基因，其中一些幸运的品牌角色从营销传播功能逐步跃迁到泛娱乐功能成为娱乐角色，是大众文化环境影响下企业自发成长的结果。这个过程让人惊叹：起初，企业认识到品牌传播借助其塑造的品牌角色，具有感染力而容易直达人心；后来，品牌角色建立了消费者娱乐价值，发现自己不但可以助推品牌，而且能够自然带动品牌角色周边产品开发，甚至授权其他品牌使用其品牌角色造型，直至进一步打入娱乐圈成为娱乐角色。纵观这一百多年的品牌角色演化历史，可以发现品牌娱乐化有着独特的运行方式和广阔的发展前景。

品牌角色的诞生是品牌传播实践深化的结果。品牌传播需要解决两个基本问题：认知与偏好。早期商业实践活动中，品牌的识别认知通过字号或商标来达成，有些商标兼具图案，就有了识别偏好的价值；而另外一些品牌在商标之外发展出了真实或虚拟的品牌角色作为辅助识别，来与消费者沟通，建立偏好。正是品牌的识别偏好，使得品牌发展有了娱乐化的前景。

品牌角色是人格化的品牌形象，可以是真实的也可以是虚拟的，可以是人物形象也可以是人格化的动物及物品形象。品牌通过塑造其品牌角色来讲述品牌故事和丰富品牌形象。品牌角色的产生有两条路径。一条是自发而为，如创

* 邱文中，湖南理工学院新闻传播学院副教授。

建于1893年的杰米玛姨妈，其为桂格麦片旗下食品品牌，它的名称和黑人大妈角色来源于美国吟游诗人表演中的黑人形象，这是早期品牌借助家喻户晓的故事与角色的自觉传播。必比登是米其林品牌的官方形象，其创作灵感来源于1894年里昂国际博览会，1898年正式推出后，米其林很快将必比登形象塑造成卡通人物投放到汽车行业杂志中，成为最早的品牌娱乐营销范例。品牌角色产生的另一条途径是品牌聚焦的结果，这背后是品牌塑造从认知到偏好的自然发展过程，其中蕴含了现代广告人的品牌理论思考。

一、品牌形象聚焦期：品牌形象的理论与实践（20世纪50—70年代）

品牌形象（Brand Image）聚焦期是品牌角色理性探索的时期，相比于早期自发设计品牌角色，这一时期形成的品牌形象创意环境，使企业认识到通过品牌角色可以获得更广泛深入的认知，因而大量品牌角色在这一时期涌现。这一时期基本上是20世纪60年代美国广告创意革命前后延伸的三十年，其中重要的理论自觉来自大卫·奥格威的品牌形象观念，重要的实践贡献来自李奥·贝纳为代表的万宝路男人等一系列品牌形象的塑造。

大卫·奥格威在1955年美国4A协会上的讲话首次提到了品牌形象的概念，他指出广告从短效到长效的趋势，他认为品牌形象的建立可以为企业带来更大的收益。奥格威赞誉了漱口水品牌李施林德，与其他企业注重短期销售不同，李施林德自1920年早期到1955年，至少三十多年使用故事诉求广告，一个故事线贯穿着品牌成长的始终，那就是浪漫人生不得不提防口臭带来的尴尬。这一时期的商业实践中，大量的企业开始听从广告公司的安排使用了真实或虚拟的品牌角色来讲述品牌故事，其中比较有影响的当属奥格威本人的得意之作：1951年哈撒韦衬衣品牌所聚焦的戴眼罩的男人，以及1952年怡泉汽水品牌所聚焦的怀海德司令，这两个角色都在广告史上留下了深刻印记。而这一时期的巅峰之作是李奥·贝纳推广的万宝路香烟品牌，他打造的万宝路男人形象自1954年到1999年被万宝路香烟品牌使用，起初使用不同职业的男人角色，后来将形象聚焦于美国西部牛仔角色，成为美国广告时代评选的20世纪最佳品牌角色。从50年代的品牌形象理论提出与其之前相关的实践发展，到美国广告创意革命持续的70年代，我们可以称之为“品牌形象聚焦期”，这一时期以李奥贝纳广告公司为首的美国广告业界创作了大量的品牌角色，特别是在早餐谷物市场，曾经流行的品牌，其品牌角色的出现都集中在这个时期，孩子们对品牌角色有着强烈的喜好。2011年美国《儿童医学》杂志上发表的研究表明："在食品包装上使用媒体角色会影响儿童的主观品味评价。"这里提到的媒体角色就是出现在媒体上的品牌角色。而早在品牌形象聚焦期的实践中，企业及其广告公司就纷纷利用品牌角色赢得市场认同，创造商业价值。

品牌形象概念是广告人对营销传播观念的重大推进，而将品牌形象从一般品牌故事聚焦成为身份相对固定的人物形象，推出具有娱乐价值的人物设定是早期广告实践的成果。品牌角色有一些显而易见的好处：在应用上，它可以作为品牌代言人出现在各类媒体中；在认知上，拥有品牌角色会使品牌形象更加集中，品牌信息更加醒目；在效果上，人物设定鲜明的品牌角色无须品牌多言而自带传播效果，这就是所谓的光晕效应。品牌角色的光晕效应带来的是强烈的娱乐意味，为品牌传播增添了娱乐动力。品牌角色的娱乐化在某种程度上是品牌角色逐渐脱离品牌本身，拥有独立身份，向消费者迈进的过程。

二、虚拟代言专属期：虚拟代言的专属化与场景化（20 世纪 60—90 年代）

虚拟代言（Brand Mascot）专属期是品牌角色自我提升专属价值与场景应用的时期，它跨越了四十年，20 世纪 60—90 年代，美国体育竞技文化也在此时期有了大发展。这一时期催生了大量体育虚拟代言，在其带动下，商业促销文化流行一时。其中商业文化的代表是麦当劳叔叔的诞生，体育运动文化则发展出各大赛事和运动队的虚拟代言及其周边产品的热卖，而后者是品牌角色从娱乐性到娱乐化迈出的一大步。

虚拟品牌角色又可以称为虚拟代言，它发端于体育竞技赛场中的不同参赛队伍的赛场吉祥物（Mascot），经历了早期的猛兽和二维幻想物到现代的活动人偶造型。20 世纪中期，美国木偶剧的造型革新使体育赛场的活动人偶造型得以实现，越来越多的商业应用也随之而来，这促使企业启用自己的虚拟代言加入到竞争环境中。

品牌虚拟代言是虚拟化与专属化的品牌角色。品牌通过虚拟代言完成品牌角色的任务：讲述品牌故事和丰富品牌形象，同时虚拟代言还可以和消费者进行面对面沟通。虚拟代言与一般出现在媒体中的品牌角色和品牌识别物相比有两个优势：其一是它专属于品牌本身，而真实代言人因其可以代言多个品牌而丧失了这种属性，如万宝路男人这样的模糊角色容易被其他品牌模仿，因此品牌虚拟代言一般都拥有自己的知识产权，而真实代言人或类属型品牌角色不具有知识产权，更容易被替代和仿冒；其二是虚拟代言在其发展过程中增添了场景化应用这一职能，与一般品牌识别物如品牌标志相比，它可以被用于销售现场及其他各类活动现场，作为识别性强的促销形象或品牌形象大使。

虚拟代言专属期自60年代起，受体育文化影响的虚拟代言进入商业应用，这一时期商业领域的代表是麦当劳的虚拟代言：诞生于1963年的麦当劳叔叔罗纳德·麦克唐纳，最高峰时期有300个全职麦当劳叔叔在麦当劳工作，麦当劳叔叔在美国的认知率仅次于圣诞老人。在麦当劳工作的麦当劳叔叔面对面与少年儿童进行游戏互动，增加了品牌的场景化应用与立体认知，对于孩子们而言，麦当劳叔叔就和体育赛场周围活跃着的运动队吉祥物一样，令人兴奋。这一时期体育虚拟代言的吉祥物也在全世界遍地开花，1966年世界杯第一次使用了吉祥物设计——狮子威力，同时它也是单项体育赛事的第一个吉祥物；1972年夏季奥运会第一次使用了奥运吉祥物设计——腊肠狗瓦尔迪，从此全球体育竞技与商业文化中虚拟代言的应用成为风尚。美国体育文化发达，美国体育赛事的每支队伍都有自己的吉祥物，美国体育虚拟代言名人堂（Mascot Hall of Fame）自2005年起收录优秀的体育虚拟代言，其中大部分虚拟代言集中在60—90年代这一虚拟代言专属期。

在虚拟代言专属期，各类品牌为了迎合消费市场特别是线下互动活动纷纷使用虚拟代言，全球范围内体育赛事与体育劲旅也纷纷使用虚拟代言巩固和强化与观众粉丝的互动。时至今日，根据普华永道发布的《北美体育市场预测报告（2018—2022年）》的数据，每年以虚拟代言等主导的体育产业周边产品销售占体育市场收入总额的20%左右。品牌拥有自己的标志，为何还需要虚拟代言呢？其主要的功能还是偏重在其与消费者近距离沟通，达成品牌偏好和充当受众代言。有些品牌标志本身具有可感的图像，便于人格化，也可以实现虚拟代言的部分功能（见表1）。

表1　品牌标志与虚拟代言的特点比较

品牌标志 Logo	虚拟代言 Mascot
达成品牌识别	达成品牌偏好
代表品牌形象	代言受众关系
适合商业场景	适合更多场景
通常持久使用	可以更新替换

虚拟代言是独立性与互动性更强的品牌角色，一方面表现在它突破了一般品牌角色和品牌标志作为单纯的广告形象的束缚，如麦当劳叔叔那样成为消费

者代言，与消费者互动；另一方面表现在它可以以独立的身份进入娱乐及其衍生品行列，施展其售卖娱乐体验及产品周边的职能。

三、品牌资产娱乐期：品牌资产的传播与运营（20 世纪 90 年代至今）

品牌资产娱乐期发端于日本 ACG（动画、漫画、游戏）——泛娱乐产业兴起的 20 世纪 90 年代，经过近二十年的发展探索，在 21 世纪 10 年代日本和韩国出现了可以称为品牌资产的品牌娱乐知识产权现象。这一时期我国泛娱乐业也开始发展，IP（知识产权）经济成为投资热点，全球以版权内容授权的泛娱乐经济方兴未艾。品牌角色的泛娱乐化探索可以追溯到 20 世纪 50 年代七喜的虚拟代言弗莱迪，而直到品牌资产娱乐期大量品牌泛娱乐现象才得以涌现，这一时期品牌文化与娱乐文化交相辉映、互融互通。

2009 年美国《广告时代》推出从 2000—2009 年的“十年十佳”词汇，“麦迪坞”（MADISON & VINE）位列其中，这一概念是将广告胜地麦迪逊大道与影视娱乐胜地好莱坞做结合，意指广告娱乐化风潮。2012—2013 年中国互联网领域兴起 IP 概念，原意是指人类智慧创造出来的无形的财产，主要涉及版权、专利、商标等领域，而如今我们谈到的 IP 更多指的是泛娱乐背景及流量经济下的超级娱乐符号。2012 年腾讯成立 IEG 互动娱乐事业群布局泛娱乐，2013 年阿里收购虾米音乐成立数字娱乐事业部布局大文娱，这些可以看作 IP 运营的泛娱乐背景。品牌角色的充分娱乐化，也可以成为 IP 娱乐符号，并且品牌娱乐的发展之路正通往此处。

历史上品牌角色成功进入泛娱乐领域的范例可以追溯到七喜的三个虚拟代言：弗莱迪、酷点、菲多。弗莱迪是七喜 20 世纪 50 年代引入的与迪士尼合作的虚拟代言，它成功地带来了一些周边销售；酷点是七喜 1987 年启用的偶像，1993 年被制作成游戏进入世家和任天堂娱乐系统，跻身“任天堂迄今为止最好的游戏榜单”第 88 名；菲多是 1985 年创作的卡通形象，最初印制在 T 恤上流行一时，1987 年被百事公司买下，20 世纪 90 年代被使用在七喜广告中取代了酷点，它经常出现在节目、漫画、杂志、书籍、游戏以及微电影中，还有周边销售网站。许多品牌的虚拟代言都有着七喜一样的经历，进入大众流行文化，成为风靡一时的娱乐符号。

在全球范围内我们可以把泛娱乐的视线转向日本，“日本动漫在后期，随着电玩产业的快速崛起，自 20 世纪 90 年代起此三项产业（漫画、动画、游戏）已紧密结合，并在日本形成一个成熟的产业链，许多作品企划都跨媒体制作以期达到最大收益”。同时受其影响，日本各行各业迅速兴起虚拟代言风潮，其中产生的大量虚拟代言影响了当下的营销传播环境，我们可以把 20 世纪 90 年代至今称为品牌资产娱乐期。所谓品牌资产（Brand Character Entertainment Property），即由品牌角色生成的娱乐知识产权。品牌资产中的品牌角色需要拥有知识产权，而且它比一般品牌角色更具有泛娱乐特性，它可以独立成为娱乐角色，进入泛娱乐环境创造娱乐价值。一句话，品牌资产就是以品牌角色为核心及以品牌娱乐为导向的品牌知识产权体系。构建和升级品牌资产的立足点是品牌文化中的虚拟代言，落脚点是品牌文化面向的大众文化和泛娱乐生态环境。品牌角色相关概念的转化关系如图 1 所示。

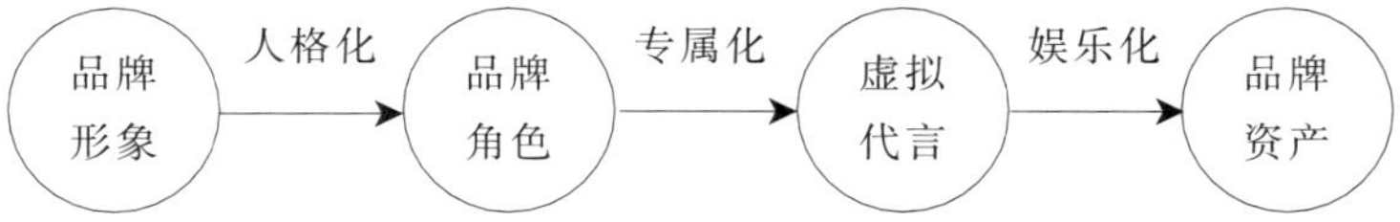

图 1　品牌角色相关概念的转化关系

品牌文化与大众文化有着千丝万缕的联系，一些知名品牌往往能够成为大众文化的图腾，可口可乐就是这样，它经常跨界与受众沟通，但是直到 20 世纪 90 年代，可口可乐才推出其品牌角色。历史上可口可乐广告使用过特定模特，甚至使用圣诞老人形象，以至于影响了现代圣诞老人的画风。自 1993 年起至今可口可乐启用了吉祥物北极熊（这一形象可以追溯到 1922 年），现在它拥有自己的周边和粉丝。作为国际知名的“英图博略 2018 年百强品牌排行榜”（Interbrand Best Brand 100）排名第五的品牌，可口可乐吉祥物的使用有指向性意义。

虚拟代言不限于一般品牌角色，它还可以代言行政机构及地方区划，前些年的一个大热门就是熊本熊。熊本熊作为日本知名的城市虚拟代言，由日本九州熊本县政府于 2010 年推出，为熊本县的旅游业代言，通过它的全球化无偿授权应用，达到了出色的旅游推广效果，“推出不到三年，其认知度已经是全日本第一，甚至超越凯蒂猫”。熊本熊的成功是日本动漫业在 20 世纪 90 年代急剧发展的结果，也是日本城市形象推广风潮下必然的收获。“在日本，47 个都道府县几乎都有自己拟人化的吉祥物”，“据 2016 年的统计，日本‘47 个都道府县吉祥物的平均数量达到 18.8 种’”，可见熊本熊的成功绝非偶然。熊本熊的设计符合日本萌文化的形象特征，它的应用是开放式的，只要符合宣传熊本县的目的，任何企业和个人都可以无偿使用熊本熊形象，熊本熊的各种周边售卖及跨界合作都有可圈可点之处，然而它身为熊本县的吉祥物，并不能作为独立的品牌资产产生泛娱乐价值。

在品牌资产娱乐期，品牌的娱乐性与娱乐化趋势明显，前者指品牌通过娱乐营销手段如电影植入广告、微电影原生广告等形式，进入大众文化产生新奇强烈的品牌认知；后者指品牌直接通过各种手段参与娱乐业的发展，获得娱乐经营收益。而这一时期的前期探索都不成功，没有形成真正意义上泛娱乐化的品牌资产。七喜的菲多打入过泛娱乐圈，但如今知其名者寥寥；可口可乐的北极熊有强势品牌发展的指向意义，但它并没有构建出完整的娱乐生态；熊本县的熊本熊有巨大的娱乐价值，但其商业上缺乏独立性而难成气候。在品牌资产娱乐期的现象级品牌资产当属以布朗熊为代表的 LINE FRIENDS 动漫家族，LINE 家族是日本企业开发的即时通信软件 LINE 的官方虚拟代言，起始于 2011 年的角色麻吉，最初应用于贴纸和表情包，因其萌系画风及 LINE 软件的成功推广，在亚太甚至北美地区大受欢迎。2015 年为此成立了 LINE FRIENDS 国际卡通形象品牌公司，将核心业务拓展到三大领域：周边零售、形象授权及娱乐内容。LINE 家族可以说是虚拟代言晋升为品牌资产的典范：首先它有新颖独特的角色设计，家族成员为简约萌系画风，便于跨媒体传播，在日漫萌文化的带动下深受消费者喜爱，拥有众多粉丝；其次它建构了融合适用的应用场景，从手机表情包应用开始，依托日本动漫产业健全的运营体系，顺利进入泛娱乐圈；最后它能够迅速剥离为自主灵活的运营体系，延伸开发出与青少年偶像联名的“BT21”角色群与“ROY6”角色群，面向不同故事内容的娱乐领域。向 LINE 家族跟进的是韩国即时通信软件 Kakao 在 2012 年推出的 Kakao 家族，它也由 Kakao 家族公司独立运营，负责其虚拟代言的授权商业经营，它除了涉足部分娱乐内容及周边零售外，还进入零售、食品、金融业的跨界授权合作。迄今为止，品牌资产创建至少在通信科技领域有成功先例和广泛前景。

品牌资产是品牌传播流量聚集的可选择成果，大部分品牌将所有品牌流量作为品牌认知及销售的动力，而少部分品牌通过探索将其发展成娱乐流量，做成了娱乐产业链，形成了品牌增值与娱乐变现的双线发展局面。综上我们可以对品牌资产的形成提出三点归纳，即一般品牌角色蜕变为品牌资产需要达成三重跃迁：

其一为设定跃迁，变品牌设定为娱乐设定。品牌设定主要是指品牌角色设定与品牌故事设定。大部分品牌角色设定为单一角色，而在娱乐设定中，独角戏很难构建复杂的娱乐内容，因为大多数娱乐内容都有主角、配角以及正邪双方角色。例如，七喜的菲多虽然可以进入流行文化视野，但是打造其娱乐内容还需要添加其他角色，而麦当劳的麦当劳乐园角色群和可口可乐的北极熊群体则更适合构建成为娱乐角色。另外受制于传播环境，品牌故事往往简单明了，追求冲击力而缺乏故事张力。虽然互联网传播涌现出来许多情节略强的短视频广告，但它们仍然难以支撑起丰富的娱乐内容，这就需要在设定品牌故事的时候建构好品牌故事的角色起源、角色关系、故事线与宇宙观，为进一步跃迁为娱乐设定埋下伏笔。

其二为应用跃迁，变商业应用为娱乐应用。品牌角色的商业应用环境主要是媒体广告及线下促销，大多数品牌不设定品牌角色也能完成不同场景的商业应用，而设置品牌角色加强了消费者联系，增强了品牌接触场景的亲和与趣味。应用跃迁需要转变思维观念，创意由品牌的认知体验变成消费者的生活演绎，如可口可乐的跨界合作相比于它的互动装置，娱乐性更强，后者能够体会可口可乐的品牌价值观为分享快乐等，而前者让人体会到大众流行文化与消费者的联系。跨界合作或品牌角色授权使用活动中，加入品牌角色后可以增强品牌合作双方的娱乐性，如2017年东芝AI技术服务与“熊本熊广场”跨界合作推出熊本熊版语音翻译服务，此项合作激活了东芝品牌和熊本熊的娱乐基因，为合作双方创造出了潜在的娱乐价值，这些娱乐性的应用甚至可以用来构建未来主题故事线的熊本熊故事或东芝故事。

其三为运营跃迁，变单线运营为双线运营。LINE和Kakao取得优异的娱乐效果与其双线运营的方式分不开，大多数拥有品牌角色的品牌也难以做到双线运营，它们往往将品牌角色作为辅助宣传工具，品牌为主，品牌角色为辅。品牌角色的推广是为了吸引流量支持品牌创建与价值积累，如可口可乐的北极熊产品周边销售也仅仅是强化消费者对可口可乐品牌文化的认同，熊本熊更是熊本县的营业部部长兼幸福部部长，无偿授权任何个人和企业使用其品牌角色，它的存在价值就是服务熊本县，这样这些品牌角色难以成为真正的品牌资产，从而产生泛娱乐化的影响与价值。双线发展的好处在于：品牌资产就是品牌的形象大使，娱乐运营促进品牌黏性增加与品牌增值扩大，即使是知名娱乐企业迪士尼，都要通过自己的品牌角色米老鼠助力其品牌发展；同时品牌资产也是娱乐业的流量明星，它通过自己的运营规律扩大影响，创建及永续自身价值。品牌角色相关概念的包含关系如图2所示。

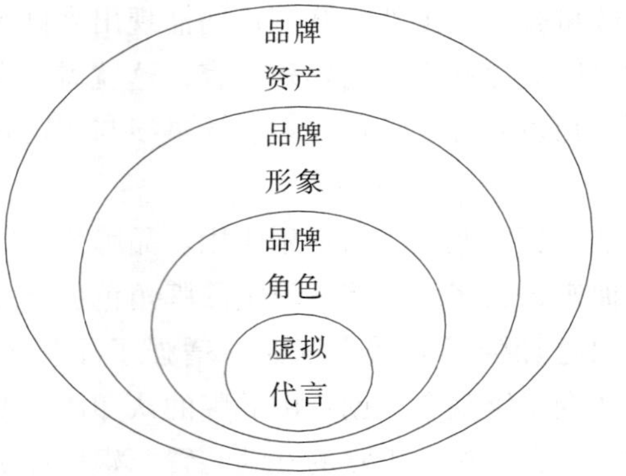

图 2　品牌角色相关概念的包含关系

综上所述，品牌角色是品牌传播活动中诞生的人格化形象，它由品牌辅助识别身份开启了品牌娱乐之旅。首先品牌角色可以是真实的也可以是虚拟的，后者被称为品牌虚拟代言，而后者比前者更具备可塑性与专属性；品牌角色与其他品牌识别如品牌标志构成了品牌形象的一部分，不是所有品牌形象都需要品牌角色，品牌角色只是品牌标志的辅助识别；品牌角色进入娱乐领域形成了品牌资产，品牌资产包含由品牌角色等构建的品牌形象和更广阔的由品牌角色构建的娱乐生态，只有极少量品牌形象最终脱颖而出发展出自己的品牌资产。

回顾历史发展，品牌资产是品牌角色发展的一个方向，它历经品牌形象、虚拟代言直至品牌资产本身。品牌角色发端于欧美，经由 20 世纪 50—70 年代的品牌形象的实践创新和理论聚焦路线不断发展，之后在 60—90 年代欧美体育竞技文化的带动下全面走向商业应用得以完善，这两个阶段欧美成为品牌角色文化的中心。90 年代日本动漫产业的繁荣，使泛娱乐市场活跃起来，促成了东亚市场的一些品牌角色转化成为真正的品牌资产，特别是日本动漫业的萌文化反而侵入了欧美市场。诞生于 2006 年的 Danbo 是亚马逊的非官方虚拟代言，它来自日本漫画；微软新加坡分公司为了祝贺 2013 年亚洲动漫展顺利举办，推出了萌系虚拟代言蓝泽祈，这些都预示着品牌角色文化的中心迁移到了日本、韩国等亚洲地区。品牌娱乐化的发展是品牌文化与体育、旅游、动漫、科技文化相融合的结果，不是所有品牌都适合打造自己的泛娱乐生态从而生成为品牌资产，但是品牌娱乐化是品牌融入大众文化获得增长的必由之路，而品牌资产的创建是某些品牌值得探索的实现更大价值的绝佳路径。

【参考文献】

[1] 何伊凡. 互联网“黑话”迭代简史 [EB/OL]. [2019 - 09 - 11].

http：//woshipm. com/it/2853429. html.

［2］米其林宝宝［EB/OL］.［2019－09－01］. https：//www. michelin. com. tw/feed_baby. php.

［3］Breakfast cereal mascots：Beloved and bizarre［EB/OL］.［2019－09－01］. https：//www. cbsnews. com/pictures/breakfast－cereal－mascots－beloved－and－bizarre/.

［4］Mascot［EB/OL］.［2019－09－01］. https：//en. wikipedia. org/wiki/Mascot.

［5］Ronald McDonald［EB/OL］.［2019－09－01］. https：//clownopedia. fandom. com/wiki/Ronald_McDonald.

［6］Book of tens：Ideas of the decade［EB/OL］.［2019－09－01］. https：//adage. com/article/print－edition/advertising－book－tens－ideas－decade/141058.

［7］知识产权［EB/OL］.［2019－09－01］. https：//zh. wikipedia. org/wiki/%E7%9F%A5%E8%AF%86%E4%BA%A7%E6%9D%83.

［8］动漫［EB/OL］.［2019－09－01］. https：//zh. wikipedia. org/wiki/%E5%8B%95%E6%BC%AB.

［9］熊本熊［EB/OL］.［2019－09－01］. https：//zh. wikipedia. org/wiki/%E7%86%8A%E6%9C%AC%E7%86%8A.

［10］董洋. 日本城市吉祥物的现状及其文化内涵分析［J］. 文教资料，2017（9）.

［11］About LINE friends［EB/OL］.［2019－09－01］. https：//www. linefriends. com.

社会化网络时代视频功能的转向

李晓丽*

摘　要：从以开放共享和用户主导为特征的 web2.0 时代开始，我们开始进入社会化网络时代，发展到今天的 web3.0 时代，网络视频生产消除了技术壁垒，个人化视频摆脱了传统视频制作专业化的标准，短视频成为社会化网络中重要的信息传播、交流与呈现方式。本文通过分析短视频的交流功能、视频化阅读功能、记录功能、社交电商这几个方面，来理解社会化网络时代视频功能的转向。

关键词：社会化网络　短视频　功能　社交电商

一、交流功能的转向

随着社会化网络的发展，网络视频的生产摆脱了传统视频生产专业化的技术壁垒，更摆脱了视频在电视媒体时代复杂和组织化的生产程序，内容直接取自生活，并用于生活中的各种交流场景，在语态上有着天然的亲近感和随意性①。

传统媒体时代的视频，一般指电视视频节目。电视视频制作有着严格的技术和组织化的要求，一般民众或者机构在没有准许的情况下是无法进行电视视频节目的制作，更无法借助电视视频节目来进行自我表达的。因此，传统媒体时代，上电视节目成为明星或权威公众人物的专属权利，普通大众只是作为信息的接收者和节目的观看者进行娱乐和了解社会。虽然人们可以在众多的电视频道中进行选择，选择符合自己当下场景的节目进行观看，但从传播学的角度来看，这本质上只是一种电视话语“形式”上的变化，而非本质上的传受地位的变化。尽管电视从录播到直播发生了很多技术上和内容形式上的变化，但电视话语权始终掌握在极少数的专业精英手中，成为权威的话语代表和商业化社会向公众进行推销的广告工具。

社会化网络社会使互联网技术真正成为以人为中心、服务于大众人群的工具。4G 时代到来后，短视频技术的发展和成熟，使视频成了社会化网络时代

* 李晓丽，西南交通大学人文学院硕士研究生。

① 王晓红．论网络视频话语的日常化［J］．现代传播，2013（2）：133－136.

人们的另一种交流与交往方式，真正实现了图像化的交流。网络短视频的爆发改变了传统视频传播的传受关系，也改变了人们的话语方式，影像表达的世界更加丰富和立体。这一点主要体现在以下几个方面：

首先，传播主体的去中心化。社会化网络时代本身带有去中心化的特征，而移动短视频技术的成熟，使影像表达权进一步下放，影像的言说不再只是某些机构或资本的专利。社会化网络时代视频化传播使得人人都可以用影像来进行言说。

其次，在人人都拥有视频话语权的情况下，大众不再是被动的信息接收者，而是可以参与到影像传播中去，“信源”的边界进一步变得模糊。人们一方面可以为机构提供来自特定场景的一手“信源”，另一方面可以作为单独的“信源”进行传播，从 PGC（Professional Generated Content）到 UGC（User Generated Content）的转变使得短视频成为社会化网络中的基础应用，发挥着社会细胞的作用。

最后，社交 + 移动短视频，使得短视频成为人们人际交往和信息交换中的重要角色。人们可以在邮件、微信、微博等应用中随意嵌入短视频，尤其是微信的即拍即分享，使得人们可以更加生动直观地进行交流和表达。正因为短视频的便利性和无规范的随意性，其在社会化网络时代常常被用于代替文字表达，画面和符号成为最为直观的话语交流方式。据《2019 年互联网趋势报告》显示，Facebook + 短视频使得 Facebook 在 2019 年拥有了 15 亿的日活跃用户，一年内增长了一倍①。

二、视频化阅读的转向

时间的碎片化已经成为移动社会化网络时代的一个不争的事实，且随着近几年短视频的发展，以公众号视频、今日头条和抖音短视频等平台中的部分内容为例的碎片化视频阅读更成为人们浏览信息的主要方式。

据《2019 年互联网趋势报告》显示，2018 年，中国的移动互联网用户规模达到 8.2 亿，同比增长 8%。虽然移动互联网用户规模的增长速度放缓，但 2018 年移动互联网数据流量同比增长 189%，且增长速度仍然在逐年加快。其中，短视频 App 引领用户数量和时长增长。头部短视频抖音和快手的国内日活跃用户达到了 5 亿，到 2019 年 4 月，中国短视频的日均使用时长达到了 6

① MEEKER M. Internet trends 2019 [EB/OL]. [2018 - 06 - 21]. http://199it.com/archives/890321.html.

亿小时，从2016—2019年短视频占用用户整体网络使用时长比例不断上升，2019年3月，平均每个用户的每月使用时长达到了140个小时，比2016年整整多了一倍。社会化网络时代的视频化阅读主要体现在以下两个方面：

（一）资讯获取

以抖音短视频为例，2019年1月，抖音国内日活跃用户突破2.5亿，月活跃用户突破5亿，成为国内最大的短视频平台。抖音不仅成为年轻人生活记录和视觉表达的重要平台，也引领着中国媒体视觉化的传播趋势[①]。自2016年创建以来，操作简单清新的界面、强大的推荐算法以及平台的战略化营销等，使得抖音一路迅猛发展，成为和短视频巨头快手抗衡的重要平台。基于庞大的用户量和年轻化的用户群体这一特征，中央电视台、新华社、人民日报等主流媒体先后注册了抖音账号，开始在这一年轻化的音乐短视频平台上进行资讯发放和舆论引导。抖音短视频发展初期的巨大流量红利为媒体抖音号的涨粉和运营提供便利，从而使得媒体抖音号拥有了巨大的发展潜力。以人民日报为例，自2018年9月入驻以来，短短四个月内共发布了160多条短视频，累计获得1.6亿点赞数[②]。

创建于2012年，且孵化出抖音短视频的今日头条，如今更是资讯领域的头部应用，2018年3月日活跃用户最大值达2.4亿。国内头部短视频平台抖音和快手，常常被冠以过度娱乐和低俗化的标签，但短视频形式的优质资讯内容制作和分发的潜力，已经成为可见的现实。梨视频是一款专业的资讯短视频平台，于2016年11月上线，其大部分视频时长控制在30秒到3分钟之间，力求展现新闻事件最精华的内容。梨视频能够在众多短视频应用中异军突起，最主要的原因在于它是一个融合发展的产品，把当下最受互联网用户欢迎的短视频表达方式与传统媒体基因相融合[③]。

在社会化网络时代，真正一手新鲜优质的资讯视频来源，其实掌握在无数个社会网络节点上的个体手中。互联网技术革命在信息传播和社会互动层面将个体激活，使个体与组织嵌入由互联网所联结的社会网络中，形成节点集群，

① 林功成，张治安，郑亦楠．媒体抖音号的现状、特征和发展策略［J］．新闻与写作，2019（3）．

② 林功成，张治安，郑亦楠．媒体抖音号的现状、特征和发展策略［J］．新闻与写作，2019（3）．

③ 游晓丽．20万条真实视频背后的梨视频生产逻辑［J］．青年记者，2018（2）．

围绕新媒体内容生产的社会嵌入得以发生[①]。在视频内容的多样化上，梨视频的拍客网络触及全球520多个城市，关注社会万象，视频主题类型多样，更引入了权威的机构拍客，与传统媒体、政府机构等进行合作，为用户提供优质、新鲜、接地气的一手视频资源。在视频内容的优质性和真实性管理上，梨视频不但研发了一套对内容质量和导向进行控制的技术管理系统，而且传承了传统媒体的三审制的视频生产流程，建立专业的编辑审核团队，在新媒体时代充分扮演好把关人的角色，保证了内容的优质性和真实性。

（二）碎片化学习

随着科技的进步和社会化网络的发展，人们的生活节奏不断加快。与此同时，从纸质书籍到电子书籍再到移动短视频微课堂，阅读载体的变化使得人们对于阅读和学习有了更多样化的选择。在信息爆炸和各行各业不断更新换代的快节奏社会中，大部分的人既要保持现有的生产力，又要不断更新自身的技能和知识储备，才能更好适应社会的发展。这使得人们期望在短时间内能够学到更多的东西，且尤其对成年人来说，由于受到工作和生活各种复杂和琐碎事物的影响，不得不把时间碎片化。把短视频作为技能教学的平台已经成为很多短视频平台的重要功能。从在线教育与短视频相结合的内容运营方向来讲，主要有UGC、PGC和OTT（Over The Top）三种形式。

三、视频博客

在社会化网络时代，人人都拥有在网络上的表达权，人人都是自媒体，个人化的内容也经常被发表在网络上，成为这个时代一种记录生活或分享观点最为普遍的方式。Web2.0时代，最为熟知的在网络上记录个人生活的方式是博客和QQ空间日志，那也是网络社交1.0时代，互联网还没有完全普及，人们在网络上除了聊天发邮件，就是用图文记录自己近期的心情和想法。从PC时代篇幅较长的网页博客到140字限制的微博这种微型博客，都是传统的博客，每个人的博客或QQ空间日志都是一个人的世界，通过写博客或日志的形式来表达自我和去观看他人的博客或享受被他人观看。开放性是社会化网络时代博客的重要特征。《网络社会学》一书对博客的开放性进行了论述："博客是真正意义上的公共领域之一，博客成为一种交流空间，意味着个人空间直接变成

① 黄伟迪，印心悦. 新媒体内容生产的社会嵌入：以梨视频"拍客"为例［J］. 新闻记者，2017（9）.

公共领域，主体直接进入公共领域的门槛、限制机制直接达到最低点。”①

社会化网络时代的视频博客，人人都可以是视频博主，人人都拥有了成名的权利和机会，个体的个性、生活片段和风格都可以直观地展现在网络的公共领域中。Vlog，即 Video Weblog 或 Video Blog，源于“Blog”的变体，意思是“视频博客”，也称为“视频网络日志”，是博客的一类。Vlog 作者以影像代替文字或照片，记录个人生活，或对某个话题表达观点，或对专业性的问题进行解释。Vlog 最早起源于 YouTube，2012 年，YouTube 上出现了第一条 Vlog，截至 2018 年 1 月，YouTube 平台上每小时就会诞生 2 000 条 Vlog 作品②。Vlog 作为博客的一种类型，同样是个人空间在公共领域的一种展示，Vlog 如同一本公开的“视频日记”，允许他人微观自己生活的一隅③。社会化网络时代，人们通过网络联结成一个虚拟现实的世界，在其中的每个参与者既在网络中窥视他人，同时也希望自己的网络行为获得他人的关注。人们越来越愿意在网络上围观他人的日常生活，来满足自己的心理需求，通过观看他人的生活来获取生活经验和满足自己的好奇心，或模仿或完成对自己的身份建构与心理认同。

对于社会化网络时代流行的视频博客形式——Vlog，可以从以下几个方面来进行理解：

（一）年轻人的私人纪录片

特定风格的视频博客具有较高的用户黏性和较强的交流性。强调真实记录和人格化属性的 Vlog 是聚合特定价值观和特定取向年轻人的关键。

（二）PUGC 带领 PGC 的协同发展

优秀的视频博客，对拍摄和后期剪辑有一定的门槛。内容制作门槛和传播效率等因素决定了 Vlog 形式需要平台专业用户内容带领用户生成内容，形成一种协同的发展趋势。抖音、快手等很多短视频应用简单易上手，用户按照音乐和背景模板来进行制作，一台手机就可以完成所有的流程。而 Vlog 区别于抖音等短视频形式，在拍摄上强调单人视角和自拍模式，设备便携且拍摄画质稳定、有质量，需要后期发挥主观能动性和创造性进行剪辑，才能呈现出带有

① 郭玉锦，王欢．网络社会学［M］．北京：中国人民大学出版社，2016：57.

② 什么是视频博客？［EB/OL］．［2018－07－16］．https：//wiki. mbalib. com/wiki/% E8% A7% 86% E9% A2% 91% E5% 8D% 9A% E5% AE% A2.

③ 隋岩，刘梦琪．视频博客（Vlog）的内容特点及其治理［J］．学习与实践，2018（11）：61－67.

个人色彩和叙事风格的短视频作品。

（三）新时代难以复制的粉丝经济

由于社会化网络时代的个性化和去中心化，视频博客带有强烈的个人风格，是一种不同于传统流程化包装的粉丝经济。通过模仿很难复制达到同样的粉丝效应，想要规模化和商业化需要长期探索。

四、短视频带来电商 3.0 时代

短视频从 2016 年开始的蓬勃发展，到今天的相对稳定期，流量的红利已然过去，剩下的就是流量的精准化和精细化运作。未来的 5G 时代，短视频流量到利润的转化率将会成为短视频平台的生死挑战。随着“竖屏”的兴起和短视频平台庞大的用户数量，在社会化网络时代去中心的个体化社交网络特征下，短视频电商成为新风口，成为移动短视频博主、短视频平台和众多商家的共同选择。

短视频时代，人们消费的转向主要体现在以下两个方面：

（一）短视频内容驱动下的场景化购物

随着移动互联网技术的发展，移动短视频时代给产品零售所带来的不仅是消费渠道的多样化和个性化，更是社会化网络中人们的消费行为的场景化。美国学者罗伯特·斯考伯和谢尔·伊斯雷尔在《即将到来的场景时代》一书中大胆断言：“未来的 25 年，互联网将进入新的时代——场景时代。”斯考伯提出，互联网时代的“场景”应该是基于移动设备、社交媒体、大数据、传感器和定位系统提供的一种应用技术，以及由此营造的一种在场感①。在以人为中心的社会化网络中，人们的一切行为都是围绕特定的场景来展开的。

移动短视频时代的到来与蓬勃发展，使得竞争激烈的众多电商平台有了新的玩法，做内容营销的电商创业团队纷纷拥抱抖音、快手等头部短视频平台，开启“短视频 + 电商”的新模式。就目前来看，由“短视频 + 电商”所创造的消费场景大致有以下三种形式：

1．短视频达人引流电商

与商家合作以各种形式在自己的内容中植入广告，是最普遍的一种短视频

① 罗伯特·斯考伯，谢尔·伊斯雷尔．即将到来的场景时代［M］．北京：北京联合出版公司，2014：5.

达人将粉丝流量进行变现的方式，也是最早的电商拥抱短视频内容平台的探索。在这种形式下，短视频内容本身的质量是基础设施，在此基础之上，短视频达人和粉丝之间通过内容和社群圈子产生互动，进而逐渐建立社交和情感联系。随着粉丝和网红之间的频繁互动和交流的深入，粉丝和短视频网红达人之间逐渐建立一定程度的信任感，这种粉丝用户对某些网红达人的同理心和信任感偏好，更加容易加速用户的购买决策，促成流量的转化。

快手短视频平台的初衷和基本逻辑是通过快手，帮助每个人更好地跟世界相连，因此快手天然就带有很强的社交属性；再加上短视频本身拥有丰富的内容呈现，快手的用户之间通过短视频内容，形成了基于内容社交的深厚关系链。在快手互相联结的社会化网络中，商业属性附着在一部分辐射性相对较强的连接中，这一特性使得快手电商形态同时融合了内容电商和社交电商，这与电商圈的其他平台有极大区别，更增加了快手短视频上的本土化网红的变现能力。

2. 电商平台在营销策略上呈现短视频态势

除了与短视频平台上的流量网红进行合作，很多电商平台还推出了自己的原创短视频节目，尝试打造多个流量入口。在这物质盈余的消费社会，在社会化网络时代的场景化消费中，电商平台大多数的纯商品内容已经很难吸引买家的注意从而实现购买，而带有音乐的强大“模因”和娱乐性质的短视频电商内容更容易获得用户的接受。国内最大的电商平台非淘宝莫属，淘宝也一直在通过站内的微淘、直播、必买清单等栏目来探索扩展自己的内容电商。一方面，人们打开电商平台的主要目的是浏览商品完成购物，站内的内容大多只围绕商品展开，带着购物动机而来的用户不会因为多余的内容而停留太久；另一方面，淘宝站内的内容多是围绕产品特点呈现的图文内容，单一乏味，很难吸引用户的注意从而产生购买行动。

而抖音这类短视频平台上有趣的内容，能够吸引用户的注意，沉浸其中的兴奋感使得用户很容易在短暂的几十秒内产生购买欲望，从而完成购买行为。因此，拥有优质短视频内容和强大算法逻辑的抖音短视频平台，就成为众多电商变现的聚集地。目前，淘宝上的众多爆款商品，平均每十个爆款有九个是来自抖音的安利[①]。机灵的众多商家，借着抖音的大火，纷纷给自家的商品加上“抖音”关键词进行推广。很多阿里平台的商家纷纷出动，开通自己店铺的抖音账号，进行宣传。小米有品是小米旗下的竞品生活电商平台，也是小米

① 投资界. 上线有店铺，抖音：我不是社交平台，我是电商新宠［EB/OL］.（2018-05-16）. https：//m. pedaily. cn/news/431330.

"新零售"战略的一环，依托小米生态链体系，用小米模式来做生活消费品。小米有品不仅开通了抖音账号，在抖音上以产品为基础进行内容创作和品牌推广，且与抖音合作上线了小米有品的抖音小程序，使得用户在抖音上就完成了从内容消费到购买货物的消费闭环，充分利用短视频带货功能的天然优势来提升用户的品牌认知与平台销售量。

电商平台除了通过短视频为自己引流，也看准了短视频作为基础设施，增加用户停留时间和提高流量转化率的潜力。在与现有短视频平台进行不同程度合作的同时，电商平台纷纷结合自身优势，开发自己旗下的短视频导购平台，激励平台店主发力短视频。这说明，短视频正在成为电商行业重要的组成部分。鹿刻 App 是淘宝旗下的一款生活消费类的短视频社区 App，致力于用户购物以后的真实分享，帮助用户发现神奇的物、人、事，提供问答，帮助解决生活中的问题①。鹿刻 App 的上线顺应了电商 3.0 时代短视频带货的发展趋势。目前，在淘宝平台，用户浏览短视频、商家以短视频形式呈现商品的习惯已经基本养成，独立短视频 App 的推出更好地满足了倾向于用短视频来发现和挑选商品的用户。

3. 短视频电商平台

拥有了流量和庞大的用户群体，各大短视频平台也在不断探索建立自己的电商平台，电商成了直播和短视频平台的又一条重要的掘金渠道（见表 1）。

表 1　短视频平台电商形式

平台	功能	展示形式
快手	快手小店	个人主页"他的小店"
抖音	店铺入口、边看边买、购物车	短视频下方显示购物车图标和商品名称；个人主页"他的商品橱窗"入口
美拍	边看边买、店铺入口、购物车	视频文字介绍可加入商品链接；个人主页"他的店铺"入口；"推荐商品"购物车
西瓜视频	店铺入口、边看边买	个人主页"店铺"入口；视频下方显示商品和价格

① 罗超频道. 淘宝上线短视频 App 鹿刻：害抖音之心无，防抖音之心有［EB/OL］.（2018 - 09 - 19）. https：//36kr. com/p/5154037.

(二) 社交与电商深度融合

视频有着天然的感染力和影响力，在移动短视频时代发展到当下的稳定程度之前，短视频内容最传统的盈利方式是广告。当“一条”短视频公众号订阅用户突破2 000 万的时候，创办人徐沪生意识到广告盈利的天花板和局限性。其在2016 年初开始试水电商，最开始，一本小众书籍在粉丝量庞大的公众号上卖出了25 000 多本，几次成功的案例让“一条”决定正式走电商这条路，开发了“一条生活馆”小程序，又推出电商平台“一条”App。

一条、小红书和抖音等短视频平台，用优质和调性相同的内容，将立足于相同爱好的受众聚合在一起形成社群，通过自己或他人发表高质量的内容吸引海量用户进行访问，积累粉丝之后，再引导用户进行裂变与成交。这种社交内容电商模式的主要特征是网红、达人、KOL（Key Opinion Leader）通过短视频内容来吸引用户消费，解决消费者购物前选择成本高、决策困难等相关痛点，这种社交内容电商的模式通常又分为平台和个体两种形态。平台典型代表有抖音、小红书等，他们可以通过视频内容带货，通过产品的实用功能引起震撼和直观的效果，引发很多用户的关注和跟风，近年来的很多网红产品热潮都是从抖音刮起来的。个体的典型代表有网红和内容创业者等，这些个体基于自身在某些方面的专业性等相对优势，建立起一个能满足用户某类社交欲求的圈子，并洞察用户群体的潜在需求，了解他们的情况，有针对性地输出能够激发群体共鸣的内容。个体通过专业的知识和服务来影响特定的人群，然后再通过卖货将这些流量红利进行收割。但这种模式的关键就在于内容的质量，这是个体获得流量的基础和根本保障。

在社会化网络时代，人们往往因为共同的兴趣爱好形成一个个圈子；处在社会化网络节点的人们也常常同时连接几个不同的圈子，只是可能在不同的圈子里所扮演的角色节点的辐射程度不一样。由于社会化网络时代的这种去中心化的特点，社交内容电商所面向的群体往往都是某一个圈子的人，用户群体通常都有共同的标签，如“一条”的定位受众就是那些有相似生活理念的年轻白领。在这种情况下，短视频内容的创作者们就可以有针对性地进行营销，针对共同的痛点和生活场景输出的内容更容易引起人们的互动与传播。此外，因共同的话题、兴趣或需求痛点联结在一起的人们，通常有着相似的价值观，出于内在动机联结在一起的人，对内容的忠诚度较高，这种场景下的转化和复购能力也比传统的电商要强很多。

社会化网络时代，个人的无限联结和影响力往往使得互联网上的很多内容引起在社交媒体上的病毒式传播。而短视频的直观、感染力强和观看门槛低等特质，使得这种媒介形式比文字更易懂、辐射更强，比图片更直观和有影响力，这就使得短视频内容更易在社交媒体上引起病毒式传播。

要想让短视频内容形成一种病毒式流行传播，让无数传播节点上的用户进行内容的扩散，除了视频内容生动有趣、感染力强，更重要的是短视频内容制作的低门槛所带来用户强烈的参与感。电影《前任3》上映第二周后，一组主题为“影院内各种痛哭”的短视频在快手、抖音、秒拍等平台上热传，并迅速引起了微信朋友圈和微博的刷屏，使得越来越多的用户对电影产生关注，使得《前任3》票房低开高走，第二周和第三周的票房规模远远反超第一周。各种围绕《前任3》电影话题的短视频拍摄简单易学，只需一台手机，结合特定的场景就可完成，这为更多的用户自发参与创作、“定制”作品提供了基础，也使得相关的内容迅速在快手、抖音等短视频平台上引起连锁反应。短时间内，这段由PGC内容带动的热潮开始发酵，短视频用户模仿电影中的“吃芒果”“手势舞”“戴紧箍咒表白”等UGC内容开始流传开来，将本该走向颓势的影片反转性地推向了高潮。尝试性的病毒式短视频营销，使得《前任3》的票房从预期的5亿元一路飙升到了20亿元。

正是短视频制作的低门槛，使得用户乐于模仿短视频作品，从而对作品进行二次创作。视频作品本身的趣味性和低门槛，再加上类似抖音平台的算法特征，使得优秀的原创内容上传后获得推荐，再由用户“模仿”动机所带来的创作动机，使得平台产生大量的“类型化”视频，不断获得平台的推荐后其影响力持续放大，从而形成全平台甚至跨平台的病毒式流行传播。社会化网络时代的去中心化和无限联结的特征，使得网络时代的社交可以和任何的内容形式相结合。附带社交属性的短视频形式，商业化的转化率远远超过传统的电商和电商2.0时代的PC端长视频电商模式。

5G通信技术引领下的社会化网络时代，短视频取代长视频成为移动端重要的视觉传播形式，视频功能则转向成为广告营销、社交、记录、信息传播与接收等。本文的不足之处在于缺少实证和定量的研究，且内容不够深入，对于这一时代短视频功能和影响的研究，还需继续探索。

一次性公益：公益营销传播的低唤醒、诱因缺失与公共可视性匮乏

周承远*

摘　要：本文探讨了公益营销传播近年来的研究议题、趋势与前沿，分析了公益营销传播“一次性公益”的局限。借助 STEEPS 六原则中的诱因、情绪与公共可视性，结合“主客”剖析其“一次性公益”的局限，并给予对策。此外，还细致探讨并完善了三个原则的适用性与使用场景，具体结论如下：①由于其受传播目的所限，缺乏现有的或已建构的日常可见、刺激高频的诱因，致其给予受众的刺激不持续；②由于其受传播内容的创意立意和效果预期所限，未将生理唤醒与情感唤醒相结合，更未给予受众高生理唤醒，未有效消弭公益对象与参与者间距离，未促成“我们”这一共同概念，传受转换的微瞬间动力不足，故而未给予受众强有力的转换动因以促进其二次、三次分享；③由于其受传播载体或渠道的单一、他异性所限，未将活动的象征符置于具身的、日常的、公共性可视性强的承载之上，提高了受众模仿的成本，故而阻碍了这一社会证明、社交货币的流行。本文拓展出“持续性诱因原则”的四个适用原则：日常可见、简单直接、刺激高频、场景明确；修正了“情绪原则”中把“生理”与“情感”割裂来看而忽略了二者交织动态的关系，忽略二者谁主导谁辅助的具体使用场景的转换；且认为“诱因”与“公共可视性”之间重复的元素过多，可将“公共可视”归于“诱因”，从传者和受者两个视角去分析，受者“诱因”很大程度就是公共可视性。

关键词：公益营销传播　一次性公益　STEEPS 六原则

一、绪论

公益营销传播向来是弥合社会的有效途径之一，不论是政府、企业还是个人，都可以通过公益来回馈社会、提升自身形象。但曾经国内的公益受限于大众的公益素养（主体意识缺失，参与度低）、企业的公益理念（主动公关为

* 周承远，暨南大学新闻与传播学院硕士研究生。

主，旨在增加企业营销额）、政府的公益环境（忽视网络公益，法规、机制缺乏），公益营销传播多是“一次性、不持续、低曝光”的一锤子买卖。可反思如今的社会化媒体如此发达，传播渠道、传播内容只增不减，大众素养、公益理念，包括政府营造的公益环境都有了长足的进步，公益营销传播形势理所应当是一片大好，可为何只有寥寥几个公益活动（“蚂蚁森林”“微信步数”）能广泛、持续地得到受众的认可和参与呢？如何才能让公益营销传播事半功倍呢？活动的主要发酵方式是什么？

公益营销传播若要发挥其影响力，实现传播目的，首先是需要大量的、广泛的且持续性强的传播，而公益活动往往把更多的资金流向了公益活动的受益者，即需要帮助、关注的群体或普及的思想，加之其非营利性，活动本身的宣发预算及投入就甚少。如今互联网环境下，传统媒体制作周期长、投放成本高、受时空限制多①，且受众的注意力更多集中于社会化媒体，故而传播的主要途径依赖于二次传播，如熟人网络、口碑等。

既然受众转化为传者后的二次传播是其主要发酵方式，那传者的传播动机便成了决定其传播广度乃至深度的重要因素。此处提出本文的核心问题——公益营销传播中传者的传播动机主要由哪些因素组成？如何才能促进传者更好地传播？

先带着问题，从前人研究来看，利用 CSSCI 搜索“篇名 = 公益广告”得 98 篇，“篇名 = 公益 & 传播”并剔除先前搜索的重复文献得 47 篇，“篇名 = 公益 & 营销 & 传播”并剔除重复文献得 2 篇；利用 CNKI 搜索“主题 = 公益广告”得 786 篇。使用科学计量学工具 CiteSpace 5. 3. R4 版本，制作关键词共现图谱。可知，核心期刊中公益营销传播的主要议题完成了由传统媒体（如“电视广告”）到新媒体的过渡，从线下到线上（如“网络传播”）的过渡，从公益带来的作用、效果、作用对象到公益主题（如“公益组织”）的传播，呈现出“公益 + 互联网”与“互联网 + 公益”的繁荣②。但相关研究数量仍旧较少，核心期刊收录少于 200 篇，其主要议题多探讨公益广告类型、效果与社会效益、传播策略、话语分析、文化及价值取向。

与公益相关的硕博士论文近年来议题集中于对公益传播进行探讨，谷雨（2013）、孟燕（2012）、王灵玲（2018）、王佳（2014）等人针对不同媒介、不同平台下的公益传播进行了探索，侯冲（2016）、戴维嘉（2015）、刘荔

① 葛思琦. 我国网络公益广告传播中存在的问题及对策［D］. 济南：山东师范大学，2018.

② 张书婷. 移动互联网背景下面向大众参与的公益服务设计研究［D］. 无锡：江南大学，2017.

（2013）等人对其传播效果和机制进行了实证分析。另外，较热门的主题多为语言学与广告内容相结合，从多模态话语分析探讨公益广告话语，如周珊（2014）等；从概念隐喻角度分析广告图像与话语，如郑凌云（2017）等。

其中与本文所探讨的传者研究中的传播动机、二次传播所需的唤醒程度、诱因与公共可视性等内容相关的文献，属心理学与传播学交叉范畴，相关探讨较少，且实证过程多为证明“常识性”动机，如张佚凡引入价值共创理论证明可参与性、互动性、社交与享乐、个人成就有助于用户参与互联网公益活动①，其实早在使用与满足理论中这些元素皆被探讨。而关于更细节的唤醒与诱因的研究也多停留在受众层面，并没有从受众、传者二者相互转换的视角去探索。本文从乔纳·伯杰在其著作《疯传》（*Contagious*）一书中所洞见的STEEPS六原则充分汲取营养，从传受双方相互转换的动态过程、从引发二次传播的诱因与唤醒出发，探讨在公益营销传播中，为何其持续性低、二次传播少、诱发场景少，从而沦为一次性公益，以及如何促进传者更好地传播。

二、“一次性公益”与“可持续公益”的角力

从STEEPS六原则出发，我们可以看到公益营销传播相较于商业的、党政的营销传播，具有天生的扩散优势。社交（Social）货币属性与生俱来，因公益本身通常裹挟着普世的道德伦理观，又通常带有话题与焦点的故事（Story）外壳，且具备强烈的实用价值（Practical Value）——利他性，所以自然可以用于社交、塑造传者社交中的形象、满足其社交的需求与获得认同。与朋友讨论一个弱势的、需要帮助与关注的社会群体或者一种道德崇高的思想观念，比讨论哪家饭店打折、哪个影视演员上热搜、哪个综艺里的搞笑段子更有利于其社交形象的塑造。周昕彤在研究中表明蚂蚁森林的使用者能获得精神上的愉悦与形象塑造的成就感，并认为“微公益提供了一个分享爱心与自我勉励的平台”“是更有意义的事”,② 这种社交货币属性、实用价值和故事性促进了其与朋友分享。

那既然公益营销传播已占有六原则中的三原则，为何绝大多数公益仍处于“一次性”窘境当中呢？社交货币原则只解决了它可以被谈论、被分享的问题，实用价值与故事性增加了其被传播的可能性，但只有诱因（Trigger）、情

① 张佚凡．价值共创视角下互联网公益活动参与意愿影响因素研究［D］．南京：南京大学，2018.
② 周昕彤．“蚂蚁森林”微公益传播的受众研究［D］．南宁：广西大学，2018.

绪（Emotion）中的高唤醒以及公共可视性（Public）中的积极行为的可视化，才能解决其持续参与、持续传播的问题。

1. 传者的持续性刺激——受公益目的左右的诱因

“设计出一种在特定环境下能够激活顾客内心的产品和思想线索”① 是诱因的内涵，建立疯传之物在人脑海中的固定映射，且固定映射相对流行，那么人脑受到刺激产生映射，必然会联想到疯传之物。即便脑白金广告被万人吐槽，但我们必须承认，“脑白金”——“过节收礼”二者的映射，植根于我们每个“电视人”脑中。而回到公益营销传播中，成功的案例似乎很少，“能量、植树”——“蚂蚁森林”是比较成功的，“冰桶挑战”——“渐冻人”勉强算是。

“一次性公益”与“可持续公益”在诱因方面存在着巨大差距，前者通常为一锤子捐款或者风头一时足，让大家短时间内迅速知晓并付诸行动，但通常因为缺少铺垫与完善的诱因呈现机制和持续稳定的刺激来源，传播会快速达到顶峰，然后迅速衰落。事实上，不排除许多“一次性公益”本着病毒式传播的营销传播目的，进而策划一起大型的活动，以提升其知名度，扩大其影响力与美誉度。但就公益本身而言，“一次性公益”不见得是好事，尤其是站在弥合社会裂缝角度，需要的是持续稳定的、公众主体意识强且保持关注的公益态度与活动，而不是观望、参与一锤子公益。缺乏后续长足的诱因，丧失互动机会，很容易形成与公众无关的局面，公众公益素养难以提升。且长久以往，公益无疑成了组织、企业博名利的工具。当然，有总比没有好，起码受关注群体是有所受益的，但持续性所能带来的影响，不仅是公益的对象、主体双方受益，公众也能从中受益。

诱因所利用的心理学原理是人的分享欲，诱因可分为短期性与持续性两种类型，此处我们只探讨针对公益的持续性诱因。笔者将持续性诱因的组成特点分为如图 1 四个要素。

① 乔纳·伯杰. 疯传：让你的产品、思想、行为像病毒一样入侵［M］. 北京：电子工业出版社，2014：26.

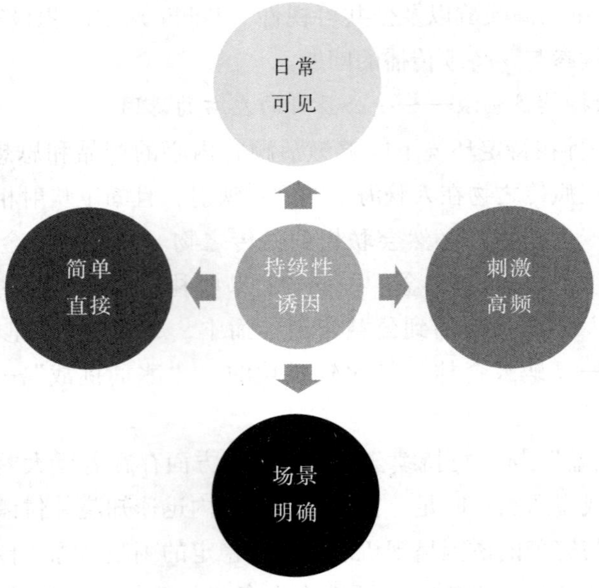

图 1　持续性诱因的组成特点

以“蚂蚁森林”为例，其公益营销传播活动以“能量累计可公益植树”为简单直接的触发方式，以“线上日常互动——浇水与偷能量”为高频的刺激来源，明确诱因存在的场景是“以植树为出发点的线上线下的社交互动”，而日常可见的诱因则来自“朋友间关于偷能量浇水的闲谈”“沙漠绿化、植被覆盖的新闻议题”。其中日常可见与刺激高频存在一定程度的重复，但是日常可见侧重其映射的逻辑起点，如“上火”这样日常可见的俗语，是“怕上火喝王老吉”的诱因起点；而刺激高频则是促使诱因出现的保证，例如已婚中年人对“孩子”这个常见话题的讨论中，所谓高频的刺激即该常见话题中频频被提及的“孩子的教育”“孩子的健康”。此处需要说明，公益营销传播诱因并非一定需要占全四个特点才能获得持续性，比如有些刺激并不高频，但是它是日常可见议题中的少数派，是偏安一隅的诱因，只有其特定群体视其为高频的刺激，如“阿尔茨海默病老人及其亲人”，且大多公益营销传播都面临此问题——诱因并非大众日常可见、刺激高频的存在，这也造成了“一次性公益”的主要困境——诱因缺失，这是普遍且值得探讨的问题。

为什么公益的持续性诱因总是缺失呢？这得从公益本身的目的考量，它向来聚焦的就不是普罗大众的日常琐碎，而是日常中所缺失的部分（思想、观念、注意力等在某些场域的缺失）。从更大的视角切入，既然它是一种对社会分配进行再分配（不论是思想还是物质财富），且弥合社会裂缝的有效方式，那它的存在本身就证明了社会发展的不均衡。这种不均衡有可能是先天的资源分配不均（如山区教育、先天疾病等）导致的，也有可能是后天的资源供给不均（如教育配套、思想偏激等）导致的。不论是曾经的“拟态环境”“议程设置”，还是如今的“场景”“触点”等理论，都告诉我们，大众多堕于自己的世界而少有望向其他世界，以为自己所接触的几乎就是世界的组成部分。所以公益首先要让人们意识到资源分配的不均衡，这无所谓公平与否，这有关公众公益素养。公平是主观的评价，但我们如果连客观存在的资源不均都无法感知到，那就无法将公益对象置于这种资源不均的大背景下去认知、接触并产生联系，那不仅认知产生偏差，我们作为公益对象的认知客体（如残疾儿童通过与我们建立联系而感知世界），也会因为自身素养低下，而给公益对象带来不可逆的伤害。所以许多公益营销传播的目的首先都是让人们意识到这种资源不均带来的影响和后果，其次才是通过营销传播活动促使公众做出思想、行为上的改变，从而弥合社会裂缝。所以受到公益目的的特殊性影响，公益营销传播的诱因通常都非持续性，因其很难在公众的“拟态环境”中泛起涟漪，何谈持续的刺激。

面对上述困境，公益营销传播应当怎么办？诱因，是可以被人为制造且建立联系的，品牌可以建构自己的栖息地，而公益营销传播同样可以。蚂蚁森林的“植树公益”并非高频刺激，它将社交属性、偷能量等游戏互动方式加入其中，增加其娱乐性、社交属性，客观上促进了诱因被讨论、被激发，并且将该种游戏方式培养为长期习惯，成为日常可见的诱因。建构诱因、培植诱因甚至是嫁接诱因（利用竞品来激发诱因），都是解决诱因缺失的方法。

2. 传受转换的动因——高生理唤醒将“主客”变成“我们”

让人注意且产生情绪的东西，会被传播[①]，这无须再述。但情绪并非皆有助于二次传播，也有弊于的、破坏人分享意愿的。消极情绪未必不能利用，恰当的话也可产生传播。

我们的情感表现可分为两大类——积极与消极，但我们的情感表现同样可以从另一个维度划分——高生理唤醒与低生理唤醒。乔纳·伯杰向我们证明了表 1 中积极或消极情绪并不能决定受众传播与否，而是生理唤醒状态决定的结论。高唤醒促进传播，而低唤醒如“满足与悲伤两种情绪降低了人们唤醒的程度”[②]。

① 乔纳·伯杰. 疯传：让你的产品、思想、行为像病毒一样入侵［M］. 北京：电子工业出版社，2014：26.

② 乔纳·伯杰. 疯传：让你的产品、思想、行为像病毒一样入侵［M］. 北京：电子工业出版社，2014：149.

表 1　唤醒状态与情感表现的二维矩阵①

	高唤醒	低唤醒
积极	敬畏、消遣、兴奋、幽默	满足
消极	生气、担忧	悲伤

试想人在满足与悲伤的状态下更容易传播，还是愤怒与震撼的情况下会传播？显然是后者。虽然乔纳·伯杰认为哪怕只是不夹杂情绪唤醒的生理唤醒，如慢跑，甚至是形式上的唤醒（如给你一个话筒和舞台，加上灯光，你会不由地想做点什么），也会增加分享意愿，但会有不夹杂情绪唤醒的生理唤醒吗？身体的兴奋伴随人情绪的兴奋，认知与生理是无法割裂开来的，二者是一个动态的、相互影响的过程。形式唤醒带来的也是感官上的刺激，让人感到激动、感动、沮丧。虽然二者无法割裂来看，但笔者却认为唤醒存在先后，生理唤醒先行与情感唤醒先行带来的效果不同，但二者相互结合会让可持续性增强。下文中将展开论述。

公益营销传播中，公益传达的内容及其希望达到的传播效果是制约其可持续性的重要因素。相比蔓延世界的“冰桶挑战”带来的高生理唤醒与亢奋的情感，大多数公益广告以情动人，希望从内心深处唤醒受众的同情或理解，获得认同，消除偏见，故而传播内容上“温情”“感人”“呼唤柔软内心”居多。为什么会出现这样的现象？从主客二分来看，人们通常习惯通过客体来认知世界，“我”的主体意识强烈，主客间存在固有距离与差别，“我与你不同，但我感知、理解你”，与“我加入你、学习你”完全是两个阶段的效果。首先大部分传播内容是强调“感知、理解”，而非行动，所带来的影响也是“感知、理解”，所以传播内容与效果对受众的第二阶段“我加入你、学习你”有了一定程度制约，这就造成了以生理唤醒为主导或以生理唤醒为辅助的参与行为的缺失，没有行为，更不用说关键的“高生理唤醒”了。如图 2，先行主导的唤醒方式（生理/情感唤醒）决定了你是先参与或者先感知，生理唤醒对应参与（如受众不明情况而主动进入的体验式营销），情感唤醒对应感知（如先观看 OTV）。但不论谁先主导，最终都是要通过高度的生理唤醒拉近“我们”的距离，若只是隔岸观火，再多的感知与理解也是“有距离”的。而另一个重要

① 乔纳·伯杰. 疯传：让你的产品、思想、行为像病毒一样入侵［M］. 北京：电子工业出版社，2014：152.

的影响因素是“高唤醒”，不论谁先主导唤醒，最终保持持续传播的，一定是高唤醒的传播内容与设计，它不仅保证了这次的传播，而且保证了下次有前文中可建构、可联系的“诱因”的刺激状况下，受众依然感受到高唤醒，如提起或感受“冰”—“冰桶挑战”—“冷、浑身颤抖、勇敢、佩服自己”这样的“诱因—社交货币—高生理唤醒”的认知路径，自然会促进受众多次回想起自己的高唤醒的状态。这种高唤醒，依然会带来单个受众的二次、三次传播。

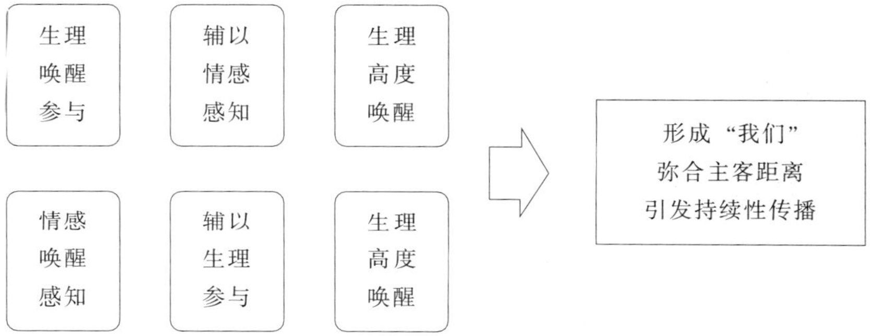

图 2　两种唤醒主导下的殊途同归

总而言之，公益营销传播需要在其内容与效果上重视生理唤醒与情感唤醒二者的结合，并且根据其主体设计合适的先导唤醒（适合先参与的，用生理唤醒，如网络暴力体验；适合先感知的，用情感唤醒，如关注唇腭裂儿童），但二者都要以高生理唤醒收尾或循环（如能带来愤怒、亢奋、震撼情感的生理行为），促进持续性传播。

3. *受众的模仿——具身的公共可视赋予流行的“社会证明”*

乔纳·伯杰在书中的例子很好地证明了公共可视性，“乔布斯想让苹果笔记本的外观在电脑打开时也要让使用者周边的人看着舒服……乔布斯意识到人们会随时随地观察他人的所作所为并随之模仿……让某些事物具备观察性，就可以让它们更好地被模仿……驱动人们共享的关键要素就是公共可视性”①。受众的模仿必须有持续的公共可视性，才会有持续的刺激；而单次的分享行为、传播行为，刺激与影响十分有限。

公益营销传播中的公共可视性并不少，但大都集中于公益主体的符号与标

① 乔纳·伯杰. 疯传：让你的产品、思想、行为像病毒一样入侵［M］. 北京：电子工业出版社，2014：170.

志，它易于辨识，但不符合诱因存在的常见原则和简单直接原则，例如“红十字”标示容易辨识，但是“红丝带”“红手环”“红鼻子”更适合日常的，更简单可视。比起他异的符号与标志，具身的公共可视性更容易引发持续的传播，首先它更日常，刺激频率会相应提升；其次它将象征符合于自身，形成另一种“我们”，有助于增强社交货币质量和社会证明，更有利于形象的塑造与呈现，故而让人看得见并好奇其思想、行为的象征，从而方便别人的模仿，降低了模仿成本。

建立公共可视性需要考虑可视性承载物（如书包还是化妆包，一定是前者，因为前者更具公共可视性）的使用场景的公共性与否，所以具身的、日常的、公共可视性强的承载物，是公益营销传播需要努力的方向，这是其传播载体的具体体现。

三、结语

公益营销传播作为提升政府、企业及个人形象，回馈社会的有效方式，将不均衡的社会资源再分配，从而达到弥合社会裂缝的效果。其本身具备了STEEPS六原则中的社交货币、实用价值和故事原则。但一是由于其受传播目的所限，缺乏现有的或已建构的日常可见、刺激高频的诱因，致其给予受众的刺激不持续；二是由于其受传播内容的创意立意和效果预期所限，未将生理唤醒与情感唤醒相结合，更未给予受众高生理唤醒，未有效消弭公益对象与参与者间距离，未促成“我们”这一共同概念，传受转换的微瞬间动力不足，故而其未给予受众强有力的转换动因以促进其二次、三次分享；三是由于其受传播载体或渠道的单一、他异性所限，未将活动的象征符置于具身的、日常的、公共可视性强的承载之上，提高了受众模仿的成本，故而阻碍了这一社会证明、社交货币的流行。三者共同造就了公益营销传播目前所处“一次性公益”困境，当然前提是公益发起主体的目的并非短期的“一锤子”买卖。

关于公益营销传播近年来的研究议题、趋势与前沿，“一次性”与“可持续”公益优缺点，以及如何促进公益营销传播持续性传播的对策在上文中也已讨论。此外，乔纳·伯杰的STEEPS六原则并非完美适用于任何营销传播领域，STEEPS六原则有其自身局限性。例如，“情绪原则”中把“生理”与“情感”割裂来看而忽略了二者交织动态的关系，也忽略了二者谁主导谁辅助的具体使用场景的转换；再例如，“诱因”与“公共可视性”之间重复的元素过多，二者都要求“日常可见”“刺激高频”，完全可以将“公共可视”归于“诱因”，从传者和受者两个视角去分析，受者的“诱因”很大程度就是公共可视性。

尽管如此，乔纳·伯杰的洞见依然是成熟且卓越的，他将心理学、传播学、营销学、社会学等知识交织在一起，形成了独具自身特色的 STEEPS 六原则，完全可以给我们带来值得思考与借鉴的更多元素，同时我们的思考也将发展与完善、验证与修正其洞见，使之“持续地卓越”下去。

第五部分　大数据营销和智能广告的发展与规范

智能广告发展进程中的数据所有权隐忧
——以《一般数据保护条例》对“数据画像”的规制为例

王　水　安　琪　郭　鹏*

摘　要：伴随欧盟《一般数据保护条例》（GDPR）在2018年5月正式生效，全球科技界掀起新一波对个人数据保护的高度关注，其中展现的对于用户声索数据所有权的支持已经对智能广告产业形成了明显冲击。本文旨在通过对GDPR立法背景、立法精神、具体条文等的梳理审视其与智能广告发展间存在的冲突，尤其考察了GDPR对智能广告所仰赖的“数据画像”技术表现出的严厉管制倾向，并进一步分析了中国行政部门、立法部门及智能广告企业未来在应对潜在的数据所有权隐忧时可采取的部分应对策略。

关键词：一般数据保护条例　GDPR数据所有权　智能广告　数据画像

一、问题的提出

2016年4月14日，《一般数据保护条例》（*Generation Data Protection Regulation*，亦称“通用数据保护条例”，简称GDPR）经欧洲议会表决通过，并于2018年5月25日正式生效。GDPR被认为是在全球应对数字化时代的宏观背景下“极富代表意义和典型意义的尝试”②，其对数据收集、处理、存储及跨境流通等方面进行的规制将在新媒体时代产生深远影响。正因如此，GDPR的正式施行引发了全球政治界、法律界及产业界的普遍关注。

数据具有的价值密度低的特性使得其只有在被聚合的情境下方能发挥更大价值，这也成为大数据理念兴起的根源之一。然而，在数据通过推动创新、生产力、效率和增长为世界经济创造巨大价值的同时③，以数据隐私、算法歧视等为代表的新生问题开始涌现，并偶见侵犯个人基本权利的事例发生；与此同时，以数据货币化、数据市场、行业数据平台、技术支持者、开放数据策略五

* 王水，首都经济贸易大学讲师；安琪，沧州师范学院讲师；郭鹏，山东建筑大学讲师。

② 京东法律研究院. 欧盟数据宪章：《一般数据保护条例》评述及实务指引［M］. 北京：法律出版社，2018：序二.

③ TENE O，POLONETSKY J. Big data for all：privacy and user control in the age of analytics［J］. Social science electronic publishing，2012，11.

种方式完成的数据共享[①]愈加凸显出数据的庞大商业价值，这引发了数据主体（Data Subject，即用户）[②] 对数据及其衍生权益的关注。而在此之前，数据主体对被动生成的数据已经在全球快速流通的现状常常浑然不知[③]。在广告、营销、金融等领域中展现出的高价值开始让人们将数据视作一种资产，且表现出与房屋、土地等传统资产截然不同的无限复制、增值及易扩散等优势[④]。在隐私担忧与商业价值凸显的双重因素叠加下，消费者对数据所有权的声索日益频繁且激烈，而 GDPR 即是这一社会价值趋向的自然延伸。部分由数据引起的真实或疑似隐私外泄典型案例如表 1 所示。

表 1　部分由数据引起的真实或疑似隐私外泄典型案例

年份	涉事企业	事件概况
2007	谷歌街景	谷歌被质疑展示包含行人面部和汽车车牌等隐私信息的街景图案
2008	分众无线	被 3·15 晚会曝光通过收集普通用户手机号码进行短信推送，滋生大量的短信骚扰问题
2011	索尼	7 700 多万用户信息被窃，其中包括信用卡账号信息等较敏感数据
2013	美国国家安全局	被斯诺登指控实施绝密电子监听计划，包括微软、雅虎、谷歌、苹果等巨头可能牵涉其中
2017	Gmail 及雅虎	近 3 000 万账户数据被发现在黑市中交易
2018	Facebook	剑桥分析公司收集 5 000 万选民的个人资料，并经由不当处理被用于政治竞选广告的精准投放
2018	今日头条	被质疑通过窃听终端设备麦克风信息进行精准的内容与广告推荐

GDPR 的正式生效令智能广告行业面临着更高的合规要求，因此也对全行业构成了明显冲击——条例正式实施的当日凌晨，欧洲程序化广告的需求量一

① 吴沈括，李雨鑫．GDPR 时代的数据共享治理路径［J］．信息安全研究，2018（7）：589.

② GDPR 第 4 条第 1 款中即提到"'个人数据'是指一个被识别或可识别的自然人（'数据主体'）的任何信息"。

③ 郭戎晋．GDPR 下互联网企业的机遇与挑战［J］．信息安全与通信保密，2018（8）：17－18.

④ 京东法律研究院．欧盟数据宪章：《一般数据保护条例》评述及实务指引［M］．北京：法律出版社，2018：9.

度锐减高达25%至40%[①]，广告技术公司Grapeshot首席运营官Kurt Kratchman则认为GDPR的实施将使英国废弃多达75%的营销数据[②]。智能广告行业的明显受限部分源于GDPR新增加的［相较于GDPR的前身《关于个人数据处理保护与自由流动指令》（简称“95指令”）］对“数据画像”具象且严厉的规制，而“数据画像”又恰好是智能广告日益追求精准化的根基所在。综上所述，当我们审视智能广告发展与用户对数据所有权日益强烈的声索间形成的冲突时，GDPR的立法进程、思路和规制方式就成为探知社会心态发展和可能解决路径的可行切口。

二、GDPR及其对智能广告的重点规制

（一）GDPR对用户声索数据所有权的强力支持

在如何保护个人数据的长期法律实践中，全球出现了两种主要思路：一是对传统的隐私权进行调整和扩大，使其可以保护个人数据，其客体是信息背后的人格权益；二是将个人数据作为独立的财产权利进行保护，其客体是信息背后的财产权益。[③] 由于美国社会有着强烈的重商主义色彩，因而在对个人数据保护时普遍采用调整和扩大的方式；而欧洲（尤其是“二战”后的欧洲）对包括隐私信息在内的个人数据保护极为重视，因此在立法进程中呈现出对用户声索数据所有权越发强力的支持。

首先，体现在立法形式上就形成了“公约—指令—条例”的逐渐强化的演进路径。1950年颁布的《欧洲人权公约》被认为是欧洲第一代个人信息保护法[④]，欧共体在1981年也签订了《关于自动化处理的个人信息保护公约》。但公约的非强制性无法弥平欧陆各国间在信息保护上存在的差异，对欧洲相关产业的自由贸易产生了阻抑作用，因而催生了前述“95指令”的出台。相关指令的出台只是部分解决了法律一致性的问题，但因为指令本身需要成员国经由相关立法程序转化为国内法，这一过程导致成员国间对指令采用了不同的解

① JESSICA D. GDPR mayhem：programmatic ad buying plummets in Europe［EB/OL］.［2019-12-27］. https：//digiday. com/media/gdpr-mayhem-programmatic-ad-buying-plummets-in-europe.

② Grapeshot COO Kurt Kratchman：用户数据保护越来越严，数字广告将何去何从？［EB/OL］.（2018-01-30）. https：//www. adexchanger. cn/tech-company/28645. html.

③ 张杨博，王新雷．大数据交易中的数据所有权研究［J］．情报理论与实践，2018（6）：53.

④ European Commission. Study on legal analysis of a single market for the information society. https：//ec. europa. ed/digital-single-market/en/news/legal-analysis-single-market-information-society-smart-20070037.

释与选择[①]，而德国甚至因为长期未有效将指令转化为国内法一度遭遇欧盟的起诉[②]。事实上，用统一法令管理欧盟全境内数据处理与流通的愿景在此阶段未实现。但数据自产生便具备条件在全球范围内流通的现状使得对全境内数据流通进行规范成为欧盟立法者的迫切诉求，GDPR 即是在该背景下通过并生效。从公约、指令直至条例，不同时期立法形式的不同展现了立法者对个人数据保护的日益重视。

其次，在管辖与权利保障范围上也产生了日渐泛化的倾向。在管辖范围方面，GDPR 秉持“影响主义原则”，将传统的“属地管辖原则”扩展为“属地管辖 + 属人管辖 + 效果原则”等组成的综合性原则[③]，即无论数据控制者或处理者是否是欧盟主体，或处理行为是否在欧盟发生，只要其向欧盟数据主体提供商品或服务（甚至支付对价也并非必要条件[④]），那么 GDPR 也将适用此种情境。这一管辖原则的变化将近乎所有全球大型互联网平台都纳入规制范围；与此同时，GDPR 还规定用户对数据拥有访问权、删除权、被遗忘权、修改权、限制处理权、拒绝权、可携带权以及免受自动化决策权等多种权利，其中不少权利都体现了用户对数据所有权的掌控，例如可携带权即指数据主体有权获得其个人数据，并有权不受限制地将数据提供给其他控制者[⑤]。对于平台方利用数据进行“数据画像”的规制则具体体现在“免受自动化决策权”中，其指数据主体有权避免受到利用自动化手段进行的精准评价之影响[⑥]。从管辖范围到权利保障范围的不断泛化，同样体现了对用户声索数据所有权的支持。

最后，在数据类型上则体现了对全数据类型的覆盖。在有关“个人数据”的定义中，GDPR 提到能够“被识别”或“可识别”特定自然人的数据皆属于规制对象[⑦]。这意味着即便是经由匿名化处理的数据，如果在数据集聚并交叉对比后仍有识别特定用户之虞，那么这些数据的收集、处理和流通仍将受到限制。具体而言，数据类型包括但不限于姓名、身份证号码、位置数据、在线身份识别码等常规数据，以及种族或民族出身、政治观点、宗教或哲学信仰、

---

① 刘云. 欧洲个人信息保护法的发展历程及其改革创新［J］. 暨南学报（哲学社会科学版），2017（2）：74.

② 蒋舸. 个人信息保护法立法模式的选择——以德国经验为视角［J］. 法律科学（西北政法大学学报），2011（2）：118.

③ 张建文，张哲. 个人信息保护法域外效力研究——以欧盟《一般数据保护条例》为视角［J］. 重庆邮电大学学报（社会科学版），2017（2）：36－43.

④ 见 GDPR 第 3 条第 2 款第（a）项。

⑤ 见 GDPR 第 20 条第 1 款。

⑥ 见 GDPR 第 22 条第 1 款。

⑦ 见 GDPR 第 4 条第（1）项。

基因数据、生物特征数据、性生活或性取向数据等特殊类型的个人数据①。在大数据迅猛发展的当下，很难确保某一类型数据没有“可识别”特定自然人的可能，因此 GDPR 的相关规定几乎覆盖了所有类型的个人数据。

值得注意的是，GDPR 在尽可能详尽规制现有数据的收集、处理和流通之外，也祭出了较为严厉的惩罚措施以增强条例的效力②。种种迹象均表明，GDPR 无论在立法形式、管辖与权利保障范围、规制数据类型还是惩罚力度上都体现了极强的对个人数据予以保护的倾向。

（二）GDPR 对智能广告领域的重点管制

GDPR 在其开篇“主旨与目标”部分指出，条例在保障自然人的个人数据保护权的同时，也明确了“不得以保护自然人个人数据处理为由，限制或禁止个人数据在欧盟的自然流动”③。因此，虽然 GDPR 在划归数据所有权的过程中有过度偏袒数据主体之嫌，但仍然对部分情境下的条款适用进行了全部或部分排除：例如国家安全、防卫、公共安全、涉及刑事犯罪的情况、涉及税收等财政利益的事项④，为公共利益存档的目的、科学或历史研究目的、统计目的进行的处理⑤，不涉及任何职业或商业的纯个人或家庭活动⑥等。但在排除众多非适用情境之外，GDPR 鉴于条款和正式条文两大部分皆体现了对于广告营销领域进行重点管制的倾向，例如“尤其适用于市场营销”⑦“例如线上广告的情况”⑧“包括与直接营销有关”⑨等类似突出表述的频繁出现。相较美国社会的重商主义倾向，欧洲社会普遍将个人权利保障与数据商业使用视为相互对立和冲突的两方，这一视角决定了 GDPR 对智能广告领域的数据使用持较严厉的立场。

如前所述，相较“95 指令”，GDPR 的重大修订之一是在“免受自动化决策”的基础上增加了“数据画像”，其引言部分甚至有十余条款涉及或提及

---

① 见 GDPR 第 9 条第 1 款。

② GDPR 第 83 条第 4 款和第 5 款针对不同的违法事项设定了“处以上至 1 000 万欧元的行政罚款或上一财年全球总营业额的 2%，以较高者计”和“处以上至 2 000 万欧元的行政罚款或上一财年全球总营业额的 4%，以较高者计”两档罚款标准。

③ 见 GDPR 第 1 条第 3 款。

④ 见 GDPR 第 23 条第 1 款。

⑤ 见 GDPR 第 89 条。

⑥ 见 GDPR 鉴于条款第 18 项。

⑦ 见 GDPR 鉴于条款第 38 项。

⑧ 见 GDPR 鉴于条款第 58 项。

⑨ 见 GDPR 第 21 条第 2 款。

"数据画像"。[①] 作为以单个用户为对象进行广告精准化制作（如"响应式设计"）与投放（如"实时竞价广告交易"）的基础，数据画像在智能广告产业发展中有着举足轻重的作用。GDPR 对数据画像的突出管制，势必将深刻影响广告产业数字化转型的步伐。

三、数据画像的源起及其对智能广告发展的重要性

（一）数据画像的源起及其对数据的使用

全球广告产业在历经从劳动密集型到智慧密集型的第一次范式转换后，当前正处于从智慧密集型到技术密集型发展的新范式转换时期。[②] 在范式转换的全新阶段，全面数字化成为广告产业变迁的底色：对高德纳（Gartner）公司自 2013 年起每年公布的"数字营销与广告技术成熟度曲线"进行整理，可发现短短六年间出现的总计 66 个新广告技术概念中，有 61 个技术词汇建构在数字化基础之上[③]，显示出数据在驱动当下广告产业发展过程中的关键作用。2008 年，雅虎前副总裁安德雷·布罗德因应广告数字化发展的倾向提出"计算广告"的概念，认为计算广告学旨在完成"特定语境""给定用户"及"广告活动"间的最优匹配。在三要素中，数据画像技术的出现即满足了广告主及平台方对清晰识别"给定用户"的迫切需求。

最早提出"画像"（Persona 或 Profile）概念的是交互设计之父 Alan Cooper，他将画像定义为"基于用户真实数据的虚拟代表"[④]，这一说法展示了"虚拟画像"与"真实数据"间的强关联。与此同时，画像也被学者们视为是一种大数据环境下将用户信息标签化并最终形成全貌的过程[⑤]。以上种种论述皆指出，数据画像的目的在于借由对数据的整合利用尽可能对真实用户全貌进行还原。GDPR 将"数据画像"定义为"对个人数据进行任何自动化处理，包括利用个人数据评估与自然人有关的特定方面，特别是针对与自然人的工作表现、经济状况、健康状况、个人偏好、兴趣、信誉、行为习惯、位置或行踪相

---

① 京东法律研究院. 欧盟数据宪章：《一般数据保护条例》评述及实务指引［M］. 北京：法律出版社，2018：26.

② 曾琼，刘振. 计算技术与广告产业经济范式的重构［J］. 现代传播，2019（2）：133－135.

③ 王水，安琪. 技术驱动下全球广告业的热点迁移初探：一项基于技术成熟度曲线的研究［C］. 第十八届中国广告教育学术年会，2019：7.

④ 库珀. 交互设计之路［M］. 北京：电子工业出版社，2006：10.

⑤ 余孟杰. 产品研发中用户画像的数据建模［J］. 设计艺术研究，2014，4（6）：62－64.

关的分析和预测”[①]。

由于数据画像以尽可能精准还原真实用户全貌为依归，因此对多源头、多类型、多维度的数据进行收集和处理即成为必须。一般而言，平台方为完成数据画像需要收集用户的静态数据（如姓名、性别、学历层次、收入状况、社会关系、工作状况、兴趣偏好等数据）和动态数据（如网页浏览行为、社交行为、购物行为、流量消耗、位置情况乃至所在地天气等数据）[②]，通过聚合数据以监测乃至预测受众的行为及偏好。

在生产力大发展导致供求关系根本转变的市场环境下，广告主对于确定性回报的期望开始增加，具体体现在“增长”“品效合一”等话题成为行业主流议题[③]。由于用户画像全面细致地抽象出用户的信息全貌，可以了解并追踪用户需求变化并分析探求用户需求变化的根本原因，这种在不同程度上能够消除不确定性的技术因此被广泛用于精准营销。[④] 但值得注意的是，数据画像技术自提出开始便潜藏着对于真实用户的拟真冲动，这与 GDPR 强调的对“可识别”特定自然人的数据进行严格限制的立法原则显然是针锋相对的，这种深层次矛盾成为 GDPR 对智能广告发展产生较大阻抑效应的根本原因。

（二）从 DMP 到 CDP：数据在智能广告领域的实际应用

根据高德纳公司发布的“数字营销与广告技术成熟度曲线”，数据管理平台（Data Management Platform，简称 DMP）是较少的连续六年被收录且成熟度迅猛提升的技术概念，该概念的出现是对数据梳理日益由散状式分布向集中式管理过渡的回应。由于该技术旨在通过创设一个统一平台以汇整分散的数据，尤其是不同独立数据商面向市场公开出售的第三方数据，因而有助于提升数据画像的精准度，其在实时竞价广告（RTB）等广告技术中有着广泛使用[⑤]。随后，名为“消费者数据平台”（Customer Data Platform，简称 CDP）的技术也于 2016 年左右开始在全球范围内流行，其旨在通过将第三方数据与广告主控制的客户关系管理（CRM）数据等第一方数据整合，借助已确定的姓名、邮

---

① 见 GDPR 第 4 条第（4）项。

② 刘海鸥，孙晶晶，苏妍嫄，等. 国内外用户画像研究综述［J］. 情报理论与实践，2018（11）：155 – 160.

③ 王水，安琪. 技术驱动下全球广告业的热点迁移初探：一项基于技术成熟度曲线的研究［C］. 第十八届中国广告教育学术年会，2019：7.

④ 王凌霄，沈卓，李艳. 社会化问答社区用户画像构建［J］. 情报理论与实践，2018（1）：129 – 134.

⑤ 许正林，杨瑶. 基于大数据的移动互联网 RTB 广告精准投放模式及其营销策略探析［J］. 上海大学学报（社会科学版），2015（6）：104 – 117.

箱、账号等个人验证信息实现对消费者的实时管理。简而言之，从 DMP 到 CDP 的技术演进路径体现了广告主与平台方日益强烈的借助多方数据精准识别个体用户的倾向。

以 DMP 为例，国内主要互联网公司百度、阿里巴巴和腾讯均构建了自有 DMP 以辅助广告主进行高效率的数字广告投放，它们均依托自身平台特点收集不同的消费者数据以满足相关需求（见表 2）。三大平台无一例外地将数字画像对真实用户的高精度拟真作为宣传要点，例如百度 DMP 智选就提到“10 亿 + 用户行为数据为您找到更多目标用户”以及“超细颗粒度人群画像”①，TencentDMP 提及“强大标签系统，精准人群触达”以及“腾讯账号体系，最接近真实个体”②。这些 DMP 依托母公司掌握的强大数据储备和处理能力，实现了广告针对“给定用户”的精准识别，并据此实现“特定语境”“给定用户”及“广告活动”间的最优匹配，这本身已成为以计算广告为代表的智能广告不断向前发展的基础逻辑之一。类似的情况并非大型互联网平台特有，包括 TalkingData、品友和友盟等在内的中小型技术公司也均致力于通过数据收集和处理实现对真实用户的还原，例如 TalkingData 专门针对移动端建立的 DMP 据称就汇集了超过 30 亿的受众数据，并建立了包括人口属性、应用兴趣、生活方式、消费兴趣和付费能力五种类型的标签体系，最终目标依然是实现广告信息的精准触达③。由于在移动互联网时代，人与移动终端间建立起了类似一对一的人机关系，而每个联网的移动终端又基本拥有独立且唯一的设备 ID（Devide ID），相互之间单纯的对应关系使得移动端数据最终极易指向个体。因此，移动端 DMP 的虚拟数据与真实用户间进一步坐实了确定性匹配的关系。

表 2　三大互联网公司部署的自有 DMP 及使用的数据类型

公司	平台	数据使用类型
百度	DMP 智选	搜索数据、浏览数据、人口基本统计数据（年龄、受教育程度、性别等）等
阿里巴巴	达摩盘	电商数据、SNS 数据、LBS 地图数据、天气数据等
腾讯	TencentDMP	人口属性数据、设备习惯数据、社交偏好数据、内容偏好数据、品牌兴趣数据等

① 产品优势［EB/OL］.（2010 - 10 - 04）. http：//dmp. baidu. com/static/index. html.

② 强大标签系统，精准触达人群［EB/OL］. https：//dmp. qq. com/login/.

③ 您能获得哪些移动受众标签？［EB/OL］. http：//www. talkingdata. com/dmp. jsp？languagetype = zh_cn.

综上所述，智能广告的发展很大程度上建立在数据画像的基础之上，而广告主最为重视的数据画像的精准性又建构在多源头、多类型、多维度的数据“可识别”特定自然人之上。因而从理论层面审视，智能广告的发展建基于尽量高效地使用个人数据；而从广告实务层面观察，广告产业链中的各节点也正加速对个人数据进行收集、处理和流通。在这一进程中，数据画像始终发挥着关键性作用。

四、数据所有权争夺的常态化及其应对

所有权（Ownership）又称“完全物权”，可细化为罗马法模式和日耳曼法模式。中国当前法律体系采罗马法模式之解释，将所有权诠释为权利人拥有的一种对物的完全、排他、专属和绝对的支配权，“所有权遍及全部，不得属于二人”是其核心思想。学界普遍认为，所有权究其本质归属精神层面，而非物质层面，对某一事物产生的“为我所有”的思想是这一权利的核心要素。这意味着所有权与实质占有状态相互独立，即标的物即使作为一种物质脱离权利人的占有，如果权利人本身并未丧失对物的精神掌控，那么所有权仍然存在。① 在这一理念的指引下，互联网用户开始形成对数据的支配意识，即使从严格意义上来讲，数据实际上并不由他们（普遍由平台方）占有——例如此前有一项研究表明，69%的被试认为隐私是一种权利，且不认同用自己的行为数据交换广告商提供的免费在线内容是一种公平的行为。② GDPR 的条文安排也支撑了“所有权与实质占有状态相互独立”这一精神，例如其将数据主体、控制者、处理者等进行了明确的区隔，主要支持了数据主体对数据所有权的声索，并对控制者、处理者等数据的实质占有者使用数据的权利进行了较大程度的限制。

依循这一思维，在未获得数据主体任何自愿的、具体的、知情的、明确的同意③之前，数据控制者们都无权在大部分场景下以任何形式④处理个人数据，尤其是在未获得数据主体同意前将个人数据用于商业目的，因为这在本质上成为对个人资产的掠夺行为。如前所述，GDPR 对“数据画像”进行了颇为严厉

---

① 马新彦. 罗马法所有权理论的当代发展［J］. 法学研究，2006（1）：114－124.

② MCDONALD A M，CRANOR L F. Americans attitudes about internet behavioral advertising practices［EB/OL］.（2010－10－04）. http：//www. aleecia. com/authors－drafts/wpes－behav－AV.

③ 见 GDPR 第 4 条第（11）项。

④ GDPR 第 4 条第（2）项指出“处理”包括“收集、记录、组织、建构、存储、修改、检索、咨询、使用、披露或其他方式利用、排列或组合、限制、删除或销毁，无论该等操作是否采用自动化方式”。

的管制，譬如其提到控制者理应让数据主体知晓用户画像的存在以及用户画像的后果①；另外，其规定“当以直接营销为目的处理个人数据时，数据主体应有权在任何时间反对免费的处理，包括与该直接营销有关的数据画像，不论是最初的处理还是进一步处理”② 等，以上条文实际上赋予了用户在个人数据被用于商业目的时随时收回数据所有权的权利。因此，可以预见 GDPR 的生效将导致平台方与用户间未来围绕数据所有权的争夺将日益常态化。

然而，GDPR 对用户声索数据所有权的过度偏袒已经引发一系列不良后果，进而引起了较大的争议。根据一项调查数据，全球约有 86% 的企业担心未遵守 GDPR 规定将对其业务产生较大影响，更有两成受访者认为未能合规恐将造成企业迈向破产之路；而 Facebook 在 GDPR 生效后的第二季度财报则显示，其来自欧盟的日活跃用户（DAU）与月活跃用户（MAU）双双下滑，公司市值在财报公布当日显示减少 1 200 亿美元。③ 事实上，由于数据权益划归十分复杂，因此数据主体与控制者对此认识仍然存在争议④；甚至有学者基于“谁投资，谁所有”“谁产生，谁所有”“谁记录，谁所有”的原则，主张被记录方单方信息数据，其所有权应划归数据记录者。⑤ 从数据所有权争夺、GDPR 规定引发的后果乃至美国与欧盟在相似问题上采用的不同立法路径来看，相关议题仍然不会在短期内“盖棺定论”，围绕数据所有权的争议仍将在较长时间内持续下去。

面对智能广告发展进程中的数据所有权隐忧，我国企业应从以下几方面进行应对：首先，加强数据保护措施，降低隐私泄漏风险，既避免用户个体权益受损，也规避突发性舆论事件（例如棱镜门事件、Facebook 剑桥分析丑闻等）导致相关议题主导社会议程。其次，在广告精准性与用户观感上寻求平衡。事实上，智能广告的精准性源于响应广告主对广告投放投资回报率日益严格的要求，但要注意的是对隐私遭泄漏和利用的担忧可能让用户对于个性化广告作出负面评价⑥，并且这种担忧对广告回避效应有直接的作用⑦。换言之，精准广

① 见 GDPR 鉴于条款第 60 项。

② 见 GDPR 鉴于条款第 70 项。

③ 郭戎晋. GDPR 下互联网企业的机遇与挑战［J］. 信息安全与通信保密，2018（8）：19－20.

④ 丁道勤. 基础数据与增值数据的二元划分［J］. 财经法学，2017（2）：5－10，30.

⑤ 徐琦. 大数据时代美国隐私保护之困［J］. 中国传媒科技，2013（9）：40－44.

⑥ YU J H，CUDE B J. Possible disparities in consumers' perceptions toward personalized advertising caused by cultural differences：U. S. and Korea［J］. Journal of international consumer marketing，2009（4）：251－269.

⑦ BACK T H，MORIMOTO M. Stay away from me：examining the determinants of consumer avoidance of personalized advertising［J］. Journal of advertising，2012（1）：59－76.

告对于广告投放效率的提升受到阈值限制，超出阈值后则会造成效率降低的负面效应。所以即便从广告主和平台方的自身利益出发，在提升广告精准性的过程中也不应以精准为唯一衡量指标，而应兼顾数据主体对不同程度之精准的可接受度。最后，企业应与用户探讨建立适当分配商业利益的相关机制，广告收入本身建构在销售用户注意力的基础上，因此在用户对数据所有权的声索日益激烈的当下，将由数据释放出的商业利益在不同主体间进行适当分配，将在一定程度上平衡用户与互联网公司间不均衡的关系，从而使得以精准为代表的智能广告产业发展在获得用户谅解与支持的情况下更可持续。

而对于行政部门与立法者而言，GDPR 提供的经验与教训则是在数据所有权的划归上既不能袒护企业，也不能过度偏袒自然人或是数据主体。前者极易导致以“公地悲剧”[①] 为表征的“市场失灵”，从而造成数据市场的紊乱；而后者则可能将阻碍新产业经济的向前发展，重蹈“红旗法案”[②] 的覆辙——例如 GDPR 中所规定的“被遗忘权”[③] 就与区块链广告（Blockchain for Advertising）技术具有的不可篡改性背离，而区块链广告本身又是应对数据欺诈和广告作弊等数字广告潜在问题的产物。综上所述，行政部门或立法者在进行数据所有权划归时需要衡量多方面因素，尤其考虑到中国与欧洲具有的不同历史沿革、文化背景和发展阶段，更应避免在立法或制定行政法规时过度偏袒任何一方进而导致次生问题的出现。

五、结语

在个人数据保护日益受到重视的今天，GDPR 的推出成为相关矛盾集中爆发后的可行观察切口。GDPR 条文所反映出的对“数据画像”的严厉管制值得智能广告产业高度关注，考虑到广告产业正处于从智慧密集型向技术密集型发展的范式转换时期，对 GDPR 及其所代表的全球未来个人数据监管方向选择进行审视尤为必要。GDPR 的通过和生效显示出欧盟对用户声索数据所有权的强力支持，而如何处理个人数据保护与产业发展之间微妙的平衡关系则成为我国

---

① 1968 年由加勒特·哈丁提出，他认为作为理性的牧羊人希望自己的收益最大化，因此常常有不顾公共草地承受能力而增加羊群数量的行为倾向，继而会造成草地状况的快速恶化。随后，公地悲剧常被用来阐释产权不明的可能后果。

② 1865 年英国议会通过《机动车法案》（又被称为“红旗法案”），其规定每辆机动车由三人驾驶，其中一人在车前 50 米进行引导，而机动车的行驶不能超过红旗，被认为是立法应对新兴技术的典型失败案例。

③ GDPR 第 17 条第 1 款指出“被遗忘权”是指“数据主体有权要求控制者及时删除其个人数据”。

行政部门、立法部门、企业和数据主体们需要仔细应对的问题。但无论如何，智能广告的发展都将成为广告产业发展的主要趋势，这一点并不为眼下数据所有权争夺的日益常态化所动摇；而数据所有权的隐忧也是这一进程中必然历经的阶段，在通过有效机制完成“大破大立”并建立起新的平衡关系之后，智能广告的发展也将变得更为顺遂而长远。

智能营销的算法风险研究

刘小溪　赖莞桃*

摘　要： 人工智能是以算法为核心的综合系统，算法的特性深刻影响着智能营销中消费者生活的各个方面，并带来一定的伦理风险。算法伦理风险的评估指标包括透明度、可靠性、可解释性、可验证性和可预见性。基于这一系列评估指标，本文总结了智能营销的五大算法伦理风险——时空侵犯、偏离预期目标、技术黑箱、法律责任纠纷以及失控效应。而关于智能营销的算法伦理风险规避，本文建议：明确伦理原则和伦理义务；注重过程和结果的伦理性，坚持义利并重的商业价值观。

关键词： 智能营销　算法　伦理风险

算法是人工智能系统开展行为和决策的基础，其规定了智能系统与人类的关系，甚至在一定程度上重构了人类的生活方式。《生命3.0 人工智能时代　人类的进化与重生》的作者迈克斯·泰格马克把广义的生命看作是一种能够自我复制的信息处理系统，物理结构是其硬件，行为和算法是其软件①。彭诚信在《人工智能与法律的对话》的序言中也指出，人工智能的本质就是算法，算法本身就是规则；人类要接受人工智能的服务，就必须接受算法设定的各种规则②。在营销领域，人工智能也为广告产业的发展带来了深刻的变化，基于算法的智能营销系统在各个方面改变了传统的行业形态，影响范围包括广告内容生产、媒介投放以及效果评估等多个方面。每一项颠覆性技术的应用都会为社会规范体系带来一定的冲击。由于人工智能是以算法为核心的综合系统，因此算法的特性将会深刻影响消费者生活的各个方面，并带来一定的伦理风险。

---

* 刘小溪，暨南大学新闻与传播学院硕士研究生；赖莞桃，暨南大学新闻与传播学院硕士研究生。

① 迈克斯·泰格马克. 生命3.0 人工智能时代　人类的进化与重生［M］. 汪婕舒，译. 杭州：浙江教育出版社，2018：17.

② 彭诚信. 人工智能与法律的对话［M］. 上海：上海人民出版社，2018：1－2.

一、研究缘起

（一）智能技术对营销体系的重构

营销本质上是“将合适的内容或理念传播给真正需要的人”[①]，即在合适的时空条件下将特定内容传播给消费者。黄升民等提出，大数据从媒体、消费者、广告与营销战略策划、效果评估四个层面解构了传统营销体系，营销体系各个环节都面临着挑战以及新的空间，数据成为媒体生存的基石[②]。智能营销逐渐取代传统的营销体系，过去的理念和方法论逐渐不再适用于当前的现实条件。贾丽军就大数据时代的特点提出了营销应该由4P向4E转变的观点，即“数字体验（Experience）、数字估值（Evaluation）、数字场景（Environment）、数字关联（Engagement）”[③] 成为当前智能营销的核心概念。从生态格局来看，整个产业链的上下游都出现了大量以技术服务和数据分析为主营业务的公司，帮助广告主进行数据搜集和分析，精准洞察消费行为。营销体系开始向数据化、科学化转变，相应的产业格局和业务流程也在一定程度上进行了重构。

在技术赋能的背景下，当前营销的智能化主要表现在以下方面：一是提高数据搜集和处理效率；二是提供个性化的广告内容；三是优化广告的媒介投放渠道。吉姆·斯特恩明确指出人工智能营销的核心，即机器自动地根据数据为每一个顾客和潜在消费者提供更合适的产品和定制的消费体验，并在消费者犹豫不决时激励其购买[④]。因此，“消费者+内容+场景”的高度匹配是智能营销区别于传统方式的显著特征，也是当前技术为营销活动赋能的集中体现。借助多种形式的传感器和数据搜集软件，并基于大数据进行算法分析，智能营销能够实现精准决策，充分提高营销活动的效率。由于技术引起的营销方式的重大变革，消费者在信息感知、信息分析和行为决策等多个方面也具有了与过去显然不同的模式。算法部分或全部地替代了人力进行选择或决策，因此智能系统是否安全可靠、是否能够遵循伦理准则开展营销活动，诸如此类的问题也逐渐产生。在人工智能时代，营销领域将围绕算法产生一系列的伦理风险，这些风险继而可能对社会价值观甚至人身健康造成威胁。

---

① 秦晓玲. Fancy Digital：做好智能营销，场景、数据、载体缺一不可［J］. 成功营销，2018（1）：59.

② 黄升民，刘珊. “大数据”背景下营销体系的解构与重构［J］. 现代传播（中国传媒大学学报），2012，34（11）：13－20.

③ 贾丽军. 智能营销 从4P时代到4E时代［M］. 北京：中国市场出版社，2017：102－114.

④ 吉姆·斯特恩. 人工智能营销［M］. 朱振欢，译. 北京：清华大学出版社，2018：97－185.

（二）智能营销的伦理研究

根据文献回顾，智能营销的伦理研究大多着眼于技术使用的问题。大数据作为当前营销体系的技术基础，以“大数据”和“数字营销”作为切入点的伦理研究数量较多，数据安全始终是学术关注的重点。科德·戴维斯和道格·帕特森在其著作《大数据伦理：平衡风险与创新》一书中探讨了海量数据信息的产生、连接、关联、聚合、存储、处理、发布等对人的价值观与行为抉择带来的冲击[①]；李伦提出人工智能和大数据技术正在重构“人—技术—社会”的关系，人们应该着重考虑“如何处理数据共享和个体权利的关系”[②]；吕耀怀则从信息伦理学的视角分析了“数字化生存”中的伦理规范，并就大数据这一特定问题进行了伦理分析[③]。此外还有学者分析了伦理问题产生的原因，秦雪冰从技术自主论出发，认为技术本身的自增性、自动性以及发展的无目标性造成了营销领域的一系列伦理危机，尤其是隐私风险[④]。薛孚、陈红兵提出伦理危机之所以存在，是由于数据共享平台中各利益相关者的利益多样性以及个体观念的转变[⑤]；胡振宇通过对数字营销领域高管的深度访谈，获知伦理层面的问题还并未受到业界的重视[⑥]，这也是产生伦理危机的一大重要原因。

从现有文献看，学者大多从大数据等智能技术的结果表现入手，分析由此产生的伦理危机，其中隐私风险得到的研究最多。从研究视角看，多数研究通过对技术特征的宏观分析，从哲学高度阐释了人工智能时代伦理问题产生的必然性，将技术风险置于“人—技术—社会”这一整体视角分析。当前研究的哲学思辨性较强，但缺乏对现实的技术核心，即算法的关注；同时更多地关注技术表现，而非技术运行的内在规律。算法是机器运行的核心，机器所有的行为（包括自主学习）都与算法密不可分，聚焦算法就是关注技术存在与发展的现实内核。因此，由于算法本身而产生的伦理风险更加值得深思，也将对人类社会造成更大的威胁。

---

① 科德·戴维斯，道格．帕特森．大数据伦理：平衡风险与创新［M］．赵亮，王健，译．沈阳：东北大学出版社，2016：1－21.

② 李伦．人工智能与大数据伦理［M］．北京：科学出版社，2018：225－371.

③ 吕耀怀．数字化生存的道德空间　信息伦理学的理论与实践［M］．北京：中国人民大学出版社，2018：21－225.

④ 秦雪冰．自主的技术与自由的消费者——关于数字营销中消费者隐私丧失的思考［J］．广告大观（理论版），2016（2）：53－58.

⑤ 薛孚，陈红兵．大数据隐私伦理问题探究［J］．自然辩证法研究，2015，31（2）：44－48.

⑥ 胡振宇．国内数字营销伦理乱象探因与治理研究——基于数字营销从业精英的访谈［J］．当代传播，2018（5）：80－84.

二、算法伦理风险评估指标

算法和智能营销的崛起，以及数字市场的高度动态性和竞争性，不仅增加了社会管理的难度而且使人类加速进入了乌尔里希·贝克所描述的“风险社会”。在《风险社会》一书中，贝克勾勒了这样一幅图景：文明，而不是自然灾害，正在把人类推上火山口①。作为新时代文明代表的算法正在改造着人类社会，算法领域“非传统安全”的频繁发生暗示着人类社会所面临的自然在未来将会被算法科学所改造，由此一套包括具体化、操作化指标的算法伦理风险评估体系呼之欲出。国家人工智能标准化总体组在2019年4月发布了《人工智能伦理风险分析报告》，报告指出人工智能算法方面的伦理风险评估指标包括透明度（Transparency）、可靠性（Reliability）、可解释性（Explicability）和可验证性（Verifiability）②。基于智能营销的特殊性，本文补充了第五个评估指标——可预见性（Predictability）。人工智能算法伦理风险的评估指标具体阐释如下：

算法透明度是指打开算法“黑箱”，让算法透明化。算法透明化包括算法程序代码的透明化和算法原理的透明化：算法程序代码复杂难懂且动态变化，源代码公布后无法消除公众焦虑反而会引发知识产权纠纷、商业机密被盗窃等问题；算法原理的透明化则不纠结于算法代码这一技术性中间环节，其要求算法目标设定公开化，算法目标实现正确化。在智能营销中，算法透明度意味着消除“人以群分”的固化社会偏见，避免因标签化、类型化的算法设计对消费者做出误判和伤害。

算法可靠性是指在一定时间内、在一定条件下算法能够无故障地执行指定功能的能力或可能性，我们可以通过错误率、故障率、耐用度等来评价算法可靠性。“可靠的”算法是“可信赖的”和“可信任的”，算法可靠性要求算法随时可用，既要保证算法不偏离人类预期的结果，又要保证系统在异常时仍然可用和不引发有害的伦理风险。智能营销中算法的可靠性狭义上是指消费者在接触或使用智能营销系统（算法作为支撑）期间没有发生故障的性质，广义上是指消费者对智能营销算法的满意程度或对智能营销方的信赖程度。

算法可解释性指标与算法透明度指标密切相关，两者都有助于解决算法歧

① 乌尔里希·贝克．风险社会［M］．何博闻，译．南京：译林出版社，2004：13.

② 中国电子技术标准化研究院．人工智能伦理风险分析报告［EB/OL］．（2019－04－26）．http：//www. cesi. cn/201904/5036. html.

视和黑箱操作问题。可解释性一方面要求算法创作者应尽可能地对算法的过程和特定的决策提供解释，另一方面则要求算法本身具备解释产生某种结果或某种现象的能力。美国得州农工大学胡侠教授表示“AI 要真正落地为人所用，必须要有另外一个‘AI’的支撑，其中 A 代表 Automation（自动化），I 代表 Interpreation（可解释性）”[①]。算法的可解释性越强，消费者将更信任智能营销的结果，算法的价值也将会得到更大程度的发挥。

算法的可验证性包括算法运行过程的可复现性以及算法运行结果的一致性。前者要求算法运行产生的结果是可以复现的，其有助于解决由算法引发的追责和法律纠纷问题；后者是指在数据特定的情况下，要求同一算法的多次运算总会产生一致的结果。智能营销中算法的可验证性表现为跨屏推荐商品的精准性、消费者和企业发生冲突时责任的可追究性等。

算法的可预见性是指算法的结果是可以预见的，即人类可以预见智能产品做出的决策以及产生的短期和远期效果，尤其是人工智能算法可能造成的损失和风险。换言之，我们要让算法是“受控”的，一旦算法脱离了人类的控制将会产生难以挽回的风险。算法发展的趋势不可阻挡，人类也应当具备前瞻性的眼光。智能营销中算法的可预见性要求消费者和企业双方都能够预见算法带来的后果，避免算法对人类社会造成灾难性的伤害。

三、智能营销的算法伦理风险分析

当下，信息化生产方式和人工智能的发展为我国的数字营销带来了巨大的机遇，促使了营销“新物种”——智能营销的出现，但同时给人类道德带来了诸多新的挑战。以下将围绕时空侵犯、偏离预期目标、技术纠纷、法律责任纠纷、失控效应，对智能营销中存在的算法风险进行详细分析。

（一）时空侵犯

基于算法的自动化广告推送使得智能营销在精准化水平上与过去相比有了质的提升，信息与时空条件的高度匹配显著增强了广告媒介触达的效果。埃里克·麦克卢汉和弗兰克·秦格龙认为“媒介是人的延伸”，“这种延伸是器官、

① 胡侠. AI 落地开花如何翻过“可解释性”和“自动化”两座大山［EB/OL］.（2019－07－14）. https：//www.leiphone.com/news/201907/7GtdwSkcmOZNkU6u.html.

感官或功能的强大和放大”。[①] 理论上，媒介使得人在时间和空间维度上具有无限扩张的能力，而延伸的程度取决于信息的价值。无效或错误的信息不仅无法增强人类对世界的认识水平，反而会扰乱个体原有的认知能力，成为感官延伸的“绊脚石”。一旦信息无法发挥正向作用，则会侵犯人类原有的时空秩序，并且在一定程度上消解其他信息的价值。蔡立媛、周慧将信息奴役下的“广告嚣张”、广告野蛮推送下的“时空剥夺”和广告符码操控下的“视听暴力”问题称为“时空侵犯”，并将“算法模糊”看作时空侵犯产生的重要原因[②]。事实上，时空侵犯出现的根本原因在于算法不具备完全的可靠性，无法根据复杂的场景特点和使用者的潜在需求提供服务。在人工智能应用的初期，由于算法本身的不完善，可能会出现“推送错误”或者“重复推送”等严重侵犯用户私人生活的现象。通过历史和发展的眼光，智能技术始终不断进步，特定领域的“算法模糊”问题终将会被解决。但因算法本身错误而产生的问题被消除后，时空侵犯现象并不会消失。对于消费者而言，由于技术变得更加了解其个人喜好和网络活动轨迹，因此广告推送不会变少，反而更多了；同时，广告信息的定制化水平也比从前显著提高，这意味着每条信息将侵占消费者更多的注意力和认知资源，只要与个人特征相匹配，算法就会不断推送新的信息给特定消费者。

但是，人的认知能力有限，过度的信息侵犯不仅令人产生巨大的心理压力，更会扰乱正常的社会生活秩序。联系消费者现实情况的限制，以下问题也应该被纳入算法设计的考虑范围：算法是否只需考虑消费者偏好等个人维度进行信息匹配，某些场景是否需要限制信息推送，同类信息是否应该针对不同的个人特质而对展现形式进行调整等。以上问题关注的是如何使信息推送更加人性化，而非仅仅满足于个性化的要求。所以，要解决“时空侵犯”的问题，算法需要从实际出发，考虑现实条件中每个人的境况，将信息对个体的打扰降到最低，在不影响消费者生活质量的情况下实现信息的精准触达。

（二）偏离预期目标

算法设计违反可靠性的另一表现就是技术提供的服务偏离预期目标。当程序运行的结果与设计者的预期不符，或是影响到使用者的正常生活，就偏离了技术的预期目标。智能技术的核心是算法，“智能化”最为显著的特征就是自

---

① 埃里克·麦克卢汉，弗兰克·秦格龙．麦克卢汉精粹［M］．何道宽，译．南京：南京大学出版社，2000：237．

② 蔡立媛，周慧．人工智能广告的“时空侵犯”伦理危机［J］．青年记者，2019（15）：91－92．

动学习与自主决策。随着机器计算能力的不断提升，算法决策的空间往往会超过人类。算法所提供的可被选择的行动方案可能是之前人类未曾接触过的，出于认知能力的限制，人类也不能预测机器所有的行为。由于无法确定机器是否会随时按照人类需求提供恰当的服务，因此算法最终可能会偏离预期目标，向着人类所不期望的方向发展，并最终产生不被接受的结果。

算法的可靠性保证了使用者能够控制程序运行的开关和结果，按照现实需要决定是否需要技术提供服务。然而，过于依赖算法反而会在一定程度上削弱其可靠性。算法歧视和算法滥用就是由于过度依赖算法而使其可靠性降低的例子，且在商业营销领域表现得尤为明显。根据中国电子技术标准化研究院2019 年发布的《人工智能伦理风险分析报告》①，即便不受人为操作和数据本身缺陷的影响，机器自我学习也会在接触数据不同维度的过程中，将偏见引入决策过程，网络中的“大数据杀熟”就是这一方面鲜明的代表。另外，奉行“算法至上”，过分崇拜算法本身，就会产生由于算法本身缺陷而导致的滥用风险，在商业领域则表现为算法分析与消费者的需求相脱节。算法决策应该与现实情况相结合，可靠性就是要保证算法服务要符合现实的需要，而不是盲目或刻板地任由算法运行的结果脱离实际，最终造成社会和个人的损失。

（三）技术黑箱

人工智能的出现不仅强化了原有营销环节中的技术倾向与优势，还将触角延伸至人类思想的园地，广告创意、广告文案等以往被视为“技术禁区”的营销环节在当今无不带有人工智能的影子。更为深层次的表现是，人工智能正在将人类的营销智慧符号化，把一个个思想的浪花转换为可被编辑的代码、数据和程序，从而制造出一套标准化的智能营销流程②。值得重视的是，在算法缔造的规范化营销流程中，算法的“技术黑箱”无处不在。在目前的技术范式中，“技术黑箱”指的是算法本身的复杂性使得输入的数据和答案之间存在不可观察的空间，信息的选择呈现与使用被置于不透明的“黑箱”之中③。“技术黑箱”违反了人工智能算法伦理风险评估指标中的可靠性和透明度，是值得我们警惕的智能营销伦理失范现象之一。

信息文明时代，无论生产力如何发展，人们对个体自由与社会产品分配公

① 中国电子技术标准化研究院. 人工智能伦理风险分析报告［EB/OL］.（2019－04－26）. http：//www. cesi. cn/201904/5036. html.

② 丁俊杰. 智能营销，新物种？［J］. 中国广告，2018（11）：77－79.

③ 刘珊，黄升民. 人工智能：营销传播“数算力”时代的到来［J］. 现代传播（中国传媒大学学报），2019，41（1）：7－15.

平的渴求始终如一①。算法的“技术黑箱”通过精准、个性化推送消费者感兴趣的商品，屏蔽消费者不熟知和不喜欢的信息，极大地削弱了消费者的个体选择自由乃至个人思考能力，精准推送让消费者不断重复听到“自我的回应”，接触面日益狭窄，个人的消费观、价值观都将剑走偏锋。在算法“黑箱”中，个人行为、数据、机器自我学习都可能导致算法歧视的出现，如在线旅行平台利用“大数据杀熟”、算法控制信息“把关权”后导致的信息失实现象。

（四）法律责任纠纷

传统侵权责任理论是基于“缺陷”的概念划分责任归属的，具体包含设计缺陷、警告和指导缺陷、制造缺陷②。“缺陷”将责任划分聚焦于产品本身，但是智能机器能够自动学习，程序运行的过程无法受到技术拥有者的完全控制。这表明传统侵权责任理论的实施变得越来越艰难，并可能由此带来责任的空白领域，使得被侵权人的权益难以得到保护。因此，传统侵权理论可能不足以对智能社会中与技术使用相关的利益各方施加责任，必须根据历史和现实条件，用发展的眼光分析智能社会中的责任划分问题。

当算法不可验证时，就容易产生相应的法律责任纠纷。为了厘清技术事故中各方的责任归属，需要坚持一切从实际出发的原则，算法运行和决策的过程必须被如实准确地记录并且可以被复现。如果算法运行的过程不能为人所知，或者出于偶然原因不可复现，那么不论是技术的设计者、产权拥有者还是使用者，其权益都将受到不同程度的损害。“权责一致”不仅要求将权利与责任相匹配，其更高层次的要求还在于必须清晰地划分责任，但智能技术的自主性和学习特征为责任划分增加了难度。对于消费者而言，智能营销中的大数据和云计算等技术是完全不可控的，并且以背景的形式隐身于社会中。消费者只是被动地接受技术服务的结果，无法预知程序运行的结果，更加不了解算法的结构和规律。因此，如何在由于技术问题产生的纠纷中维护自身的合法权益，对于消费者而言还是一个尚待解决的问题。

（五）失控效应

美国未来学家库兹韦尔提出了著名的“奇点”理论，“奇点”的到来意味着人工智能将超越人类智能，世界会朝着“超智能”的方向发展，人类社会

① 田鹏颖，戴亮. 大数据时代网络伦理规制研究［J］. 东北大学学报（社会科学版），2019，21（3）：221－227.

② 彭诚信. 人工智能与法律的对话［M］. 上海：上海人民出版社，2018：21－25.

将出现“失控效应”，人类文明将得到彻底改变①。伴随着人类对技术奇点临近的狂想，人类对安全性的担忧也日益剧增。夏永红、李建会提出了两种不同的后奇点前景——机器超越人类和机器取代人类，与之伴随的是人工智能引发的尊严风险、伦理风险和生存风险。此外，他们还提出在当前人工智能范式下，真正的风险应当是人工智能的决策风险②。奇点危机的日益临近以及四种风险出现的背后是算法“失控”现象的存在，这违背了算法的可预见性准则。

事实上，人工智能与营销传播具有一致的目标——前者的终极目标是模仿人类，后者的核心任务是理解人类。因此，不可预见的算法“失控”现象带来的四种风险亦会给智能营销领域的消费者造成社会、财产乃至人身伤害。2016 年，以算法为支撑的百度搜索引擎广告出现信息失实，导致了“魏则西事件”的发生；2018 年，数据分析公司剑桥分析违规获得了 5 000 万 Facebook 用户的信息，并根据用户画像定向投放广告影响美国政治大选……种种算法引起的智能营销伦理失范事件的出现违背了伦理安全原则。伦理安全应当是一种来自国家公权力机关且兼顾利己诉求和利他行为的保障，而非是一味强调利己主义倾向的商业性质行为。受到利益的驱动，营销方自律和他律约束缺乏有效机制，社会亟须建立一个以伦理安全原则为指导的秩序体系。

四、结语和讨论

时空侵犯、偏离预期目标、技术黑箱、法律责任纠纷、失控效应是智能营销带来的五大算法风险。针对以上五大风险，本文提出预防和治理智能营销中算法失范行为的两大建议。

第一，明确伦理原则和伦理义务。以斯皮内洛为首的西方网络伦理技术论主张以算法等技术为主导，并与法律约束、市场导向、价值规范相结合，从而建设井然有序的网络空间③，由此智能营销的“算法”风险管理也应当与我国法律、市场等形式相结合。但是，仅仅认为伦理规制是技术、道德等因素的机械结合显然是不够的。伦理规制的关键点在于明确伦理原则与伦理义务，即规范主体行为，依照不同主体的特性进行区别对待。营销方和消费者作为智能营

① 库兹韦尔. 奇点临近［M］. 李庆诚，董振华，田源，译. 北京：机械工业出版社，2011：223－234.

② 夏永红，李建会. 后奇点时代：人工智能会超越并取代人类吗？［J］. 教学与研究，2018（8）：64－71.

③ 吴文清，郭建萍. 斯皮内洛技术实在论网络伦理观探析［J］. 自然辩证法研究，2016，32（1）：36－40.

销的主体，治理算法伦理风险应重点规范这两大群体的行为。营销方得益于算法技术的先占性，在利益关系中往往具有优势地位，算法风险也往往可归责于其违背伦理原则和伦理义务。此外，消费者不正当的消费理念和消费行为也会诱发算法风险。通过自律和制度化他律将现实社会合乎伦理的规范迁移至智能营销场域，引导“网络人”成为“道德人”、引导“网络行为”成为“道德行为”，明确主体的伦理原则和义务，这将有效降低智能营销的算法风险①。

第二，注重过程和结果的伦理性，坚持义利并重的商业价值观。马克思主义伦理学在对传统规范伦理学批判的基础上进行了综合创新，强调判断人行为道德与否，既看行为又看结果，既看目的又看手段，是道义论和功利论的统一、目的论与工具论的统一。由此看来，规避智能营销算法风险首先要求我们既要注重算法使用过程的伦理性，也要确保算法使用效果合乎伦理规范。此外，利益是道德的基础，社会生产关系或经济关系决定了道德这一意识形态，离开物质利益空谈智能营销的道德伦理规范是唯心主义的，也是没有意义的，在智能营销的过程中我们应坚持义利并重的商业价值观。“既然正确理解的利益是整个道德的基础，那就必然使个别人的私人利益符合于全人类的利益。”②智能营销的各大主体在重视商业利益的同时不能囿于个人利益的狭隘性，更要重视全人类的利益，警惕算法导致的全国乃至全球伦理风险。

① 田鹏颖，戴亮. 大数据时代网络伦理规制研究［J］. 东北大学学报（社会科学版），2019，21（3）：221－227.

② 魏英敏. 功利论、道义论与马克思主义伦理学［J］. 东南学术，2002（1）：140－145.

大数据时代下原生广告的伦理反思
——以微信朋友圈为例

孙迎香　段慧航*

摘　要：原生广告颠覆了人们对于广告的传统认知，其作为大数据时代下的新型广告，因极大程度地降低对用户的侵扰度而得到受众的认可和广告主的青睐。但与此同时，其背后的伦理问题也日益凸显，这其中包括原生广告隐性传播带来的认知冲突，精准投放的背后实则是对用户“隐私权”的侵犯，“标签化”划分受众群体的基础上推送信息违背了“受众主体意识”，以及其商业属性在一定程度上消解了媒体的社交功能。由于原生广告涉及平台、广告主及用户三方主体，原生广告伦理问题的解决同样需要多方的合力协作。

关键词：原生广告伦理　朋友圈原生广告

一、引言

大数据时代下，原生广告（Native Advertising）作为一种新型的广告，其颠覆了人们对于传统广告的认知，通过对用户上网痕迹的追踪、记录来收集、分析用户数据，并以此为基础描绘、刻画用户画像，在算法技术的支撑下，实现了广告的精准定位和个性化投放。原生广告在形式上契合媒体环境，极大程度地降低了对用户的侵扰感；内容上极具趣味性，将广告信息通过“潜移默化”的形式传递给受众；并实现了精准定位基础上的个性化投放，给予受众“定制化”的体验，从而减少了对用户的侵扰感，降低了用户的抵触心理，极大地提升了广告效果，得到了用户的认可和广告主的青睐。

但任何事物都有两面性，原生广告迅猛发展的同时，其背后的一系列伦理问题逐渐凸显出来。一方面，原生广告本身的“隐匿性”侵犯了用户的知情权，存在着诱导和欺骗用户的嫌疑；另一方面，原生广告是以大数据为支撑的信息传播活动，其运行模式离不开对用户数据的收集和分析，这就意味着不可避免对用户的隐私造成侵犯，而个性化投放的模式则违背了“受众主体意识”……这些问题制约着原生广告发展的同时，也值得我们反思。

---

* 孙迎香，暨南大学新闻与传播学院硕士研究生；段慧航，暨南大学新闻与传播学院硕士研究生。

基于此，本文以微信朋友圈（以下简称“朋友圈”）原生广告为例，对原生广告的概念、发展背景、特点及其背后的伦理问题进行探讨和分析，并在此基础上提出了原生广告伦理问题的解决策略，以期原生广告能够向着更好的方向发展，实现平台、广告主和用户三者的共赢。

二、文献综述

原生广告最初是由硅谷风险投资家弗雷德·威尔逊（Fred Wilson）提出，他将其定义为“一种从网站和 App 用户体验出发的盈利模式，由广告内容所驱动，并整合了网站和 App 本身的可视化设计”。自这一概念在 2012 年被提出至今，原生广告在实践层面发展迅速，但其本身存在的伦理问题也日益凸显且尚未得到良好的解决，因而引发学术界的广泛关注。

国外对原生广告的研究多从受众的角度出发，以批判的视角从原生广告对受众态度、行为等的影响出发来探讨原生广告的价值及意义，相关研究主要集中在新闻伦理和监管层面。Matteo S. 和 Dal Zotto C.（2015）指出原生广告进一步发展的桎梏表现为营销和新闻实践之间的模糊化。Koga H.（2015）则采用定量分析法，具体、量化地研究了原生广告中的伦理失范现象——“原生广告发展的因素之一是大数据和生活日志的存在，而基于受众的大数据和生活日志分析势必会涉及道德伦理问题”。

国内对原生广告伦理问题研究更多的是从综合的角度进行分析，李德团、杨先顺（2018）对微信朋友圈广告的软污染与隐私数据两大伦理问题进行了探讨，指出朋友圈原生广告存在着利用隐私数据的内容与形式的边界模糊而侵犯用户隐私的伦理失范现象。康瑾（2015）则利用马丁和史密斯（Martin, Smith, 2008）对网络环境中广告可能引发的三个伦理争议：“欺骗”“侵扰”和“滥用”来阐述广告原生化的三重伦理问题，即原生化的品牌内容模糊了广告与新闻之间的界限；定向投放不可避免地造成了对用户隐私的侵犯；利用用户的善意在其社交网络中进行病毒式传播。

翟红蕾、陈夕林（2014）从原生广告传播要素和媒体特点出发，从广告隐形化、精准投放和品牌新闻生产三个层面来分析探讨原生广告传播中存在的伦理问题。而这三个层面与闫济民（2015）对原生广告伦理困境的探讨基本一致：用户信息的保护与利用“失范”，广告本质与隐匿性的冲突，广告传播与新闻伦理的冲突。

李明文、柏茹慧（2019）则从消费者角度出发，对原生广告伦理问题的消费者感知进行实证分析，研究消费者的伦理感知，并针对原生广告已呈现的一系列伦理问题提出了可行的解决路径。康瑾、钱莉莉（2018）亦从消费者角度出发，采用扎根理论研究，探究原生广告做出伦理感知的层面及这些层面又会如何影响广告效果，针对研究成果提出了具有实践意义的优化方案。

分析上述研究可见，原生广告存在的伦理失范现象已经得到学术界的重视，多位学者就这一问题阐述了自己的观点和看法并提出了相关解决方案，然而对原始广告伦理的探讨较为笼统，相关解决方案的提出也略为零散。基于此，本文以朋友圈原生广告为例，对原生广告的特点及其形成环境和发展背景进行了较为系统、详尽的阐释，在此基础上对原生广告存在的伦理问题进行分析，并针对原生广告的伦理失范现象提出了更加多元、深层次的解决途径，以期原生广告能够向着更加良好的方向发展。

三、原生广告的内涵与发展背景

原生广告自诞生至今发展十分迅速，其内涵也越来越丰富，不同的人对原生广告有着不同的界定，但应当看到的是，媒介环境的变化及互联网的发展是其概念形成的背景。因此，当我们对原生广告进行阐释时，不能脱离其依存的时代背景和媒介环境。

（一）原生广告的内涵

原生广告最初兴起于美国，谷歌的搜索广告词（Adword）较早被赋予“原生”的标签，其运行模式为广告主通过竞价购买与特殊关键词有关的搜索结果的广告位置，以“赞助商名单”的形式出现在搜索结果右侧。2010 年开始，社交媒体先后推出原生广告的相关业务，如 Twitter 的“促销推送”（Promoted Tweets）、Facebook 的“赞助故事”（Sponsored Stories）等。

2012 年，硅谷风险投资家弗雷德·威尔逊率先提出“Native Advertising”这一概念，他将其定义为“一种从网站和 App 用户体验出发的盈利模式，由广告内容所驱动，并整合了网站和 App 本身的可视化设计”（陈力丹等，2016）。弗雷德·威尔逊给出的定义，强调了原生广告目的的盈利性，并言简意赅地概括了原生广告所具备的特点，在今天看来，仍然有着较强的参考价值。

2013 年 6 月美国互动广告局（IAB）召集了一个由 164 位专家组成的特别小组，试图解决原生广告的定义和标准问题，但经过半年的努力，仍未形成对“原生广告”清晰、明确的定义，而是从广告主和发布商的视角，将“原生广告”视作一种“愿望”——广告主和发布商希望广告投放能够做到三个一致：

与页面内容一致、与网页设计一致、与用户在平台上的行为一致。

喻国明（2014）对原生广告的定义为“内容风格与页面一致、设计形式镶嵌在页面之中，同时符合用户使用原页面的行为习惯的广告”。可以看出，喻国明给出的定义与IAB对原生广告的阐释较为相似，同样从广告内容、设计形式和受众习惯三个层面强调了原生广告与广告环境的“一致性”。

康瑾（2015）通过对比原生广告与内容营销、社论式广告和植入广告的区别与联系后，认为“原生广告并不是某一种特定的广告形式，它包含能够将品牌内容融入用户使用体验的各种广告类型，是一种能够指导广告实践的理念”。尽管康瑾对于原生广告的定义相较于其他学者和组织而言更为宽泛，认为原生广告不仅仅是一种广告类型，而是一种涵盖了能够对广告类型进行界定、区分，并指导广告实践的理念，但仍旧强调了原生广告的广告内容及用户体验层面与人们对广告固有认知的差异。

自2012年弗雷德·威尔逊提出“Native Advertising”一词至今，原生广告尚未有着十分明确的定义，多位学者及组织倾向于将原生广告概念阐释的核心置于其在形式、内容层面的特点及其对用户体验层面的关注，强调原生广告上述层面相较于传统广告的差异。简单来说，也就是从原生广告的特点出发，来阐释其内涵。因此，可以这样理解原生广告——以契合媒体环境的形式，在不破坏用户体验的基础上，在向用户提供有价值、富有趣味性信息的过程中传递广告信息。

（二）原生广告的发展背景

媒介环境的变化和移动互联网的发展使广告业经历着极大的变革，广告由于对受众有着较强的干扰性和侵扰度，愈加为受众所抵触和厌弃。在这一背景下，原生广告作为一种新型广告应运而生，其本身的“去广告化”完全颠覆了人们对广告的固有认知。所谓的“去广告化”指的是原生广告通过形式、内容层面的编排和设计，使其自身融入所处的媒介环境之中，如同媒介环境中的原创内容，做到了在用户不被打扰甚至毫无察觉的情况下传递广告信息。这种“去广告化”的效果使得原生广告降低了对用户的“侵扰感”，维护了用户的媒介使用体验，因而得到受众的认可和广告主的青睐。

1. 行业背景

如果按照媒体类型对广告进行划分，从广告行业发展状况来看，无论是最初的报纸、杂志广告，还是后来蓬勃发展的广播、电视广告，传统广告均是从广告主的立场出发，向受众“展示”信息。当广告出现在受众面前时，往往是受众倾注注意力在某一社会活动中的过程，这种方式投放的广告如同对受众施行“绑架”，强迫他们从原来专注的事物中“抽离”出来，因而极易使受众产生抵触、厌烦情绪。正是由于传统广告具有极强的“强迫性”“侵扰性”等特征，其在发展的过程中使受众感到厌烦，进而导致广告市场变窄，而广告主为提升广告收入而不断扩充广告位的行为则加剧了这种恶性循环。

原生广告则恰恰相反，它颠覆了对受众“忽视”的常态，十分重视用户的体验，例如朋友圈原生广告通过文案和图片的编排做到了在视觉上与用户原创内容几乎无异，它的呈现方式更像是和受众进行善意友好的沟通，从而极大地缓解了受众对广告的抵触情绪，进而提升了广告效果。

2. 媒体环境

随着互联网的发展，新的媒体形态出现，受众拥有了“主动权”，拥有了信息“生产”的能力，例如每个人都可以运用移动客户端和社交媒体发布自己的言论、观点、立场等。此外，新的媒体环境下，受众拥有了信息“选择”的能力，不再是被动地接收媒体发布的信息，而是有所选择地使用媒介，按照自我喜好和习惯积极主动地搜寻、获取信息，这就导致信息爆炸的当下，信息不再是“稀有物”，受众的注意力转变为更加重要的资源，随之而来的是媒体和平台“受众观”的转变。新媒体环境下，“受众主体意识”得到普遍认同，如何吸引受众的注意力、获得受众的喜爱成为各大媒体和平台之间竞争的“战场”。

与此同时，移动端、社交平台由于具有便捷性、社交性等特征，满足了受众获取内容、分享日常及娱乐等需求，越来越成为受众信息获取的主渠道，因而聚集了大量的用户。海量用户使得社交平台成为各大广告主青睐之地，广告主们纷纷转移阵地，“转战”社交平台进行广告投放。但同时由于移动端、社交媒体具有使用场景更加私人化、用户不愿意被打扰等特点，使得传统形式的广告无法在社交平台上“立足”。此时，契合新媒体环境的原生广告应运而生，其因十分注重用户体验，从而实现了在社交平台上“安营扎寨”，因此可以说社交平台为原生广告理念实现提供了现实基础环境。

3. 技术背景

从技术层面来讲，原生广告的出现和发展有三方面的“铺垫”。

首先，是广告拦截技术的出现，广告拦截软件始于 2002 年前后，用户可通过安装 PC 端软件或是为浏览器增加插件的方式获得。广告拦截技术的出现和发展给广告从业者带来了极大的压力，这种技术一旦使用，那么广告在用户面前就是“零曝光”，比起用户主动关闭、跳过广告，广告拦截技术的使用使广告与受众“零接触”的操作方式让广告主更加无力。因此，广告拦截技术的出现和发展，迫使广告主不得不转换思维，改变广告的形式和内容，以期转变用户对广告的厌恶情绪。

其次，是原生广告诞生的现实基础——数据挖掘与分析技术及以算法为支撑的广告投放技术的出现和发展。原生广告之所以能够实现精准定位和个性化投放，离不开对用户数据的广泛收集和深度分析。随着大数据、云计算等技术的发展，用户海量数据的收集、存储和即时抓取成为可能。互联网时代下，用户的上网痕迹均通过数据的形式展现，广告主通过对用户数据的追踪、记录和处理，便可得到清晰、立体的用户画像，并能够清楚地掌握其特征，这就为原生广告锁定目标受众奠定了坚实的基础。与此同时，以算法为基础的精准投放技术，使得原生广告展现出“定制化”的效果，给予用户良好的体验。

最后，对于数据的动态监测和实时反馈有利于广告主更好地了解广告效果，预估目标受众的态度、行为等，从而及时调整广告方案等，这也是原生广告自诞生以来发展态势良好的重要因素。

四、朋友圈原生广告的特征

原生广告最大的特点在于其从用户体验出发，重视用户的感受，力求在降低对用户的“侵扰感”的基础上与用户进行沟通。以朋友圈原生广告为例，其特点具体如下：

（一）广告形式契合媒体环境

朋友圈原生广告在形式上契合微信作为一种社交工具的媒体环境。

一方面，朋友圈原生广告通过文字、图片及视频的编辑和排版使其具备朋友圈信息的特征——与用户发布的生活日常、动态极为相似，在广告呈现方式上以朋友的姿态与用户进行交流、沟通，使广告完全嵌入朋友圈环境之中。这在视觉上极大地降低了对用户的干扰，减缓了用户对广告的抵触心理；同时可以使用户在浏览、扫描动态的过程中无意识地在广告页面停留、获取广告信息，从而提升广告的到达率，进而提升广告效果。

另一方面，朋友圈原生广告融合了朋友圈交际的功能，保留了朋友圈“点赞”“评论”等原有的基于用户社交需求的设置，用户不仅可以就自己感兴趣的内容与品牌进行互动，还能够看到朋友对品牌广告的点赞、评论等。这些社交功能项的保留，不但符合用户的媒体使用习惯，而且满足了用户在社交媒体上社交、分享的需求。

（二）广告内容具有趣味性

朋友圈原生广告在内容上刻意淡化商业痕迹，达到了将产品信息、品牌价值观内隐于有价值、富有趣味性的内容中，并“潜移默化”地传达给受众的效果。

从“使用与满足”理论视角来看，用户之所以察觉到朋友圈原生广告是广告后却不产生厌烦情绪，反而愿意为其点赞、评论和转发，就在于用户从朋友圈原生广告中获得了能够满足自身需求的内容，或是获得自身感兴趣的信息，或是获得娱乐……由此可见，朋友圈原生广告的内容符合了用户使用微信这一社交媒体时对内容的期待。

戈夫曼的“拟剧理论”指出：“每个人在不同的场景下都会进行‘角色扮演’，以期通过各种方式来在他人心中塑造自己的形象。”在互联网环境下，这一理论完美地被展现，网络的虚拟性使得每个人都会或多或少地“扮演”自己的角色，以期向别人展示自我“期望”的形象。由于朋友圈类似于一个社交环境，当原生广告中某些富有创意、个性化的信息契合受众对于自我形象塑造的需要时，便会得到受众自发的二次传播，以此来向他人“展示自我”，而这种传播的基础，就在于原生广告具备有趣味、有特色、符合受众期望塑造的形象的信息构成要素。

（三）广告投放定位精准

根据李德团、杨先顺（2018）对腾讯社交广告平台原生广告相关内容的整理发现，“目前朋友圈设置了1 000多条用户标签。其中，基础定向就包括地理位置、消费能力、移动定向、用户行为等超过200种特征和行为标签”。而这些标签正是来源于对用户数据的收集，用户对微信使用得愈频繁，其信息就愈多地被收集，最终用户留下的“痕迹”都演变成构建用户立体化画像的基础，并使得用户画像不断地被优化直至得以获得清晰、全面的用户画像，进而实现朋友圈原生广告精准地锁定目标受众，按照“标签”有所区别地进行投放，达到“定制化”广告、“个性化”推送的效果。

精准定位和个性化投放的原生广告，不但契合了用户个性化的兴趣，满足了用户差异化的需求，提升了用户的好感度；而且也使得广告主和代理商能够通过用户对原生广告的反馈进行受众数据再收集、再分析，进而挖掘消费者的不同需求，及时、积极地调整广告方案。

五、朋友圈原生广告的伦理失范

原生广告作为新型的广告，实现了“去广告化”的形态，具有传统广告所不具有的契合媒体环境、精准化定位等优势，因而获得了受众的接受和广告主的认可。但正如美国学者斯皮内洛指出的，“技术往往比伦理学理论发展得快，而这方面的滞后效应往往会给我们带来相当大的危害”（翟红蕾、陈夕林，2014）。新的技术带来新的商业模式的同时，也引发了一系列的伦理问题。所谓“伦理”，指的是在长期的社会互动过程中形成的、得到人们普遍认可的对于什么是“应该做”、什么是“不应该做”的规范和准则，它探讨的是道德层面的责任与义务。“由广告活动引发的伦理问题由来已久，克里斯琴斯认为其本质是‘商业逻辑对公众和私人空间的悄然侵犯’。”（康瑾，2015）而原生广告作为一种新的广告形式或者说商业模式，其伦理问题亦日渐凸显。

（一）原生广告隐性传播带来的认知冲突

原生广告颠覆了受众对传统意义上的广告认知，其在形式、风格上均与媒介高度融合，这种“去广告化”的呈现方式，契合用户原有的媒介使用习惯，有利于实现广告以一种润物无声的方式和受众进行交流与沟通，但这实际上与现行广告法规要求的“可识别性外显特征”相矛盾，其本身的“隐匿性”使受众无法对广告和用户原创内容进行准确、清晰的区分和辨别。

广告的本质是一种营利性的活动，其最终目的是促进销售，因而广告应当是“公开的”“显性的”，其可识别性保护了受众的合法权益。然而朋友圈原生广告通过隐性传播的方式，隐藏了广告本身的意图，使得部分用户在毫不知情的情况下接受“劝服”，甚至做出错误的选择和行为，存在着诱导和欺骗用户的嫌疑。

（二）精准投放对用户“隐私权”的侵犯

原生广告的诞生依托于数据库的建立和算法的应用。随着原生广告的发展，其对于用户“画像”的描绘正变得越来越细致，广告投放也越来越精准，而这都离不开对用户数据的广泛搜集和深度分析，其背后不可避免地造成了对用户隐私的侵犯。

以朋友圈原生广告为例，其获得的用户数据源于微信平台。当用户在注册微信账号时，被要求填写手机号、邮箱等个人信息，而这些信息不但成为社交平台对用户形成初步画像的基础，还会被售卖给广告主和代理商，广告主和代理商以此为基础来生产、投放广告内容，从而实现对用户的精准定位和广告的“个性化”投放。随着用户社交媒体的使用，数据不断得到更新，例如某用户点赞某品牌投放于朋友圈的原生广告，通过该用户的“反馈”，其数据被记录，新的“标签”被添加，这一过程循环往复，画像愈加清晰、立体、完整，进而用于投放更加精准的广告。然而这一过程中，用户隐私泄露和被侵犯的风险也愈来愈大。从这一角度而言，个性化精准投放的原生广告为用户提供更多便捷的背后，实则是用户的隐私无处遁形。

（三）“标签化”划分受众群体违背“受众主体意识”

自首批原生广告推出至今，朋友圈原生广告发展状况良好且颇为迅猛，而受众的“标签化”分类也愈来愈细致。如前文所述，腾讯社交平台朋友圈对用户设置了上千条标签，这种对用户进行“标签化”划分的操作方式，存在着“信息茧房”效应。“信息茧房”最早由凯斯·桑斯坦提出，他认为“在信息传播过程中，因公众自身的信息需求并非全方位的，公众只注意自己选择的东西和使自己愉悦的通信领域，久而久之，会将自己桎梏于像蚕茧一般的‘茧房’中”（梁峰，2013）。这一现象的出现，与信息爆炸这一大的时代背景不可分割。由于受众的注意力有限，每个人不可能对所有的信息“全盘”接受，人们更倾向于关注那些自己感兴趣的信息，接受那些与他们本身立场、观点相契合的信息。在这种状况下，广告主为迎合受众的需求，便利用用户数据“揣摩”用户的兴趣，使用算法技术向用户推送其可能感兴趣的内容，久而久之，便导致了“信息茧房”效应并不断恶化。

“信息茧房”现象在朋友圈原生广告的运作中有着明显的体现。当受众陷入被“标签化”分类的“信息茧房”环境中时，其所接受的是按照“标签”划分后，符合其自身兴趣爱好、消费能力等因素的被筛选过的广告信息，使得受众接收的信息类别缩小，这侵犯了受众接受多样化信息的权利。而由于受众自身意识不到其对其他信息的需求，因而也不会有所“反抗”，这实际上是一种违背受众主体意识的运作模式。

（四）朋友圈原生广告消解社交功能

微信的聊天、视频、语音通话等功能帮助人们实现了代替线下见面的线上通信和联络，已然成为碎片化时代和快节奏当下人际交往的重要工具。而朋友圈则是用户分享日常、展示自我的空间，同时用户间互相点赞、评论彼此的动态，实现了情感的联络，有着极强的社交属性。当原生广告出现在朋友圈界面时，用户在对其进行点赞、转发的过程中，实现了平台、广告主和用户之间的良性互动。但是，原生广告利用用户在社交媒体上的分享诉求，借助人际传播进行“扩散”，广告信息在朋友圈的“扩散”在一定程度上破坏了朋友圈原本作为一种较为封闭的社交空间的社交属性，这种“渗透”是对用户人际社交的侵犯。

微信相对于微博、QQ 等社交媒体封闭性更强，人们基于情感和关系彼此连接，在这种社交情境下，人们往往对于亲朋好友转发的信息有着较高的信任感。当用户对原生广告进行点赞、转发时，实际上为广告信息提供了一种“无偿”背书，增强了受众对广告信息的好感度和信任度，这是一种利用用户社交关系扩大广告传播范围、增强广告影响度和话题性的行为。但原生广告“商业性”“营利性”的本质并没有发生改变，它的出现在一定程度上消解了朋友圈的社交功能，并在不被用户察觉的情况下放大了原生广告的“商业性”。

六、朋友圈原生广告的伦理规制

通过对原生广告的发展背景和特点的梳理，不难发现，广告原生化已经成为市场发展不可逆转的趋势。但其存在并逐渐暴露出的剥夺用户知情权、侵犯用户隐私、违背受众主体意识、消解社交功能等伦理问题愈发严重，这些问题是不能忽视的，对其进行有效规制是促使原生广告向着更加良性的方向发展的必然选择。基于此，笔者从以下层面提出相关建议，以期原生广告能够向着更加良性的方向发展，实现平台、广告主和用户三者之间的共赢。

（一）完善相关立法，加强制度保障

原生广告自诞生以来，其隐匿性就备受推崇，其在形式、内容上的隐匿性的确有利于降低对用户的干扰，维护用户的媒介使用体验。但需明确的是，其本质并未发生变化，仍然是一种以盈利为目的、企图对受众行为施加影响的商业活动。因此，广告主和代理商应严格按照广告法有关条文规定，对广告进行明确标识，平衡显性内容和隐性内容的关系，减少避重就轻情况的出现。

此外，应当看到朋友圈原生广告对于“广告”的标注明显性极低的原因之一是我国现行广告法对广告显性的规定不够明确。因此，在现行广告法的基础上，相关立法需对广告“标注”的颜色、大小、位置等细节进行具体、详细的规定，以增强受众的识别能力，保障其知情权和选择权。毕竟受众对广告

的识别能力除受自身媒介素养、广告素养等因素的影响外，还取决于广告本身隐匿程度。

除广告立法规范中需对标注进行明确规定，从而避免广告主“打擦边球”外，监管体系的建立亦有利于提高广告主和平台的规范意识。原生广告监管的难题在于广告本身难以识别、海量广告内容难以留存取证及平台中广告主体的难以识别等，利用相关技术手段进行支持不失为良好的选择，例如相应地发展广告内容识别技术、开发广告动态监测系统等，优化广告监管技术平台、提升监管能力。

（二）加强信息安全保障，实现用户赋权

虽然用户已经逐渐习惯了朋友圈原生广告的呈现，但这并不意味着，其背后的隐私侵犯得到许可，重视隐私和隐私保护在大数据时代下将会是重中之重。

2018 年 3 月 17 日，《纽约时报》和《英国卫报》联合曝光 Facebook 上超过 5 000 万的用户信息在用户不知情的情况下被数据公司“剑桥分析”获取并利用，其通过向用户精准投放广告内容以影响 2016 年美国总统大选的结果。事件曝光后，引发了用户对 Facebook 授权管理方面的极大抗议和强烈不满。事实上，用户并非对隐私侵犯问题“置若罔闻”，问题在于多数情况下用户无法知晓也无法控制数据被收集、处理和利用。但当用户得知自身隐私被侵犯时，那么其对平台的信任度会急剧下降，这对于平台而言无异于“自讨苦吃”。《一般数据保护条例》（GDPR）的颁布及生效，正是彰显了大数据时代对隐私的重视。

一方面，从平台的角度来看，其应尊重用户的权利，唯有如此才能得到受众的认可，留住用户，进而长远发展。例如可通过提供更为简明的服务条款和更加多样化、更加清晰、更为轻松的获取方式，实现用户赋权，使用户能够自行决定行为数据、个人信息是否以及在何种程度上被使用。在这一方面，社交媒体巨头 Twitter 的探索较为成功，“2010 年 4 月，Twitter 推出‘促销推送（Promoted Tweets）’广告平台，随后将原生广告扩展到了用户的好友动态信息流中。‘促销推送’最大特色是每条广告信息都是 Twitter 网站的有机组成部分，如果广告信息在一定时间段内未能在用户中引起响应，如评论、转发、收藏等，则会被撤换”。（何凤连，2018）这种原生广告的运营方式，维护了用户主体意识，而不是单纯的逐利行为，值得效仿。

另一方面，从广告主的角度来看，原生广告应更加透明化，应有关于可能涉及收集或记录个人隐私的善意提示，并告知用户是如何处理采集的数据以及

数据会被如何应用等，从而实现尊重用户与内容利用的平衡。

（三）平衡商业利益与公共属性

随着媒介环境的变化，受众观已然从“以传者为中心”转变为“以受众为中心”。平台应平衡其商业利益与公共属性，在原生广告运营的过程中，可以与广告主进行合作，投放能够满足公众需求的原生广告，但也有责任拒绝广告主提出的侵犯公众利益的过分要求。

以微信为例，朋友圈原生广告为其带来了飞速增长的利益的同时，也为其公共属性的维护带来了一定的挑战，原生广告的出现在一定程度上消解了朋友圈的社交功能。需要明确的是，商业利益不能侵犯公共属性的原则不能变，从这一层面而言，微信对现有朋友圈原生广告的设置尚可，例如其在原生广告页面上设置“我不感兴趣”等功能，赋予用户“不观看”“不参与”广告的权利，这样既有利于广告主检测原生广告的效果，也将有助于净化朋友圈的广告环境，从而让广告与用户共生，给予用户一定的自主权，维护社交媒体的公共属性。

（四）成立原生广告协会加强行业自律

当然，任何广告归根结底都是以盈利为目的，因而不能幻想广告主通过原生广告获得巨大效益后，就主动转向公共利益的维护。在自由竞争的商品经济环境下，对利益的追逐和对市场的争夺早已成为各行各业的常态。因此，通过培养与提高广告主和代理商的道德意识以期实现行业自律是远远不够的，而原生广告协会的成立对监督、督促从业者行为，加强行业自律，不失为一条切实可行的路径。例如，美国广告界成立了 IAB，并发布了《原生广告手册》，以加强广告行业从业者的自律，督促企业在社会效益和经济利益之间寻求平衡。我国广告界也可效仿这一做法，建立相关协会，制定、完善行业准则，并通过曝光、披露伦理失范的原生广告等措施来实现对原生广告的灵活督促、软性监管，与通过法律法规来提高伦理失范行为成本的强制手段形成软硬兼具、内外协同的监督机制。

（五）提升用户的伦理感知

受众既是原生广告的接收者，也可能担任着“二次传播”的角色。值得注意的是，受众对原生广告的伦理感知普遍不高，同时在原生广告的参与过程中存在着隐私悖论现象，即重视隐私却不会采取有效措施进行保护。

针对这一问题，政府可以通过设置相关话题、提高原生广告相关话题的媒体曝光度等“议程设置”的方式，增强用户对原生广告的认知，进而提高用户对原生广告的伦理感知。再者，政府可通过宣传、教育等手段，增强用户隐私保护的能力，使用户在媒介使用过程中有意识地减少隐私信息的披露；同时引导用户在自身权益受到侵害时，积极采取相关措施，如投诉、举报等，维护自身权益。

就监督层面而言，调动用户参与原生广告监督对原生广告的规范发展意义重大。由于原生广告“广告即内容”的表现特征给政府监管机构的监管增加了难度，而用户作为原生广告的直接接触者，能够直接感知其是否存在失范行为，因此需提升媒介素养来加强对媒体和平台的监督，从而对伦理失范行为施加舆论压力，迫使媒体和平台规范其广告传播行为。

七、结语

本文对原生广告的概念及发展背景进行梳理，并以朋友圈原生广告为例对原生广告的特征进行归纳。朋友圈原生广告自诞生之时就遵从广告主和社交平台之间依据自身的调性互相选择的原则，同时十分注重用户的媒介使用体验，做到了在趣味内容“友好”传达的基础上向受众传递产品信息和品牌理念，其目的是在社交媒体特征、用户体验和广告主利益间找到平衡点。

但其本身存在的伦理失范现象也十分严重，值得深入研究和分析。通过对伦理问题解决途径的探讨，能够为原生广告伦理问题的解决带来一定的参考价值。原生广告的伦理问题涉及平台、广告主、用户三方利益主体，因而伦理问题的解决需要多方合力协作——相关的立法机构要加强有关原生广告方面的立法，完善、健全相关的法律法规，为良好的广告市场环境奠定坚实的法治基础，同时积极利用技术手段来解决技术带来的问题；平台和广告主要尊重受众，维护公共属性、加强行业自律，努力尝试消除原生广告对用户可能产生的伤害；相关广告协会的成立有助于实现对原生广告的软性监管；用户则应通过多种途径提升媒介素养和广告素养，提升伦理感知、增强权利意识的同时，努力成为监督的一分子。

原生广告作为一个新兴事物，其概念甚至尚未出现统一的标准，还未有十分清晰、明确的定义，同时受自身能力的限制，因此对相关理论的阐释和理解不够到位。本文以朋友圈原生广告为例来分析原生广告，具有一定的典型性和代表性，但也存在着“个性”不足以全面、深层次地反映“共性”的问题，即无法对原生广告存在的伦理问题进行全方位的概括和探讨。

【参考文献】

［1］GUPTA R，KABADAYI S. The relationship between trusting beliefs and Web site loyalty：the moderating role of consumer motives and flow［J］. Psychology & marketing，2010（27）.

［2］KOGA H. The trap of quantification of advertising effectiveness：a preliminary study of the ethical challenges of native advertising［J］. Springer berlin heidelberg，2015，540.

［3］MATTEO S，DAL Z C. Native Advertising，or How to stretch Editorial to Sponsored Content within a transmedia Branding Cra. In：Siegert G.，Chan－Olmsted s.，Ots Mceds Handbook of media Branding. Springer，Cham. https：//dio. org/10. 1007/978－3－319－18236－0－12，2015.

［4］TU F J. Wechat and civil society in China：communication and the public，2016.

［5］陈力丹，李唯嘉，万紫千. 原生广告及对传统广告的挑战［J］. 新闻记者，2016（12）.

［6］CNNIC. 第 43 次中国互联网络发展状况统计报告［R］. 北京：CNNIC，2019.

［7］陈培爱. 广告学概论［M］. 北京：高等教育出版社，2014.

［8］戴世富，赵思宇. 隐性与隐私：原生广告的伦理反思［J］. 当代传播，2016（4）.

［9］何凤连. 原生广告的发展研究［D］. 湘潭：湘潭大学，2018.

［10］胡磊. 网络信息传播中的伦理探析——以“Google Earth”事件为例［J］. 当代传播，2005（4）.

［11］康瑾. 原生广告的概念、属性与问题［J］. 现代传播，2015（3）.

［12］康瑾，钱莉莉. 原生广告消费者伦理感知的扎根理论研究［J］. 湖北民族学院学报，2018，4（4）.

［13］李德团，杨先顺. 微信朋友圈广告的伦理审视［J］. 学习与实践，2018（6）.

［14］李明文，柏茹慧. 原生广告伦理问题及其解决路径——基于消费者感知的实证分析［J］. 中南民族大学学报，2019，1（1）.

［15］李梦思. 原生广告中的权益冲突研究——以微信公众号为例［D］. 武汉：华中师范大学，2018.

［16］梁峰. 信息茧房［J］. 新闻前哨，2013（1）.

[17] 刘杰. 知情权与信息公开法 [M]. 北京：清华大学出版社，2005.

[18] 刘庆华. 原生广告的优势及影响因素分析 [J]. 新闻知识，2016 (12).

[19] 中华人民共和国广告法 [M]. 北京：中国法制出版社，2018.

[20] 吴柏林. 广告心理学 [M]. 北京：清华大学出版社，2014.

[21] 吴云学. 原生广告的发展困境与应对策略研究——以凤凰网为例 [D]. 上海：华东师范大学，2018.

[22] 闫济民. 大数据时代原生广告伦理困境及发展出路 [J]. 新闻世界，2015 (12).

[23] 杨若莹. 我国社交媒体原生广告研究 [D]. 乌鲁木齐：新疆大学，2018.

[24] 喻国明. 镶嵌、创意、内容：移动互联广告的三个关键词——以原生广告的操作路线为例 [J]. 新闻与写作，2014 (3).

[25] 翟红蕾，陈夕林. 原生广告的传播伦理分析 [J]. 新闻前哨，2014 (4).

[26] 张晓静. 大数据时代原生广告的传播价值 [J]. 新闻知识，2014 (11).

[27] 郑远民，李至春. 被遗忘权的概念分析 [J]. 长春师范大学学报，2015，1 (1).

智能时代下广告创意传播的变革及策略

李怀苍　周晓伟*

摘　要： 自广告进入智能时代以来，以大数据、人工智能技术为代表的全新技术正在对这个传统的产业产生巨大的影响，从而催生了一种全新的广告营销模式，即人工智能广告。跟传统广告相比，人工智能广告具有降低成本、提高传播效率等优势，与新技术的结合，使其具备了定位精准、创意智能生成等特点。同时，人工智能广告形成了以人工智能助力创立构思、人工智能科学策划、大数据构建新平台以及智能交互等模式为代表的全新传播策略。

关键词： 人工智能　广告　传播　大数据　营销

一、广告进入智能时代

（一）人工智能发展简述

智能时代的核心技术是人工智能，英文简称 AI，它是研究、开发用于模拟、延伸和扩展人的智能的理论、方法、技术及应用系统的一门新的技术科学。自 1956 年诞生以来，经过 60 余年的发展，其凭借着应用的广泛性和巨大的发展潜力，吸引了越来越多的人投入到这门科学中去。斯坦福大学人工智能研究中心的尼尔逊教授给人工智能下这样的定义：人工智能是关于知识的学科，是怎样表示知识以及怎样获得知识并使用知识的科学。通俗地讲，它就是以知识为对象，研究获取知识和使用知识。这并不是纸上谈兵，在过去的几十年里，人工智能已经实现求解数学方程、下棋、分析电路、无人驾驶等各个领域的突破。

（二）人工智能在广告中的发展与应用

随着商品生产和商品交换的产生，广告也随之问世。现代以来，广告模式的发展经历了以终端广告为典型代表的传统广告模式以及以移动新媒体为代表的新媒体广告。科技领域发生的每一次重大变革，都会引领着各行各业发生翻

---

* 李怀苍，昆明理工大学艺术与传媒学院广告学副教授；周晓伟，昆明理工大学艺术与传媒学院 2019 级广播电视（MFA）研究生。

天覆地的变化，互联网的到来使得传统的广告模式面临着极大的挑战。2018年被称作“AI元年”，人工智能时代已然到来，面对新一轮的技术冲击，广告领域也在发生着巨大的变化。

印刷术和造纸术的发明改变了人类文明的传播方式，而人工智能技术即将成为现代的印刷术。达尔文在他的《进化论》中提出“物竞天择，适者生存”的理论，这一理论同样适用于广告行业。在几千年的发展过程中，广告经历了数次重大的媒介变革，依然散发着勃勃生机，这正是因为它自身具有适应性法则。印刷术和电力的发明使其进入大众传媒阶段，互联网和信息技术的发展使其进入新媒体传播阶段，如今，随着大数据、人工智能、5G、VR（虚拟现实技术）的成熟，广告已经进入智能时代。

人工智能运用于广告领域并非噱头，因为市场营销的根本目的在于理解用户的行为，人工智能技术可以通过大数据处理对用户的消费行为、消费模式进行分析和预测，从而合理划分区域，准确定位受众。Facebook之所以能在广告市场中如鱼得水，正是因为它拥有大量的用户数据，凭借大数据处理技术，能够准确地得知用户的个人习惯。谷歌也推出人工智能系统Auto Ads，这项人工智能技术预测一个网页可以放置多少广告，以及这些广告放在什么位置。在智能时代，广告主可以根据自身的品牌特点、用户的个人习惯，利用人工智能技术将广告与受众完美贴合，实现广告为用户而存在。

（三）人工智能对广告营销的影响

1. 洞察消费者，让决策更简单

营销的核心在于市场定位，而市场定位的关键在于洞察消费者，想要让营销更有效率，就需要把合适的产品推送到真正需要的人面前。这样的决策做起来并不容易，因为有的产品市场庞大，消费群体界限模糊，需求量变化不一，如何准确地定位市场和消费者是一件相当复杂的事情。而人工智能的出现，在很大程度上简化了其复杂性，它通过大量的数据分析、智能化的识别，可以有效地洞察消费群体，划分用户界限，从而制定营销策略，让决策变得更简单、更合理。

2. 为用户提供独特的个性化体验

内容营销是营销中一个非常重要的概念，它通过广告向用户发布相关有价值的信息，从而达到营销目的。这种信息的传播，不仅仅要考虑企业自身想要表达的内容，还需要注意用户自身想要接收到的内容，因为在当今的传播语境下，信息的传播是双向的。利用人工智能技术分析用户的个人数据、消费习惯等，内容营销就可以做到向用户传递有价值的信息和个性化的体验，让广告达到为消费者量身定制的效果。

二、人工智能广告的发展背景

（一）社会背景

报纸、杂志、广播、电视被誉为四大传统媒体，曾在人类传播史上画下浓墨重彩的一笔。然而随着互联网、人工智能等技术的发展，依托于传统媒体而存在的广告行业已无法适应时代变化的需求。于是，融合了纸媒、电媒和数媒的全媒体时代正式到来。在这样一个社会背景之下，信息爆炸、传播渠道多样、受众广泛等特点为人工智能广告的发展提供了良好的市场前景。

（二）技术背景

1. 人工智能技术

近年来，人工智能这一名词的曝光率越来越高，成为时下讨论的热点话题之一。事实上，人工智能技术被誉为21世纪的三大尖端技术之一（基因工程、纳米科学、人工智能）①。早在1997年，IBM公司所研发的深蓝计算机就已经能够战胜人类象棋大师卡斯帕洛夫，随着时间的推移和该技术的发展与成熟，如今它已经能够应用到包括广告行业在内的越来越多的领域。业界普遍认为世界上第一个人工智能广告是由麦迪逊邦于2015年推出的人工智能“虚拟海报”，它首次亮相于伦敦，可以根据消费者不同的动作、表情的变化而引起广告图片文字的变化。2016年IBM公司在其发布的视频广告中，首次使用了人工智能+流行音乐的元素。在这则视频广告中，IBM公司使用了人工智能机器人Watson，曲目的音乐理论、机构和情绪意图全部由Watson所解读并在基础上扩展；同时，通过语言分析功能检测不同的歌曲歌词基调来确定所创作歌曲的情绪和社会倾向。这则视频广告一经发布就获得了极高的热度。

2. 大数据技术

大数据技术被誉为人类的第四次工业革命，正在对各行各业产生重大的影响。大数据是指在网络时代，运用软件工具获取、分析、存储及管理的海量数据集合，大数据应用能够帮助我们全面、准确、深入地了解事物，并将数据分析结果作为自身行动的有效参考②。大数据技术为传统的广告行业注入了新的活力，

---

① 百度百科，http：//baike. baidu. com/item/人工智能/9180？tr = aladdin.

② 杨志杰，李思达. 数字化广告运营：智能营销时代的精准投放法则［M］. 北京：人民邮电出版社，2018：54－55.

利用对大数据的挖掘，可以获取消费者浏览记录、消费行为，分析消费者的消费习惯，预测消费者的消费行为。以互联网广告为例，2017 年，我国互联网广告所占市场份额为 48%，2018 年市场规模高达 3 694 亿元，同比增长 24. 2%。其发展速度之快、增长幅度之大令人瞩目，也印证了大数据技术对于广告行业的影响和作用是不可忽视的（见图 1）。

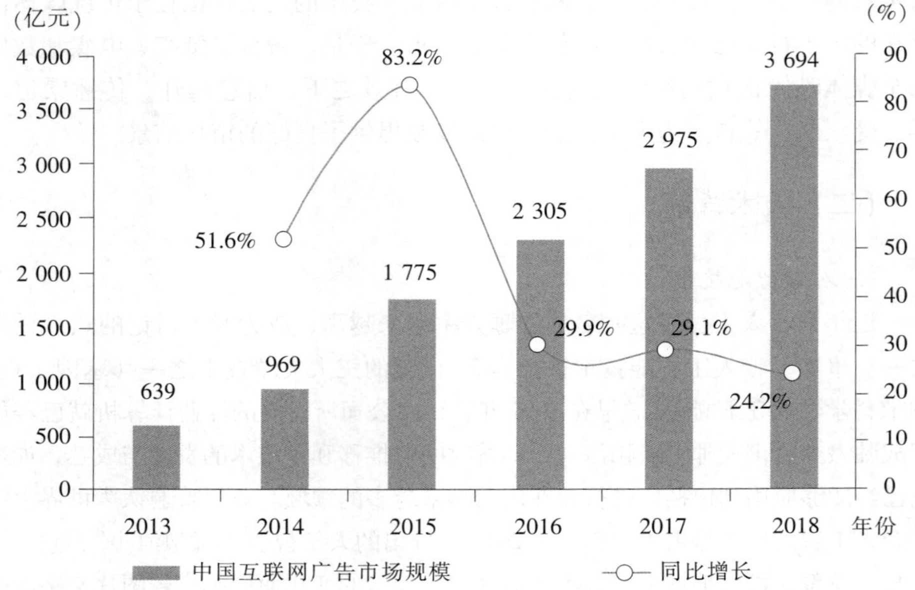

图 1　2013—2018 年中国互联网广告市场规模①

3. *虚拟现实技术*

虚拟现实亦作虚拟实境，简称 VR，是利用电脑模拟产生一个三维空间的虚拟世界，以供用户关于视觉、听觉、触觉等感官的模拟，让用户如同身临其境一般，可以及时、没有限制地观察三维空间内的事物②。VR 技术结合了人工智能、计算机图形、传感等技术在内的多项尖端技术。2016 年被称作“VR 元年”，随着互联网技术的发展，VR 正在快速地应用到影视、广告、游戏等各项领域中。作为一项兼具智能化与科技感的尖端技术，VR 的崛起必将带动广告产生实质性创新。

① 图片来源：前瞻产业研究院整理。

② 百度百科，http：//baike. sm. cn/item/ffd5f203a2692a2e7da fbef01371ea5. html？From = smsc& c_param_str = dnntnwvepffrgibijbpr.

三、人工智能广告的现状

（一）人工智能广告概念的提出

人工智能广告是基于 Web3.0 平台，以人工智能技术为主要支撑，结合大数据和互联网等信息技术的一系列新兴广告形态，是一种全新的营销模式。其主要特征有：智能识别受众群体，智能生成广告创意和内容，智能广告发布和投放，智能效果监测。

（二）人工智能广告的发展基础和发展现状

1. 人工智能广告的发展基础

移动互联网的发展带来了无法想象的大数据资源，这些资源对于广告业的价值是无法估算的。在大众传媒阶段，媒体是广告传播的依托。在智能时代，广告的传播依靠的不再是媒体而是大数据，它是以大数据为核心基础、人工智能技术为支撑的信息交流活动。

任何产业的发展基础犹如产品的生命周期一样，必须要经历探索起步期、快速推进期、规模发展期、产业消化期、应用成熟期这样五个基本时期[①]。根据中国目前市场经济状况来看，我国大数据技术正处于第二个阶段，即快速推进期。2012 年，大数据第一次作为产业出现在中国，刚一出现便得到高度重视。2015 年推出的《大数据发展行动纲要》为大数据的发展提供了国家层面的战略支持。随后的两年间，大数据技术飞速发展，在各个领域得到广泛普及。

2. 人工智能广告的发展现状

人工智能广告以大数据为基础，而智能营销的关键技术是人工智能，没有人工智能对大数据进行智能化的处理，它就只是一堆无用的数字，没有任何价值。人工智能广告时代已经到来，自 2012 年起，基于自动化技术和数据来进行投放的自动化系统 DSP（程序化购买）和 RTB（竞价）等技术已经得到广泛的应用，数据分析管理技术（DMP）也在不断完善[②]。这些技术解决了用户信息的收集、分析和处理，以及广告投放的智能化，它仅仅针对需求方，这只是人工智能广告发展的一部分。更为重要的一部分是实现广告供给方的智能化，广告创意智能化、内容生产智能化以及内容管理技术智能化的飞速发展是实现广告供给方

---

① 蒋洛丹. 大数据时代的广告与营销嬗变之路［M］. 北京：经济管理出版社，2018：170.

② 陈刚. 智能化广告时代正全面来临［N］. 中国工商报，2017－01－10.

智能化的关键。例如，依靠人工智能技术和整合技术流作为主要驱动的程序化创意平台（PCP）逐渐完善，展现出不俗的市场竞争力。从2017年至2019年，智能化创意构思和内容生产、智能管理、智能决策、智能划分受众群体等技术的不断成熟，使得人工智能广告呈现出一种良好的发展趋势。

（三）人工智能广告的形式

随着人工智能和互联网技术的发展，人工智能广告的形式主要有以下三种：第一是多感官广告。人类接收信息的感官有很多，传统广告仅仅局限于眼睛和耳朵，用户只能用看和听来接收信息，这种方式接收到的信息有限，广告主也无法准确充分地表达观念。而多感官广告将会打破这一束缚，它可以利用图形处理、人工智能、人机交互、传感等技术，营造出一个虚拟的现实情境，让用户可以充分调动视觉、听觉、味觉、嗅觉以及触觉来感知信息。在这种全方位体验的传播过程中，广告的效果会得到大大的提升。这种虚拟现实技术可以制造出一个独立于现实世界之外的虚拟世界，可以为用户带来沉浸式的体验，同时还可以让用户感受到与传统广告截然不同的体验。例如，耐克在与周冬雨的一次合作中，推出了一个VR广告。在这个只有四分钟左右的视频中，耐克利用VR技术，以360度无死角的方式呈现了周冬雨的追梦历程，观众可以身临其境地观察周冬雨的表情、动作甚至情绪，这一VR广告赚足了消费者的眼球。

第二是智能投放广告。在互联网时代，用户所浏览的每一个网页、点击的每一次鼠标，都会产生数据。智能发布广告系统可以根据用户自身信息、网页站点信息等数据，自动地选择将广告投放在合适的位置。

第三是智能视频广告。一个视频包含的信息元素是其他任何媒介都无法比拟的，这些元素可能包括旅游、美食、化妆、服饰、日用品等各个种类。借助于人工智能技术，可以根据视频的内容将相关的品牌广告准确地投放到相应位置，且不限广告形式，可以是贴片广告，也可以是文字链接。例如，一款汽车广告，可以对平台上所有的视频进行整合，然后将汽车广告投放到所有出现过这款车的场景中，可以精确到视频中的几分几秒。在合适的情景中出现合适广告，也更符合受众的接受心理，同时可以将资源利用到最大化。

（四）人工智能广告的优势

1. 降低广告成本

人工智能广告很大程度上降低了人工成本和时间成本。传统广告往往需要大量的时间去做相关的市场调查，而且人工成本较大，效果也不尽如人意。但是智能广告完全可以将这些让人工智能和大数据来完成，通过人工智能对大数据的集中分析、处理，可以节省不必要的时间和人力，降低了广告制作的成本，也降低了投入成本。同时，相对于传统的市场调查，智能化和数据化的处理往往更准确、更具有针对性。

2. 传播效率更高

人工智能广告通过对现有资源的有效配置，可以实现高效传播。传统广告受媒介和技术的限制，传播不够精准，这能通过数量来弥补，但铺天盖地式的推送缺乏针对性，从而导致效率较低。在智能广告时代，这一问题得到有效解决，借助于大数据处理技术，有效资源得以利用，受众群体得到划分，广告传播具有针对性，根据不同用户的自身特点进行传播的效率更高。

3. 受众接受度高

无论是在传统媒体时代还是新媒体时代，广告营销都是建立在一定的受众基础之上的，一些媒体为了争夺用户群体，往往会采取一些博眼球的方式，利用低级趣味来增加自己的流量。依托于媒体而存在的广告虽然可以提高曝光率，但是，长期如此会导致媒体信誉降低，对品牌形象也会造成严重的不良影响。大量低俗广告充斥市场，企业底线似乎越来越低。而且，在传统的传播模式中绝大部分受众处于被动接受的地位，长期以来被各种广告信息所干扰，久而久之形成抵触心理。而人工智能广告的传播更加具有亲和力，不再是单纯向受众输出信息，而是根据受众的需要进行传播和推广，用户的相关需求可以得到满足。智能广告并不再是一种单向传播，而是双向传播，用户不仅仅是信息的接收者，也是表达者，其地位发生本质上的改变。在这种模式下，用户对于广告的接受度和好感会得到很大的提升。

(五) 人工智能广告的特点

1. 精确制导，定位受众

从广告自身的角度看，人工智能广告是借助于 AI 技术对传统广告进行创新突破而产生的。传统广告依托于传统媒体而存在，而传统媒体是以传播者为中心的，在这样一种环境下，广告传播的内容局限于传播者想表达的内容，而不是用户需要的内容。由于技术的限制，广告无法准确地细分受众群体，广告主只能通过铺天盖地的推送来提高覆盖率，但是这样不仅提高了运营成本，而且容错率低，也导致了“千人一面”的现象，于是大量的资源被浪费。

人工智能广告可以实现智能定位受众和智能投送广告。在互联网和大数据的背景下，用户的任何互联网行为都会被大数据观察并记录下来，并且成为智能识别的对象，通过对这些数据的分析可以得到用户的使用习惯和消费习惯，从而让广告能够智能地定位消费群体以及智能推送，让广告以合适的时间、合适的方式，在合适的地点出现在合适的人面前。

2. 智能思维，形成创意

从产品的角度来看，人工智能广告的特点不仅体现在广告本身的传播行为上，它还具有智能形成广告创意的特点。技术进步促使广告行业的革新，同时，消费者的审美观念也在不断提升，传统广告简单重复的广告词，或者缺乏创意的内容很难再勾起用户的消费欲望，这时广告的创意就显得愈发重要。优秀的创意可以大幅地提升广告的传播效果，也可以激发用户潜在的消费欲望。AI 技术是人类大脑的延伸，它可以根据产品的自身特点、广告效果和数据的积累，自动生产广告创意以及创意风格。

3. 转换核心，用户为王

从用户的角度来看，智能时代下的广告一定是以人为本的，或者说是以受众为主体的，受众在这样一个传播过程中占主体地位。受众作为广告信息的需求者、需求信息的发出者，具有选择媒体、广告、产品的主动权，这就要求企业主需要根据用户的消费习惯、喜好等因素来满足他们的需求。用户可以享受智能广告所带来的个性化定制内容。

四、人工智能广告传播策略

2017 年，谷歌旗下的 DeepMind 公司所研发的人工智能程序 AlphaGo 以 3：0 的战绩打败中国围棋职业九段选手、世界冠军柯洁，至此，人类最古老、最具有智慧的游戏——围棋已被破解。可以预见的是，人工智能必将引领下一轮的信息技术革命，5G 时代即将到来，人工智能必将得到新一轮的发展。在这样一个风口浪尖之上，广告行业需要将自身与人工智能技术相结合，创新广告传播模式，打造出更加智能、更具有效率的传播模式。

（一）人工智能助力创意构思

对于广告来说，创意的作用非常明显，一个好的创意可以起到吸引用户、体现产品、提升营销效果的作用。以往这些创意的构思全部由人来完成，这需要花费大量的时间和精力，最后产生的效果也不是每次都能尽如人意。但是人工智能广告可以开创一种新模式，这种模式可以简单理解为“分析—搜集—解构—重组”。人工智能可以通过程序，根据所发布产品的自身特性进行数据分析，然后通过大数据对所有相关广告或者同类型广告进行比较搜集，再将搜集来的广告进行解构，对其中有价值的符号、标签，甚至广告语进行记录，最后再把这些元素进行智能化的重组，形成完整的创意或者创意雏形。当然，这仍然不可缺少相关人员进行最后的把关，对需要修改的创意进行调整。大量的信息采集和处理分析是目前人类的大脑远远无法做到的，但是人工智能可以做到，其分担了人脑的工作量。同时，根据产品本身去进行的创意构思，不会偏离产品自身的特点，可以让广告创意高度地契合产品。

（二）人工智能科学策划

广告策划一般包括前期市场调查、产品分析、用户分析、投放策略以及效果评估等部分。在广告策划中，最主要的基础是前期的调研，核心是策略的制定，以往这些工作需要大量的人力物力才能完成，时间成本较大，且存在一定的风险指数。但是人工智能的到来，使得整个策划的过程变得更加简便，相关人员无须再花费精力、苦思冥想广告策划，一切都可以交给人工智能来完成。人工智能可以直接自主学习以往成功案例，然后结合产品属性、市场前景、用户基础来制定广告策划方案和投放策略。

（三）大数据构建新平台

人工智能让广告更智能，而大数据则让广告更精准。传统广告模式的传播千人一面，用户每天大量接收到与自己无关的广告，不仅造成其抵触心理，也在一定程度上造成了资源的浪费。实际上，用户抵触的不是广告，而是与自己无关的广告。而利用大数据构建新平台的模式，可以实现精准定位受众群体，然后再进行智能投放，这两种方式相结合，既可以锁定用户基础，又可以优化传播，真正实现有效传播，告别千人一面，实现千人千面。以国内主流 DSP 平台之一——威特平台为例，凭借着出色的大数据处理能力，其始终在行业内保持领先位置。威特平台依靠自身独特的六大精准定向模式对用户实现精准覆盖（时间、性别、年龄、地区、兴趣、预算），依靠这种模式，它赋予广告某些价值标签，使其对于用户来说不再是一种骚扰，而是一种信息，一种符合用户需求的合理信息。威特平台对目前市场上绝大部分的热门 App、主流媒体、网络直播平台等进行了整合，对全网数亿的用户数据进行全面覆盖，依靠其出色的大数据处理能力，对市场需求进行分析，然后再将用户个人信息与产品匹配，分析广告形式，依托精准理念对广告进行智能投放，实现传播效率最大化。

与传统广告模式相比，人工智能广告不再是简单盲目的信息输出。通过精准定位，广告主向用户表达的不仅仅是产品内容，还包括企业文化、价值理念、生活方式等。让用户实现价值认同才是最好的广告，而人工智能广告可以胜任这项任务。

（四）智能交互

利用 VR 广告可以打造完美体验场景，实现用户与广告零距离接触。智能广告早已打破传统的单向传播模式，以用户为核心，实现全方位、立体化的传播。在体验经济时代，用户的体验与感受成为广告主需要注意的一个重要因素。在未来，基于 AI 技术和虚拟现实技术的 VR 广告可以为用户打造一个独特的、虚拟的体验环境。在这样一个独立于现实世界之外的虚拟环境中，用户可以直接对相关产品进行体验，这种体验是最直接的，也是最有效果的。例如，淘宝网曾推出淘宝试衣间系统，在这个系统里，消费者可以实现在线虚拟试穿、在线搭配，通过 360 度实物拍摄立体化地展示商品的试穿效果。这一功能广受消费者好评，然而由于技术原因，尚带有局限性和实验性。但是不难看出这个系统为消费者带来的便捷。以此为例，我们甚至可以大胆想象，在未来，随着 AI 技术和虚拟现实技术的发展，我们可以在一个虚拟的环境中直接实现衣服的试穿，这样的效果是任何一种广告形式都无法达到的。以 VR 广告为代表的智能交互传播模式必将在将来的广告行业内占据一席之地。

除了传播效果的提升之外，智能交互的广告传播模式还可以在最大程度上收集用户反馈，因为用户的体验是即时的，因此收集到的反馈也是即时的。传统的广告模式从广告的发布，到效果监测，再到效果反馈，需要一定的时间，反馈不及时甚至反馈率低都不利于广告本身以及产品的修改和完善。但是在智能交互的广告模式之下，用户即时地体验广告内容和相关产品，所产生的任何评论、数据都会被记录下来，然后进行集中分析，从而对广告内容和产品进行改良，实现良性循环发展。

五、结语

时代的发展越来越快，人工智能即将成为广告行业的下一个风口，对任何从事这个行业的人来说，这都是一个大挑战。人工智能技术尚未发展成熟，现阶段，人工智能广告的规模尚且不大，仍处于摸索时期，还存在很多的不足和问题。例如，智能广告对于技术的要求过高、总体的制作成本相对较高、广告的精准定位是否会对受众产生信息骚扰等，都引发了一定的思考。当然，这些问题还需要时间来解决。人工智能对广告已经产生了很大的影响，这些影响必然也促使人类产生继续改造世界的想法与决心，在未来，广告必将迎来翻天覆地的变化。

【参考文献】

[1] 廖秉宜. 优化与重构：中国智能广告产业发展研究［J］. 当代传播，2017（4）.

[2] 邵敏，赵韵文，林雪冬. 论智能广告的形式、特点及监管［D］. 南京：南京林业大学，2017.

[3] 祁媛. 人工智能对广告传播的影响［J］. 科技传播，2018（19）.

[4] 人工智能时代中广告行业的漫漫征途［EB/OL］. https：//zhuanlan. zhihu. com/p/40030813.

[5] 唐岳岚. 智能技术时代的营销革命［J］. 中国广告，2017（5）.

[6] 人工智能 + 广告？大有可为！［EB/OL］. https：//zhuanlan. zhihu. com/p/37837061.

[7] 田金萍. 人工智能发展综述［J］. 科技广场，2007（1）.

[8] 陈刚. 智能化广告时代正全面到来［N］. 中国工商报，2017 - 01 - 10.

[9] 蒋洛罗. 大数据时代的广告语营销嬗变之路［M］. 北京：经济管理出版社，2018.

[10] 杨志杰，李思达. 数字化广告运营：智能营销时代的精准投放法则［M］. 北京：人民邮电出版社，2018.

[11] 梁丽丽. 程序化广告：个性化精准投放实用手册［M］. 北京：人民邮电出版社，2017.

[12] VR 广告的形式是怎样的［EB/OL］. https：//www. zhihu. com/question/50429152/answer/13125545.

数据赋能视角下网络广告的媒介投放模式研究

卫梦瑶*

摘　要： 互联网、大数据等新兴技术和思维渗透到人类存在环境的方方面面，带动社会结构和关系网络发生一系列变化。卡斯特提出了网络社会的新技术特性，即信息或数据是原料，数据成为新媒介环境中的核心价值要素。基于数据赋能视角，依据网络广告媒介投放模式的演变轨迹，将其划分为三个阶段，分别为传统媒介的在线模式阶段、数字化平台的广告实践阶段以及数据赋能的程序化投放阶段。以此剖析网络广告媒介投放模式的创新点和思维逻辑，探讨数据时代媒介思维由“叠加”到“连接”，再到“生产”的迭代过程，以期为网络广告企业把握全新的传播环境、实现价值转换和创新转型提供新的思路。

关键词： 数据思维　广告媒介　赋能

一、引言

伴随越来越多的事物以数据化的形式出现，如何将这些冗杂的数据提炼成为有生产开发价值的资源，对人类思维的转变和数据处理分析技术的发展提出更高要求。互联网的发展进入数据资源深度开发和实际应用阶段，让数据“说话”“数据就是资源”“数据是一种财富可以用来收集、存储和交易”等数据赋能思维逐步成为经济社会生产和发展的共识。网络广告作为数据赋能媒介的重要体现，在这一过程中经历了从单一模式到综合体系的发展过程，呈现出鲜明的阶段性特点及强大的生长力。

（一）“互联网＋”数据，从制造到智造

2015 年，李克强总理在政府工作报告中首次提出制订“互联网＋”计划，强调推动移动互联网、云计算、大数据、物联网等与现代制造业结合，促进电子商务、工业互联网和互联网金融健康发展，引导互联网企业拓展国际市场。互联网的发展进一步受到国家级的重视和战略规划，提供充分利用新一代信息

---

* 卫梦瑶，暨南大学新闻与传播学院硕士研究生。

技术发展和知识社会的下一代创新机遇①。阿里巴巴提出，所谓“互联网＋”就是指以互联网为核心的这一整套新技术在社会、经济等各个领域扩散和渗透过程，本质上是信息更加充分透明地流动和数据作为能源的开发利用②。其突破了信息时代仅仅作为传输工具和基础生产元素的单一功能，横向连接产业链各个环节，与工农业基础设施叠加融合，形成产业转型新动能；纵向加深产业内部能源开发，从研发设计、生产制造、销售服务各环节重塑产品生命结构。“互联网＋”计划将中国的劳动力优势进一步转化为创新优势，挖掘数据资源的巨大潜能，带动国家闲置资源向社会财富转化。

“互联网＋”将我们带入数据时代，我们以完全不同于传统的思维和方法利用数据，全面激活市场和社会要素，通过规模化数据及非结构化的分析方式，挖掘和预测用户行为，提供精准个性的产品和服务。“智慧”和“智能”成为数据时代的关键词，数据化使我们能够从各个角度认知事物，消解不确定性，数据的“智慧”正在一步步解放人类的脑力，打破传统制造业的固有模式，向“智造”转型。基于“互联网＋”计划，2019 年两会政府工作报告正式提出了“智能＋”的重要战略：“深化大数据、人工智能等研发应用。打造工业互联网平台，拓展‘智能＋’，为制造业转型升级赋能。”由“制造”大国向“智造”大国的转换路径中，数据的价值在社会经济活动、生产领域中不断凸显。

（二）数据赋能，助推媒介迭代

1．数据思维的本质

数据（Data）在牛津字典里被定义为已知或假定为事实的事物，并作为推理或计算的基础。数据被定义为价值生产的基础，不会在传递或使用中被消耗，而是能够通过技术的处理和开发，在数据的交叉重组中不断产生新的价值。大数据不能单纯被理解为一种新产品或新技术，而是数据时代的一种现象。与小数据的简单性科学相对应，大数据本质上属于复杂性科学。复杂性科学是一种新的科学思维和方法论，认为传统的机械自然观和还原方法论将自然和人类社会看作是静止不变的，进行随意的拆装和还原，但实际上，自然与人类社会都是复杂多变的，并不能仅仅依靠简单的线性因果关系进行解释。因

---

① 官建文，李黎丹．“互联网＋”：重新构造的力量［J］．现代传播（中国传媒大学学报），2015（37）：1－6．

② 欧阳日辉．从“＋互联网”到“互联网＋”——技术革命如何孕育新型经济社会形态［J］．人民论坛·学术前沿，2015（10）：25－38．

此，一切对象都是一个具有生命的、具有随机多样性的复杂系统①。即使是简单数据之间的交叉重组，都有可能产生远远超过简单叠加而成的价值资源。

大数据思维本质上就是一种复杂性思维，从大范围涵盖事物整体的复杂数据中挖掘和使用相关关系，传统因果线性关系的小范围精确研究已不足以承受大规模的数据量。基于复杂性思维不断衍生形成的大数据技术，实现了对非结构化数据的处理和分析，能够通过挖掘海量数据库中难以发现的关系和联系来提取数据价值。大数据的诞生使原本单一结构类型的数据库转向多结构类型的复杂数据库体系，包括基于分布式架构的数据管理系统，以及结构化、非结构化、实时数据等多种类型的数据分析管理平台等。对数据的分析方式由模型式计算转向以流式计算等实时计算框架②，满足了对大量数据快速存储、处理、分析和交易的需求。随着数据思维向各个领域的渗透，以及互联网技术的创新应用，将引发企业生产方式和产业价值链体系向更为灵活多样、个性化的方向发展。

2. 数据赋能与媒介变迁

"赋能"的概念最初来自人力资源管理领域，关注企业内部授权和升级的问题。Garmen 等人③认为"赋能"有三个关键维度，分别为结构赋能、心理赋能和资源赋能。随着数字时代的到来，"数据"在资源赋能中占据越来越重要的地位，Lenka 等人④进一步将数据赋能划分出三个维度，即连接能力、智能能力和分析能力。连接能力指基于网络连接数字产品的能力；智能能力进一步细分为用户行为感知、动态资源分配和灵活分级服务；分析能力则是将海量数据进行数字化处理，产生新的价值。孙新波等人则认为通过数据使用的创新形式和方法以实现数据价值的过程，就是数据赋能。

传播作为人类社会构成要素之一，在数据赋能作用之下亦发生着深刻的变革。每个人都变成了传播过程的一个数据节点，新技术借由大量用户行为及数据，构建起一个全新的数字新媒介环境。无论是处理技术的数据还是处理数据的技术，新技术效果无处不在，因为数据已经融入人类活动的每一部分；技术与各生产要素的组合与重构具有灵活性和可逆转性，并能够最终凝聚成全新的

---

① 黄欣荣. 大数据时代的思维变革［J］. 重庆理工大学学报（社会科学版），2014（28）：13－18.

② 邓仲华，李志芳. 科学研究范式的演化——大数据时代的科学研究第四范式［J］. 情报资料工作，2013（4）：19－23.

③ GARMEN L M，LING，PAN，et al. ICT－enabled community empowerment in crisis response：social media in Thailand flooding 2011［J］. Journal of the association for information systems，2015，16（2）：174－212.

④ LENKA S，PARIDA V，WINCEN T J. Digitalization capabilities as enablers of value co－creation in sovietizing firms［J］. Psychology and marketing，2017，34（1）：92－100.

技术系统[①]。数据赋能视角为理解媒介投放的迭代逻辑提供了新的切入点。

二、网络广告的媒介投放模式迭代

2010 年起，全球数据量跨入 ZB 时代。2018—2022 年全球数据空间五年复合增长率（CAGR）将达到 25.8%[②]，我们正式步入数据时代。中国的云计算、大数据、物联网、人工智能技术在近十年间集中爆发，海量数据成为技术发展的核心资源，越来越多的事物开始以数据的形式存在，虚拟与现实空间互相交织，原本清晰的界限已逐渐被消融，颠覆性地改变着社会生产方式、人类生存方式，带来物质与精神世界的新的碰撞与融合……网络社会的人类日常生活实践、社会参与几乎都受到新技术的塑造，我们无时无刻不在生产数据，行走轨迹、消费记录、上班打卡、互联网浏览行为等都以数据的形式被记录下来；我们每时每刻也都享受着数据带来的便利，比如交通系统的实时路况数据监测、精准的公交到站实时预测系统、基于个人特性的内容和产品推荐、精准的定向广告信息推送等。

以全新的媒介思维和大数据技术为推动力，数据赋能网络广告快速发展，媒介投放形式快速更迭，经历了由传统媒介的在线模式阶段、数字化平台的广告实践阶段以及数据赋能的程序化投放阶段。这一过程中，媒介流量不断拆分变现，网络媒介的潜在价值不断被挖掘出来。

（一）传统媒介的在线模式

媒介对网络技术的初期认知是一种补充性思维，网络被认为是一种与报纸、广播、电视等传统媒体类型并列的新的广告载体，网络广告则可简单地理解为广告展示的在线形式。网络广告投放基本复制传统媒体的投放思维和逻辑，本质上仍是通过媒介排期的逻辑，交易双方签订合约将媒体方某一时段的广告展示位整体出售给广告主。

互联网广告市场的初期探索阶段被表述为在线广告，只简单涉及“广告主—互联网媒体”两者的合约交易。整个广告投放环节仅有广告主、互联网媒体、用户三方参与，与传统媒体发展类似，媒体优质流量竞争激烈，而长尾

---

① 吴志远，杜骏飞．海德格尔技术哲学对新媒介研究的现实意义［J］．当代传播，2016（6）：78－80.

② VESSET D，et al．Worldwide big data and analytics software forecast，2018—2022［Z］．IDC，2018.

市场所包含的大量碎片式剩余流量则无法通过合约交易进行变现，互联网的大数据和技术带来的潜在价值没有被挖掘（见图1）。

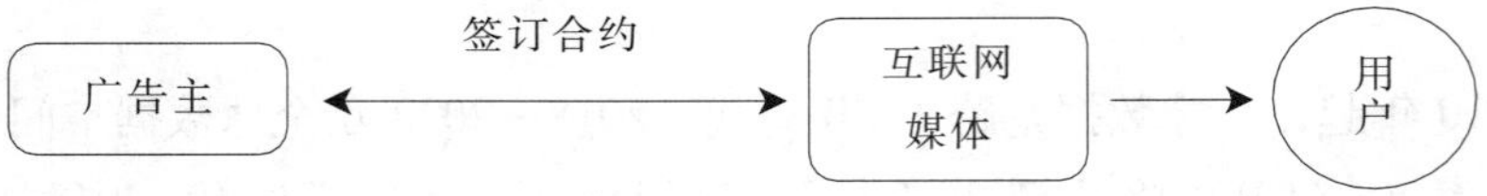

图1　在线广告投放模式

（二）数字化平台的广告实践

由于网络平台的信息互动性、受众广泛性以及价格、效率等方面的优势，更多媒体和互联网企业开始关注到信息资源的潜在价值，互联网广告市场迅速扩大。这一阶段主要产生了两种典型的投放形式：搜索广告（Search Advertising）和广告网络（Advertising Network）。这两种投放形式都基于一定的平台实现，且主要开发网络长尾资源的价值，存在极大的共通性，但服务对象和投放形式存在显著差异。搜索广告是互联网企业和平台对广告行业的大胆尝试，而广告网络则是媒体等广告行业内部利用互联网技术解决问题的产物。

1. 搜索广告

最初的竞价投放方式就诞生于搜索定向技术的发展和搜索业务流量变现的需求，竞价排序、搜索关键词等程序化投放技术都是由搜索广告发展而来。搜索广告需要借助于相应的搜索平台，其呈现形式具有原生性质，广告展示与自然搜索结果形似，并且依靠用户主动触发（见图2）。

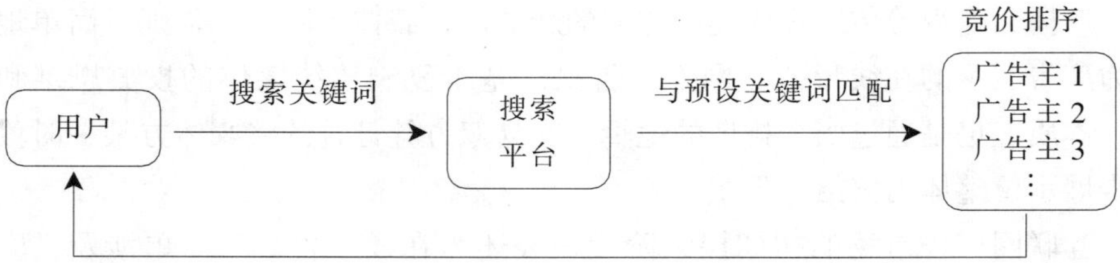

图2　搜索广告投放模式

媒体以传统合约售卖形式的广告位集中于头部流量竞争，大量长尾流量无法变现；中小广告主“小数量大范围”的细分流量需求得不到满足；原本一对一交易的形式为流量交易的双方带来了极大不便，对于流量能够集中整合、灵活交易的需求日益凸现出来。因此，搜索广告更侧重于满足流量交易的灵活性。搜索广告产生了竞价交易的新模式，遵循“价高者得”的竞价规则，打破了广告投放中固定量的限制，有效地降低了广告主的投放成本，同时将媒体流量的价值进一步扩大。

2. 广告网络

搜索广告的投放和交易会受到媒体平台和广告形式的局限。展示广告领域的升级和优化出现断层，仍然采用传统的合约售卖形式，这导致媒体方为了控制售卖比例以获得更高的品牌溢价，出现大量剩余流量；而庞杂的中小媒体因为不具备组建专门的广告营销团队的实力，存在大量的长尾流量无法匹配广告主。于是，广告网络平台作为一种带有中介性质的流量交易平台出现，弥补了这一部分的空白（见图3）。

图3　广告网络运行模式

广告网络平台更侧重对用户定向投放的精度与广度的升级。它为众多的互联网媒体和广告主之间搭建了一个交易平台，聚合大量互联网媒体和广告主，完成大规模长尾流量的整合，并可以利用用户标签进行定向匹配。

（三）数据赋能的程序化投放

广告投放的目标一直都是“在最合适的时间和地点，通过最合适的手段向最合适的人传达最合适的广告信息”。精准营销的需求和相关探讨由来已久，大数据营销和程序化技术从根本上改变着人们获取和传播信息的方式，每一个被接入网络的节点都具备生产、承载、传播、转发和反馈信息的能力。挖掘数据库独有的价值成为大数据时代的核心。媒介可以对用户行为数据进行分析和再呈现，及时地改变广告信息的传播以满足消费者的需要；依据大数据对受众进行个性化的分析，向广告主进行售卖完成二次，甚至多次变现。那些“不知道花去哪里的广告费”，现在以数据的形式，清晰地罗列在广告主眼前；那些眼花缭乱爆炸式的信息，现在也通过筛选将更符合个体需要的信息罗列在不同的受众眼前（见图4）。

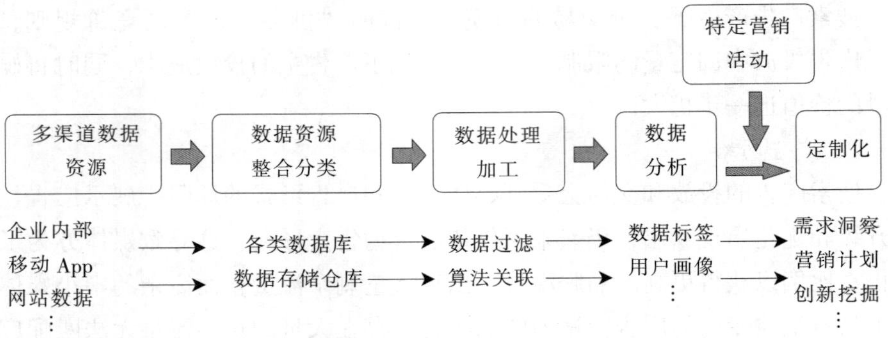

图4 用户数据处理与分析过程

程序化广告以大数据分析和实时竞价投放相结合的特点，成为广告精准投放的典型模式。程序化广告的投放过程实际上就是基于大数据和自动化技术，用自动化程序替代传统人工采购，对不同广告位的每一次展示进行管理的过程。程序化交易形式与传统投放形式最显著的差异点，就是媒体流量被拆分变现。一方面，广告主可以在特定的场景下针对特定的人群通过特定的广告策略实现广告投放；另一方面，媒体方的长尾流量发挥巨大的潜在价值，实现流量快速变现[①]（见图5）。

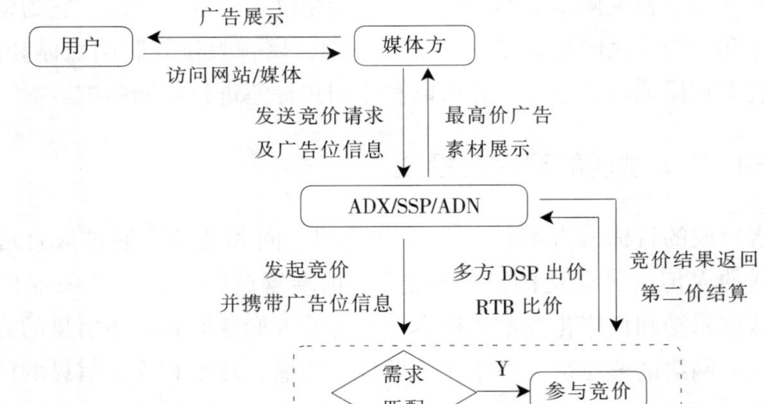

图5 程序化广告实时投放过程

① 吴俊．程序化广告实战［M］．北京：机械工业出版社，2017：68－69.

移动程序化技术的出现，使得通过算法分析深入挖掘海量数据的价值成为可能，企业可以利用程序化推送等数字营销手段将品牌信息精准传达目标受众。以全新的媒介思维和大数据技术作为推动力，程序化广告迅速发展，已成为广告市场中不可或缺的一员。程序化广告的投放模式经历了由单一模式到综合系统，并在实践中不断完善，应用于更丰富的广告形式当中。

三、网络广告的媒介投放思维变迁

基于互联网和大数据的协同作用，人们越来越习惯于以数据的视角观察和解释世界，对数据价值的思维认知和技术创新逐步成熟，关注焦点不再局限于小数据的确定和分析，而是转为收集一切数据并在复杂的系统中充分流动，从各个视角认知事物的全貌以消除不确定性①，进而衍生出大数据这一新的经济与技术现象②。

基于数据赋能视角，依据网络广告的媒介投放模式变迁，可以尝试探讨广告投放模式背后的思维演变逻辑。研究发现，叠加阶段，网络主要作为广告的信息传输工具，利用媒介排期、合约售卖的传统媒介思维，完成广告在网络媒介的价值变现；连接阶段，网络成为连接媒介与受众之间的纽带，受众介入广告媒介投放的过程中，成为媒介价值变现的参与者；生产阶段，网络成为数据分析的技术要素，用户数据赋能价值生产。

（一）叠加：传统补充式媒介思维

1. 信息传输的技术工具

人类能够最早由动物中脱离出来，在于创造工具、利用技术进行实践活动，生产自身所需要的生产资料并能动地作用于物质世界。计算机作为一种计算工具，源于人类的生产生活范围不断扩大而产生的对计算能力的需要。通过将事物进行量化，转为数字信息导入计算机进行运算，原本需要耗费大量人力成本和时间成本的计算变得轻而易举就能实现，从而使人类收集、认知和处理信息的效率大幅度提升，例如用于军事测算的大型计算机、家用打印机等。人类对智慧的运用拥有了日益强大的辅助性工具，并通过对技术的不断升级，文

---

① 吴志远，杜骏飞．海德格尔技术哲学对新媒介研究的现实意义［J］．当代传播，2016（6）：78－80．

② 李巍，席小涛．大数据时代营销创新研究的价值、基础与方向［J］．科技管理研究，2014（34）：181－184，197．

本、图片、音频、视频等形式的文件也可以转换为计算机可读的信息形式，被应用于实践活动中。

信息（Information）在牛津字典的释义为告知某事的行为；或传播某些事件的知识或“新闻”。相较于信息内容本身，在互联网初期发展阶段，信息更倾向于技术层面的信息“传播”和“传递”。而计算机的信息存储、数据处理和数学分析等基础功能，使人们可以在更大规模、更多领域中进行信息记录和运算。信息的发出者与接收者直接对接，相互渗透，信息传递的中间消耗缩小至忽略不计，个体之间可以利用互联网简单迅速地传播和获取信息、交流沟通。企业高效准确地向用户传播产品信息、管理客户群体、优化产销流程。互联网企业兴起，逐步构建起电子商务等各类互联网应用平台，出现了诸如 BAT 这样的互联网巨头，使各类平台的互联互通更为活跃，影响范围也不断扩散到人们日常生活的各个方面，互联网技术在各领域的运用使社会生产和运行方式出现全新态势。

欧阳日辉把这一时期看作互联网发展的第一阶段，即以通信为主要特征的“+互联网”阶段，核心关注点是信息的传递与传播问题，网络技术的存在主要是作为信息处理的工具以及信息传输的渠道①。

2. 传统媒介思维与变现逻辑

主流传播学的观点倾向于结构—功能主义，着眼于媒介内容对受众的影响，技术观长期局限于手段—工具论的思维框架中，习惯于将一切事物切割为主客二元关系来作为控制手段。因此，传统媒介思维从工具视角出发，与用户、广告主之间呈现线性互动关系，并将信息和渠道的垄断视为媒介生存的关键。在最初面对信息时代的媒介变化时，由于传统媒介产业生存的主要利益来源是对传播渠道的控制和售卖，必然不愿放弃对媒介和信息资源的控制，将互联网技术看作是媒介形式的补充，仅试图依靠新技术扩展媒介传播范围，以此作为提升信息渠道控制的手段。

（二）连接：平台应用式媒介思维

1. 信息开发的技术基础

互联网技术的普及和发展使信息的记录、收集、交流变得快速且详尽，人类生产与生活的各个方面都可以转换为信息资源加以利用，信息资源在时空维度不断扩散延伸，日益构建起一个与物质世界相对应的数据世界。网络技术打

① 欧阳日辉. 从“+互联网”到“互联网+”——技术革命如何孕育新型经济社会形态［J］. 人民论坛·学术前沿，2015（10）：25－38.

通了信息资源的获取和选择路径。计算机不再简单地作为计算工具，同时具备了动态连接属性，人类与信息的距离被无限制地拉近，信息获取的门槛和界限在互联网中逐渐消解。人类生产生活长期以来受限于时空因素和人类自身因素的困境被打破，大量信息的自由流动使时间与空间动态交融并衍生出更多场景，信息资源的价值逐渐凸显出来。人们真正进入信息时代，信息成为一种“权利”，将人类不断从时空限制中解放出来。人们越来越习惯于信息化的生存方式，人与人、人与物、物与物通过网络技术被高效且紧密地连接在一起，产生大量信息。随着信息量呈指数式上涨，信息本质特征①逐渐显现。信息流动与传输具有边际效益递增性，越是广泛流动、分享和使用，越是能够产生价值，信息资源的深层处理与价值开发日益受到各方重视。

互联网不再被简单地当作一种技术工具或传输渠道，而成为社会生产活动的一种基础元素，并作为信息基础设施实现大范围普及，向社会、经济等多个领域的渗透。企业对大型生产系统的控制力不断上升，基于产品生产、销售、售后等全环节的管理能力也不断增强，同时依据产销环节的信息收集反哺产品设计；电子商务平台日渐成熟并不断扩大经营范围；互联网医疗服务、互联网理财等各类互联网与传统行业结合的产品出现。

信息资源原本是作为一种依附型资源诞生，并不能够独立起作用，需要与其他资源叠加或是对其施加影响才能产生实际价值②。但“互联网＋”时代的新技术使社会各要素之间由二维线性连接上升为三维立体式连接，生产与生存方式的数据化程度不断增加，并在全方位的高速流转中呈现爆炸式的增长态势，原本的资源配置被打破并释放出巨大能量，时空场景的转换与利用变得复杂且灵活。在此情况下，对信息资源的利用转变为对数据资源的深度开发，数据取代信息作为一种独立性资源在新的产业升级转型中显现出巨大的潜在价值，数据价值逐渐超越物料生产价值成为生产环节的创新动力，标准化生产和规模经济成为基本水平的代表而丧失竞争力优势。传统生产制造流程由数据重塑，产品竞争开始从产品设计转向用户需求和用户体验，针对用户的定制化和个性化的生产和服务成为新的产品价值核心。

互联网的发展进入影响力迅速膨胀期，由第三产业不断向第一、第二产业扩散，大数据、云计算、人工智能等技术在很短的间隔内集中爆发，产生的海量信息在网络中高速运转，与传统产业发生碰撞、竞争、合作与创新，带动传

① 阿里研究院．互联网＋：从 IT－DT［M］．北京：机械工业出版社，2015（6）：5－6.

② 李志昌．信息资源和注意力资源的关系——信息社会中的一个重要问题［J］．中国社会科学，1998（2）：106－116.

统产业向数字化、网络化转型，并逐渐融合产生一系列全新的生产经营模式。

2. 融合媒介思维与平台转型

互联网技术的灵活性和创造性打破了传统媒介长久以来的利益平衡，主流传播学中二元对立思维的局限性被放大，从工具视角理解技术没有错，但不足以完全解释技术的本质，正如麦克卢汉所提出的，“它忽视了媒介的性质”，仅从手段和工具理解媒介对人的影响是远远不够的[①]。媒介渠道单一的点击率、收视率等标准已不足以衡量传播效果，“媒介霸权”时代成为过去。

网络技术作为基础要素的普及，使互联网以不可阻挡的趋势进入媒介应用领域，固有媒介形式被打碎重组，彻底改变着媒介的生存形态。基于庞大信息资源储备和全新媒介渠道诞生出新型数字化媒介平台，传播的准入门槛降低，用户主动介入传播渠道并对媒介传播产生重要作用，多元互动的新型媒介关系逐渐形成。

（三）生产：数据赋能式媒介思维

1. 信息生产的技术要素

全球范围内掀起的互联网和大数据发展浪潮，进一步推动了数据的透明公开和价值共享，数据将渗入自然与人类社会的各个领域，成为重要的生产和创新要素[②]。而技术则更多带有辅助性质，成为开发和实现数据价值的重要手段。大数据在社会生产和企业升级转型中起重要作用，在此之前的数据收集和调查适于小范围应用，针对现存的问题进行分析和处理。而大数据不仅掌握了海量数据，更重要的是能够运用机器学习和数据分析技术，快速处理大量结构化和非结构化数据并进行准确的计算和分析，以可靠的数据支撑企业决策，更科学高效地对生产链和资源配置等方面进行优化。传统的数据收集仅作为特定用途，使用价值被限定在一定范围之内，而大数据具备的预测分析能力可以发现数据中不易发现的规律，数据因此具备了“开口说话”的能力，产生一系列创新性数据用途。

谷歌和 Facebook 的理念认为，“人就是社会关系、网上互动和内容搜索的共和”[③]。用户在互联网中的每一行为数据对企业而言都可能潜藏重要价值，

---

① 孙玮. 从新媒介通达新传播：基于技术哲学的传播研究思考［J］. 暨南学报（哲学社会科学版），2016（38）：66－75，131.

② 孙新波，苏钟海. 数据赋能驱动制造业企业实现敏捷制造案例研究［J］. 管理科学，2018（9）：117－130.

③ 维克托·迈尔·舍恩伯格，肯尼斯·库克耶. 大数据时代［M］. 周涛，译. 杭州：浙江人民出版社，2013：66.

谷歌曾利用用户搜索数据精准预测流感趋势就是大数据应用的典型案例之一。基于互联网思维中“用户至上”理念和大数据的协同作用，赢得用户，收集、积累和分析用户数据将成为企业生产发展的基础要素之一，大规模、标准化生产的企业不再是主要经济体，具备灵活性、个性化、以用户为中心成为企业转型和升级的关注重点。

腾讯的互联网思维则与其强大的社交网络商业系统相对应，以“连接”为核心特征①。以互联网为基础平台，大数据等新兴技术充分利用数据之间的相关性，跨领域与各类产业连接，以产生新内容、新形式和新的经济增长点。阿里巴巴作为另一大互联网巨头，基于电商平台庞大的用户数据系统，更关注以低成本数据释放最大价值，服务大众，将机器转变为智能化的人②，不仅能够完成生产，还能够自主推进资源优化配置，激发社会生产力。阿里巴巴更倾向于以“数据动态流动”为核心特征，促进数据最大限度地传递、分享、使用和价值累积，数据在流动中趋向公开透明，数据的使用和获取也降低了门槛，变得更加便捷。基于“互联网+”的金融、医疗、教育、社交、互联网等各产业之间不断碰撞融合，个性化定制、协同共享、智能、用户服务等新的生产方式正在重塑原本的价值体系。数据将作为一种动态生产要素，它的实时性、预见性在生产决策和创新发展中发挥越来越重要的作用。

大数据进入中国已近10年，基本建构初步完成，技术趋于成熟。在数据空间持续增长的背景下，未来多方技术将相互作用与融合，落地场景将不断创新，数据湖、数据治理等多个方面都可能成为新的技术增长点。

2. *数据媒介思维与价值生产*

物理世界的数据化，使原本边界清晰的时空结构发生消融、断裂和变形，人类具有了一种虚拟与现实交织、生产与消费混杂的新的存在形式。数据元素的灵活运用为媒介生存提供了更多元的创新灵感，碎片化的时空因子以及人与物等要素在构建新环境的过程中不断冲突和博弈，构建起一个全新的动态媒介环境，赋予媒介产业自我更新的力量和可能性。

互联网时代数据的充分流动和技术门槛的不断降低，使用户的主动性和创造力不断增强，内容生产的多样化和个性化需求对媒介产业提出更高要求，媒介想要继续控制信息渠道显然是不现实的。正如梅洛维茨所认为，电子媒介一旦被广泛应用，就可能会创造新的社会环境，而社会环境重新塑造行为的方式

---

① 李晓华.“互联网+”改造传统产业的理论基础［J］. 经济纵横，2016（3）：57-63.

② 马云，曾鸣，涂子沛. 互联网+：从IT到DT——国民需了解的新型经济社会发展战略［J］. 决策与信息，2015（12）：67-69.

可能会超越所传送的具体内容①。对传统媒介来说，这既是困境，也是机遇。想要在新的数据时代突破困境，最本质的问题是打破传统思维的局限。借助数据思维和新媒介技术的推进力量，激发多种社会经济要素的动态组合，释放出多种新能量因子，媒介的变换和价值将产生更多意想不到的可能和存在形式。

互联网、社交平台、自媒体等跨领域媒介的影响力迅速成长，媒介产业不再局限于传统的媒体行业。通过借助新技术全方位链接用户行为，将用户需求转化为无数个交叠的细分市场，利用用户之间、用户与媒介之间形成的网状传播关系，获取更深层次的价值。以海量数据作为媒介“资本”，对用户属性和行为的精准预测与判断成为媒介竞争的内在逻辑②。

四、数据时代的浪与潮

大数据、云计算、移动互联等一系列新技术的加速成长，媒介产业内以数据管理、数据分析、程序化购买等为主要产品的专业数据型企业数量暴增；各领域传统产业和市场掀起网络技术热潮，为突破传统产业形式的发展瓶颈开始部署数字 in-house 模式，加速数字化转型和升级。数据量几何式的增长，使原本链条状的产业结构聚合交织成网状，主流产业链（例如娱乐、电子商务、物流、文创等）出现融合叠加，原本分散式的资源重新呈现汇聚的趋势，形成崭新的利润池。数据价值的内核由收集扩展至“二次使用”，让渡个人数据换取网络服务也成为常见的企业盈利模式之一③。

人们在尽情享受着数据赋能价值生产的同时，往往也伴随着被数据反噬的风险，数据化的程度越深，对数据技术产生的影响就越敏感。一方面，对于企业而言，数据的获取和使用依然存在行业壁垒，数据的价值没有得到充分发挥；数据使用的可重复性为企业带来更多元的利益形式，但又容易使其陷入对数据分析结果的盲目依赖，无法对数据质量、数据的误导性等问题做出理性的价值判别。由数据主宰的分析结果一旦出现问题，企业可能会遭受更猛烈的打击。另一方面，作为核心资源的用户数据成为隐私问题争论的聚焦点，模糊化、匿名化等隐私保护措施在数据时代几乎失灵，用户数据甚至会经过无数次

① 孙玮．从新媒介通达新传播：基于技术哲学的传播研究思考［J］．暨南学报（哲学社会科学版），2016（38）：66－75，131．

② 倪宁，金韶．大数据时代的精准广告及其传播策略——基于场域理论视角［J］．现代传播（中国传媒大学学报），2014（36）：99－104．

③ 赵丽莉，靳旭．论大数据时代让渡个人数据换取服务的矛盾与协调［J］．情报杂志，2018（37）：156－161．

的转手与售卖，并由各类数据技术进行分析，预测用户行为、影响用户的判断，又侵犯了用户自身的选择权利，亵渎了自由意志的神圣性①。企业对用户数据的利用激励与保护激励呈现出不对等态势②，由此产生的用户数据安全、权利、利用方式等问题引起广泛关注。

我们正被来自互联网的技术和思维包裹和冲刷，想厘清数据空间内媒介的发展和变化趋势，就要冷静思考眼前究竟是新时代的巨浪，还是仅仅作为时代之中泛起的浪潮？媒介产业在经历了上半场转型浪潮之后，技术与思维本身已经完成进化，我们可以自由尝试新的价值形式和利用方式，但数据带来的风险和用户对权利被侵犯的抗议，又应该以怎样的态度和行为来面对，这些都是数据时代新的生存法则亟待解决的问题。

---

① 维克托·迈尔·舍恩伯格，肯尼斯·库克耶．大数据时代［M］．周涛，译．杭州：浙江人民出版社，2013：66．

② 周汉华．探索激励相容的个人数据治理之道——中国个人信息保护法的立法方向［J］．法学研究，2018，40（2）：3－23．

后　记

杨先顺*

2019 年是中国广告业恢复 40 周年的重要历史节点，40 年的改革开放波澜壮阔，40 年的广告发展日新月异，当今人工智能的发展已深刻影响到各行各业，广告业也已进入智能时代。回首过去，我们心怀感恩，志在传承；面向未来，我们锐意创新，勇于变革。在此背景下，中国高等教育学会广告教育专业委员会决定将 2019 年学术年会暨第十届中国广告教育论坛的主题确定为“传承与变革：智能时代的卓越广告人才培养”，会议于 2019 年 11 月 8 日至 10 日在温暖如春、树木葱茏的暨南大学圆满召开。

本次年会得到了中国高等教育学会的大力支持。学会副会长、秘书长姜恩来教授莅临会场，发表了高屋建瓴、热情洋溢的致辞，姜会长充分肯定了广告教育专业委员会在本专业领域所发挥的组织者和引导者的作用，强调高等教育要主动为国家重大战略和经济社会发展服务。暨南大学校领导及新闻与传播学院领导高度重视此次年会，暨南大学党委书记林如鹏教授代表学校致欢迎词。林书记简要回顾了暨南大学创立 103 年来的发展历程，重点介绍了 2018 年 10 月 24 日习近平总书记视察暨南大学之后，全校师生如何认真学习贯彻落实总书记讲话精神的行动方案及其执行情况。时任暨南大学新闻与传播学院院长（现任名誉院长）范以锦教授代表学院致辞。范院长介绍了学院及广告学系的发展成就，并感谢兄弟院校对学院的支持和帮助，期望能与各兄弟院校、业内精英加强交流，合力推动中国广告教育的发展。

本次年会共收到 55 篇论文，由于篇幅限制，经专家匿名审稿，共 27 篇入选论文集。需要说明的是：有一些质量较高的论文已公开发表，根据作者本人意愿未收在本论文集中。无论是否收入本论文集中，作者们均对智能时代的广告变革和卓越广告人才培养提出了自己独到的见解。他们的研究或高瞻远瞩，或深入细致；或反思批判，或建言献策；或定性审视，或定量分析，都体现了当代中国广告教育者强烈的时代责任感和使命感，体现了当代中国广告学者开阔的学术视野和求真务实的态度。令人欣慰的是，有一批“后浪”（年轻的博士生和硕士生）也加入广告教育研究和实践的行列，可谓后继有人。

---

* 杨先顺，暨南大学新闻与传播学院广告学系教授、博士生导师，暨南大学传播与国家治理研究院院长。

年会之后，又经历了抗击新冠疫情的特殊时期，我们亲身体验到其中的困难与艰辛，更感受到中国人民精诚团结、英勇无畏、坚韧不拔的精神力量。从年会的顺利召开到论文集的正式出版殊为不易，其间凝聚了众多人的智慧和心血。感谢中国高等教育学会副会长、秘书长姜恩来教授和暨南大学党委书记林如鹏教授的大力支持！感谢中国高等教育学会广告教育专业委员会理事长丁俊杰教授、秘书长刘瑞武教授、代秘书长张翔教授的悉心指导！感谢暨南大学出版社张晋升社长和张仲玲副总编辑的鼎力支持！感谢责任编辑武艳飞、陈俞潼女士认真细致的审阅和编辑！感谢暨南大学新闻与传播学院的经费资助！感谢所有为年会召开和论文征集整理评阅付出辛勤劳动的教师们和同学们！

无论是“前浪”还是“后浪”，让我们乘风破浪，向着广告教育的未来远航！

2020 年 7 月 10 日于暨南园